越文化研究丛书

山阴（绍兴县）州山吴氏家族研究
shanyin(shaoxingxian)zhoushan
Wushi Jiazu Yanjiu

佘德余 著

中国社会科学出版社

图书在版编目（CIP）数据

山阴（绍兴县）州山吴氏家族研究 / 佘德余著 . —北京：中国社会科学出版社，2015.1

ISBN 978-7-5161-5476-2

Ⅰ.①山…　Ⅱ.①佘…　Ⅲ.①家族-研究-绍兴县　Ⅳ.①K820.9

中国版本图书馆 CIP 数据核字（2015）第 011199 号

出 版 人	赵剑英
责任编辑	宫京蕾
特约编辑	大　乔
责任校对	邓雨婷
责任印制	何　艳

出　　版	中国社会科学出版社
社　　址	北京鼓楼西大街甲 158 号（邮编 100720）
网　　址	http：//www.csspw.cn
	中文域名：中国社科网　010-64070619
发 行 部	010-84083685
门 市 部	010-84029450
经　　销	新华书店及其他书店
印刷装订	北京市兴怀印刷厂
版　　次	2015 年 1 月第 1 版
印　　次	2015 年 1 月第 1 次印刷
开　　本	710×1000　1/16
印　　张	16.5
插　　页	2
字　　数	238 千字
定　　价	49.00 元

凡购买中国社会科学出版社图书，如有质量问题请与本社联系调换
电话：010-84083683
版权所有　侵权必究

前　　言

　　明清时期的绍兴，承继了前几代经济、政治、教育、科举文化发展的余绪，出现了诸多的名门望族。据《绍兴县志资料》第一辑"氏族编例言"："吾邑旧志无'氏族'一门。是编所载，系以各家谱牒为依据，加以采访所得者汇录而成，以为他日修志时撰'氏族志'之底本。……是编所录共一百二十四氏，四百八十三族"云云。其中较著者可称为名门望族的有光相桥王氏、堰头王氏、白洋朱氏、东浦前村杜氏、吕府吕氏、梅市祁氏、峡山何氏、水澄刘氏、州山吴氏、陶堰陶氏、白鱼潭张氏、状元坊张氏、富盛童氏、渔渡董氏、后马周氏、樊江商氏、偁山章氏、贤庄金氏、张溇胡氏、南街姜氏、孙府孙氏、单港樊氏等。

　　家谱，或称族谱、宗谱，是一种以表谱形式记载一个以血缘关系为主体的家族世系繁衍及重要人物事迹的特殊图书形态。流传至今的家谱，大多是明清两代及民国时期纂修的。家谱作为一种历史文献，是我们今天研究封建时代的宗法制度、传统道德及古代人物提供了大量的可信资料，具有极为重要的资料价值。

　　《山阴州山吴氏族谱》以表谱形式记载了自明洪武四年（1371）吴均礼字慎直入籍山阴州山，至民国初年，历经二十一世，计六百余年间吴氏望族的政事、文行、武功，既卓著当时，又泽布后世。

　　本课题以《山阴州山吴氏族谱》为主要研究对象，结合州山吴氏有关人物与当时的名人文士交游的诗文等资料，着重研究山阴州山吴氏家族的渊源及发展流徙，有关重要人物的活动事迹及交游情况，吴氏家族发迹（文中称为上行流动）的途径及家族人物对家族、地方的回馈等方面的内容。

　　山阴州山吴氏在其发展过程中，与绍兴其他的望族一样，始终坚持儒家传统的家族伦理道德，即长幼有序、父慈子孝、兄友弟恭、夫义妇顺的家庭和谐格局。所谓父慈子孝，父亲对子女的关爱和儿女对父母的孝顺，其中最重要的就是为父母尽孝，它的含义有三个层面，"第一，延续父母与祖先的生物性生命。这一层孝道的实践就是结婚成家养育子女，是最基本的一层。第二，延续父母与祖先的高级生命，即具有社会、文化、道义等内容的生命。这是上层的孝道。第三，实行父母或祖先在一生中所不能实现的某些特殊愿望，或补足他们某些重大而特殊的遗憾。这是孝道的最高层次，是第二层一般意义中的特殊意义。"（吴建波《重评仇虎的复仇悲剧》，载《中国现代文学研究丛刊》1988年第2期）上述所说的孝道最高层次，就是建功立业，为国争光，实现治国平天下的人生理想，即光宗耀祖。州山吴氏一支大分五世孙吴蕣，十九岁即成化二十二年（1486）参加乡试考取第73名，时父亲患风瘫病终年卧床，作为长子的他，决定放弃第二年的礼部考试，在家照顾父亲。经过三年卧床医治病状略有好转的父亲，不忍心耽误儿子的考试，多次催促儿子上路。吴蕣不放心父亲的病，口头虽然答应却没有成行。考期临近，父亲不得不严厉训斥他说："显亲扬名，孝之大也。家中有你诸弟照顾，你不必以我的病体为念，你不能考中进士，是对我最大的不孝！"吴蕣只得仓促上路。然而由于三年日夜服侍父亲的分心，第一次会试未中。父亲为了让他集中精力，命他就读国子监，经过三年的刻苦学习，终于在弘治六年（1493）考中了进士，授翰林院庶吉士。又如同支大分五世孙吴源，自少喜读书，好与名人游处，他曾屡屡感叹说："国之无良臣，家之无良子弟，由教之不早教也。"于是聚集诸子姓，延士之有经述行谊者使训迪之。其后，弟蕣、子便、孙彦相继考中进士，吴氏日显，人称善教者，必曰吴源。这就是父慈子孝。这种家族亲情，是人的天性的自然流露，其目的是保证家族本身的生存和发展。

如果说父子、夫妇之间关系是一种血缘亲情，性别吸引的天性基础，但作为家族道德强调的是他们之间的尊卑秩序，那么在兄弟之间，家族道德更注重的则是骨肉亲情。《颜氏家训·兄弟第三》中说："兄弟者，分形连气之人也。方其幼也，父母左提右挈，前襟后裙，食则同案，衣则传服，学则连业，游则同方，虽有悖乱之人，不能不相爱也。"兄弟之间的亲情，既有血脉相连的天生的情缘，又有长期共同生活中所产生的情谊，即便父母去世，他们之间深厚的情感应有增无减。二支三分七世孙吴大斌，自幼聪颖，博闻强记，参加了一次县试没有成功，就改学诸子百家学说。十五岁时父亲去世，家里的生活重担就落在他的身上。面对家庭贫穷的现状，他十分感慨，"连自己都找不到什么出路，怎么能让母亲高兴呢?"结婚后，他毅然决定让二弟大益在家中照顾母亲，带着比自己小九岁的三弟大圭遨游四方，最后在辽东定居。当他在辽东站稳脚跟并有一定影响后，他就召集二弟的两个儿子和族中的青少年到辽东建功立业。可以说，吴大斌不仅是改变二支三分吴氏子弟命运的人物，更是延续州山吴氏家族命运的人物。由于他的决策，才使得其弟大圭和侄儿廷中、堂弟大邦、大武、大壮等房子弟在明末清初改朝换代的动荡中，得以以武功继续保持家族兴盛的局面。传统道德中的兄友弟恭作为一种理想虽然很难完全做到，但吴大斌表现出来的骨肉亲情和敢于担当的责任心及兄弟之间互相帮助的精神，却是一种可贵的精神财富。

州山吴氏家族的发迹与绍兴其他望族最大的不同之处，是他们主要通过从军获得武功、荫袭，快速发迹的途径。吴氏家族的武进士、将军、武官及为国捐躯的忠义之士人数之多，也是其他望族无可及的。这可能与吴大斌、吴兑和吴执忠、吴兴祚父子所处的环境机遇有关。此外，是否与吴氏家族的身体素质（如魁梧）或性格（如尚武）有关，目前尚无资料可证，只是一种推测而已。

家族文化是一定社会历史阶段的产物，具有存在的合理性与合法性。家族文化所蕴含的行为规范、道德伦理、价值观念具有历史的局限性，它最大的弊端是剥夺个人的权利，忽视个人独立的精神与人格价值，但它同时又在客观上保留了中华民族的传统美德，如父慈子孝、兄友弟恭、尊老爱幼、与邻为善、宽容和睦等传统美德，在今天对保持家庭与社会的和谐稳定仍发挥着积极的作用。通过对家谱等实物资料，对绍兴有关望族展开多角度的研究，其意义自然是不少的。

绍兴文理学院越文化的有关领导为本课题研究提供了机会，绍兴县州山村吴氏后裔吴建华、吴光明、吴光华、吴炎标诸同志将复印的《山阴州山吴氏族谱》无偿提供我使用,上海财经大学人文学院朱丽霞教授将搜集的吴兴祚《留村诗钞》和《明清之交文人游幕与文学生态——以徐渭、方文、朱彝尊为个案》著作提供我参考,学校图书馆袁可华、许经纬、钱斌等同志帮助查找资料,初稿写成后,吴炎标同志校阅了一遍,改正了其中的一些错讹,并提供了有关图片,在此一并深表感谢。

佘德余

2012 年 5 月 20 日

目 录

第一章 山阴（绍兴县）州山吴氏家族的渊源及其发展流徙 …（1）
 第一节 山阴（绍兴县）州山吴氏家族的渊源……………（1）
 第二节 山阴州山吴氏家族的发展及其流徙………………（5）
  一 一世至四世为家族发展的创业期…………………（5）
  二 五世至十一世为家族发展的高潮期………………（10）
  三 十二世至十六世为家族发展的低落期……………（29）
  四 十七世至二十一世为家族发展的转型与衰落期……（41）

第二章 山阴（绍兴县）州山吴氏家族涌现的重要人物………（46）
 第一节 吴蕣：山阴州山吴氏的第一位进士………………（46）
 第二节 明兵部尚书、蓟辽总督吴兑………………………（47）
  一 有胆有识少年郎……………………………………（48）
  二 刚直不阿，扬名兵部………………………………（49）
  三 经营边防事务有方…………………………………（49）
  四 坚决保护朝廷"互市"经济政策的实施，维护边地平安……………………………………………………（50）
  五 因依附高拱、张居正，行贿宦官冯保，被弹劾而辞官……………………………………………………（53）
 第三节 清兵部尚书、两广总督吴兴祚………………………（55）
  一 在无锡县知县任上…………………………………（56）
  二 在福建按察使、福建巡抚任上……………………（57）
  三 在两广总督任上……………………………………（60）
  四 对家族的贡献………………………………………（61）
  五 能诗善词，是一位风雅的儒士……………………（62）

六　广交文士，慷慨资助，诗词唱和 …………………… (66)
　第四节　众多的忠义之士 ………………………………………… (67)
　第五节　不畏强权、主持正义的吴孟明与吴邦辅父子 ……… (74)
　第六节　吴楚材编撰《古文观止》、《纲鉴易知录》 ………… (76)
　第七节　一生命运坎坷的父子诗人——吴爢文、吴璜 ……… (81)
　第八节　近现代著名金石家西泠印社创始人之一：吴隐 …… (87)
　第九节　近现代著名企业家、慈善家吴善庆 …………………… (89)
　第十节　现代著名女作家吴似鸿 ………………………………… (92)

第三章　山阴（绍兴县）州山吴氏家族与亲朋的交游 ……… (94)
　第一节　吴兑与高拱、张居正、方逢时、徐渭的交游 ……… (94)
　　一　与高拱的交往 ……………………………………………… (94)
　　二　与张居正的交往 …………………………………………… (97)
　　三　与方逢时的交往 …………………………………………… (99)
　　四　与徐渭的交往 ……………………………………………… (101)
　第二节　吴兴祚与吴梅村、龚鼎孳、屈大均等众多文士的
　　　　　交游 ……………………………………………………… (104)
　　一　与吴梅村的交往 …………………………………………… (104)
　　二　与龚鼎孳的交往 …………………………………………… (107)
　　三　与毛奇龄的交往 …………………………………………… (108)
　　四　与秦松龄的交往 …………………………………………… (110)
　　五　与吴绮的交往 ……………………………………………… (114)
　　六　与陈维崧的交往 …………………………………………… (117)
　　七　与万树的交往 ……………………………………………… (120)
　　八　与屈大均的交往 …………………………………………… (125)
　　九　与陈恭尹的交往 …………………………………………… (129)
　　十　与幕府兼乡友吕洪烈、金焕、吕师濂、吴棠祯之
　　　　交往 ……………………………………………………… (134)
　　十一　与吴兴祚酬唱交游的其余名人 ……………………… (140)
　第三节　吴孟明父子与钱谦益的交游 …………………………… (145)

第四节　山阴州山吴氏与魏耕、朱彝尊等反清复明活动的
　　　　关系 …………………………………………………（147）
第五节　吴璜与蒋士铨、程晋芳的交往 ……………………（149）
　一　吴璜与蒋士铨的交往 …………………………………（149）
　二　吴璜与程晋芳的交往 …………………………………（152）
第六节　吴似鸿与她四任丈夫的婚姻 ………………………（153）

**第四章　山阴（绍兴县）州山吴氏家族上行流动的基本
　　　　途径** ………………………………………………（157）
第一节　业儒仕进：上行流动的艰难之道 …………………（157）
第二节　从军荫袭：上行的快速通道 ………………………（164）
第三节　入幕、关榷、经商：上行流动的辅助之道 ………（177）
第四节　从事财政、文艺、科技和手工技艺：上行流动的
　　　　广阔之道 ……………………………………………（187）

**第五章　山阴（绍兴县）州山吴氏家族崛起后对绍兴地方的
　　　　回馈** ………………………………………………（195）
第一节　秉持耕读传家的优秀传统，光大了绍兴地方的重学
　　　　之风 …………………………………………………（195）
第二节　坚持走科举发家，倡立文武并举，扩大出仕的途径，
　　　　拓展了绍兴名士的内涵 ……………………………（201）
第三节　维护地方社会秩序，积极参与地方公益事业，共建
　　　　望族和谐世风 ………………………………………（208）
　一　与地方望族联姻，壮大在地方上权势 ………………（208）
　二　通过修谱建祠祭祀，增强家族凝聚力 ………………（211）
　三　周贫济穷，救灾恤患 …………………………………（214）
　四　兴建文化设施——西泠印社 …………………………（215）

附录 ……………………………………………………………（217）
　一　山阴州山吴氏历代（文科武科）进士名录 …………（217）

二　县郡庠生、太学生名录 …………………………………（219）

三　恩荣名录 ………………………………………………（232）

四　《吴氏家训》 ……………………………………………（238）

五　《明史》《清史稿》及《绍兴府志》《山阴县志》
　　有关名人小传 …………………………………………（244）

参考文献 ……………………………………………………（253）

第一章 山阴（绍兴县）州山吴氏家族的渊源及其发展流徙

绍兴山阴州山吴氏是明清及近代绍兴地区享有盛誉的文化望族，该家族自明洪武初年开枝散叶发展至民国初年，宛若一株郁郁苍苍的参天古木，历六百余年而生生不息。仰视枝头的繁花硕果，吴氏望族的政事、文章交相辉映，灿若云霞，无论是武功、文治、经史、诗文、金石，还是近代的纺织印染工业和电影导演、文学，均可称卓绝当时，泽布后世。

任何一个家族文化的产生都植根于一定时代的土壤，追索探求这个家族生长的人文地理环境，可以帮助我们挖掘强宗望族的根基以观察其兴衰成败。

第一节 山阴（绍兴县）州山吴氏家族的渊源

中国的吴姓，都奉周太王之子太伯、仲雍为得姓始祖。

据流传的《山阴州山吴氏族谱》道光二十年本、民国十三年本所载最早谱序，此族谱是明弘治七年（1494）称八世宗孙的吴便撰写的。《山阴州山吴氏纂修族谱序》写道："吴其先本于后稷姬姓，十三世至太王，其子仲雍与兄太伯让国与其弟季札而受封于吴，因以国为氏。"山阴州山吴氏与中国其他地方的吴姓一样，皆奉周太王之子太伯、仲雍为得姓之始祖，亦即远祖。又说："由汉返今千数百载，代有显人，屡遭兵革之变，谱牒散失，世次无所考证，是谱直断自所知，以七世祖润八公者为始祖，其远不可知，知而不能悉者咸缺焉，以彼传信也。润八公生二子；冢子德一承事，次子德二府君。德一生荫一、荫二、荫三，凡三子；荫一生绅，绅生旺，旺绝；荫二、荫三俱无后。德二府君生慎一、慎二,慎一亦绝;唯慎二府君生质庵府君,兄弟四人,今吴氏一族皆其所蔓延焉。质庵实便之高祖也。"质庵就是慎二,字均礼的长子吴渊。从这篇旧序看,可知弘治修谱时是以润八为州山吴氏世始祖,所以吴便自署是"八世宗孙"。而润八以上则不载。

其后于万历三十四年(1606)、天启六年(1626)两次续修刊刻,上海古籍出版社《中国家谱总目》编号为135-0288《山阴州山吴氏族谱》十五卷,序状志铭一卷,明吴有临纂修,万历间刻,天启六年(1626)重印本皆沿袭弘治本,乃奉润八公为始祖。到了康熙二十六年(1687),时任两广总督的吴兴祚"方克延族人至端署,朝夕参订,因旧谱而续修之,颇周以悉,至秋七月而剞劂始成焉"。他在《重修族谱序》中认为:"慎直府君而上,世次莫考,虽得姓显著如延陵,不敢忆溯也;自慎直府君而下昭穆犂然,虽散而四方者不敢或轶也。"为此,他在此谱中删去润八德二两世,而奉慎直为州山吴氏始祖。但不知什么原因,吴兴祚主持纂修的康熙二十六年《山阴州山吴氏重修谱》本至今未见流传,而万历三十四年刻本,天启六年重印本却能流传至今。

道光十九年(1839)吴氏十三世孙吴国柱重修山阴州山吴氏族谱时,针对康熙二十六年重修本与天启六年重印本记载州山第一世祖的分歧,曾经作了认真调查访问,他在《访查远祖世系记》一文中作了详细叙述:尝读留村公所修族谱载:"先世无考,怀疑有年矣,迨族人出葆亭公《抄谱小引》与琢山公《读家谱辩》,始知慎直公以前尚有两代,系出萧山上长山,及留村公略而不载,何也?即无老谱旧迹可据,询之耆老又无知者,而柱疑益深。及道光辛卯年十月将重修族谱,告庙后数日,润之家觅得天启时老谱一本,求全册不得,幸系卷首,两代炳然。又据庵之家出绘像册页一帙,润八、德二二祖在焉。像有行序,记载甚明悉,与老谱符合,是吾祖宗在天之灵,有以默启之也。然木本水源,攸关匪细,何敢造次从事。是年仲冬偕弟吟洲访萧山之族,至东郊,遇吴金台出所藏谱校对,始祖讳世澄,与吾族所传远祖之图不同,且言此谱新修,出自居湘湖之吴邦基手,询之必可瞭然。于是造其家，询知吴氏居萧山者凡五派：一即世澄派，二历山，三道源桥，四沙里，以上四派各有谱，俱非本宗；惟上长山一派不过二十家，零落殆尽，于嘉庆甲戌年间香火被焚，家无传牒，实吾本支衍派也。惟吾族流传远祖本支一图老谱无载，不知创于谁手，传之何代，片纸流传似难征信。甲午秋特与镜帆抵吴门，谒太伯祠，接见主祀人名观潮者，即百四世朝鼎之幼子也。请观谱牒，出版藏方册一大帙，自太伯始至百四世止，因知吾族抄传远祖之图本于此，对之无讹；更有乾隆丙戌年续修《至德志》，其世系与方册无异，特请一部归奉宗祠。又思无锡为太伯最初得姓之地，有祠有墓，应有遗迹可稽，乃至惠泉山至德祠，即《志》载炼石阁所改造者，较姑苏宗庙宏敞壮丽。凡居无锡吴氏分为八支，轮值春秋祀事供奉。贤裔大抵崇爵吾九世祖留村公在焉，从守祠人朱姓至吴得观家，向其宗党取阅新旧两谱，载太伯为一世，始知姑苏之谱本于无锡，而吾族所传远祖之图益可信矣。查世系，吾宗与无锡同出于第七十世之元三公，公生三子：曰彬、曰彪、曰伊。彬为吾宗本宗，彪为无锡本支，吾宗又十五传与姑苏分支。查世系，吾宗与姑苏同出于第八十五世之延悦公，公生四子：曰亮、曰奇、曰亶、曰亦。亶为姑苏本支，亦为吾宗本支，第八十六世远祖也，生二子曰钮、曰铨。铨先居萧山县长山；钮生一子，曰兹，兹以叔铨在长山而僦居焉，入赘壶觞蔡氏，生二子，长曰润，仍居长山；次曰润，居壶觞，即天启谱中第一世润八公也，吾宗之本源如此。"同时又认为："无锡，姑苏分支者，以无锡为太伯发源之始基，姑苏为祖宗迁居之故地，实属由来，源流可以示信于后世。其余支分派别几遍天下，不可胜数，惟各宗其宗而已。或曰远祖本源一证于姑苏方册，再证于无锡之谱牒，兼有《至德志》世系在，不容拟议，固足信矣，何以天启老谱未曾溯载，但云系出上长山，以父赘山阴等语，而尊润为第一世，岂先人立志纂修，竟置之不问，而待二百余年后补载乎？柱曰所论诚是。然慎直公祖父两代坟墓现在，遗迹宛然，老谱载列如是明确，试问宜复耶，不宜复耶？曰宜复。柱曰宜复，则远祖支图有不得不立之，至理存焉，何也？若使天启谱中历详远祖，则留村公续修之时岂能削之乎？揆其削之意，殆因先世世次无考，从事诸人畏难苟安，以为疑而缺之，断自入籍州山为始祖，至所云'元末世乱，避难州山等语'，恐未可信。琢山公云：'老谱失之略，新谱失之凿'，固定论也。然原夫吾祖开族州山，创自弘治间乌石公，编成谱牒，抄录相传四代，纂修厥功甚大。凡为子孙者正当咸慕之，不遑何暇吹求其疏略，至天启间再锓犁枣，自必相沿循旧而成，只知遗帙是尊，何忧后人拟议！即此次兴修，设无康熙谱中削去二代之事，亦惟率由旧章，岂敢妄加损益乎？"

经过出访调查，与各种谱系比较，反复斟酌，慎重考虑，在道光重修谱中确定：

一、"今则先世世次历历可据，分支别派班班可考，两代宜复，必载远祖，是水木本源之至理所在也。于是补立远祖图于卷首，以得姓自太伯始为吴氏第一世，至八十八世止，复列润八、德二两代，为八十九世，九十世者。"

二、"以留村公所修之谱中，既以慎直公为第一世，相沿已久，凡吾族人只知现在世数，势难复旧，故仍以康熙谱世次为准。"

上海古籍出版社出版的《中国家谱总目》"吴氏家谱"条下介绍：135—0288《山阴州山吴氏族谱》十五卷，序状志铭一卷，（明）吴有临纂修，明万历间刻，天启六年（1626）重印。始祖润，行八，元代人。始迁祖均礼，字慎直，行慎二，明洪武四年随父自山阴县十五都壶觞月潭徙居州山村。子四：渊、潜、诚、安。而后子孙繁衍，明人吴兑、清人吴兴祚出此族。

135—0289《山阴州山吴氏族谱》三十一集，（清）吴国梁等纂修。清道光二十年（1840）活字本。

135—0290《绍兴山阴州山吴氏族谱》三十一集，吴邦枢等纂修。1924年木活字本。

135—0291《绍兴山阴州山吴氏支谱》不分卷，吴善庆等纂修1919年木活字本，一册。

康熙刻本虽然未能独立流传至今，但其精华仍为道光刊本所吸收。此课题研究，即依据1924年木活字本。

第二节 山阴州山吴氏家族的发展及其流徙

绍兴山阴州山吴氏族谱尊吴均礼，字慎直，为州山一世祖，从明洪武四年（1371）入籍山阴州山以来，子孙繁衍，支脉茂盛。据民国十三年（1924）吴邦枢等纂修的《绍兴山阴县州山吴氏族谱》所载，已传至二十一世。综观山阴州山吴氏家族的发展历程，大致可以分为四个时期。

一 一世至四世为家族发展的创业期

山阴州山一世祖均礼，字慎直，元至正甲申（1344）三月出生，于洪武四年（1371）立籍于州山。州山位于绍兴县的西北面，东倚柯岩，南连福全，西接型塘，北邻湖塘、阮社。清末李慈铭《萝庵游赏小志》曾如此称扬说："盖州山之得名者，以此地四山环合，如一小州，为吾越之最胜处。而吴氏又州山之最胜处也。"州山地势西南高，东北较为低平，境内山丘有冷水湾岗、州山、东担山、西担山、群山、庙山、狮虎山、蛇山、鸡头山、牛头山等属西干山脉；河湖有秋湖江、石门塘、型塘江等。型塘江流经寿胜埠头，在蔡堰注入鉴湖，属三江水系。春季多阴雨，夏季气温较高，冬季则较温和，适合农业生产。山水气候宜人的优美自然环境，怪不得清乾隆年间的吴凤羲写《梓里记》赞美它："予世居山阴鉴湖之南，曰州山。环四面皆山，东北两水道委蛇盘折而入其中，平原二十里许，聚族结庐占籍于此，四百数十年矣。今犹古也，山川风景，旦夕徜徉游览，其间慨然有感，作《梓里记》。"

明初，朱元璋从元末政治荒怠、腐败，战乱的无序状态中吸取教训，为了防止臣下挟势弄权，提高行政效率，稳定政治统治，对中央和地方行政体制进行了大刀阔斧的改革，严厉打击官僚队伍中普遍存在的贪污腐败现象，吏治因之大为澄清，"郡县之官，虽居穷乡绝塞之地，去京师万余里，皆悚然惊胆，如神明莅临，不敢稍弛"①。在严格约束官吏危害民众的同时，明太祖还努力推行有利于经济恢复和发展的政策，使得被长期战乱摧残得千疮百孔的社会经济重新获得稳定和活力。

一世至四世是州山吴氏家族的创业期。在此期间，吴氏先辈们披星戴月，寒暑耕耘，精心经营农业，经过数世的积累，终于创下了一定基业，并且开始重视读书与家族荣誉，逐渐走上了耕读传家的道路。一世祖均礼（1344—1423），字慎直，娶周桥周氏，生子四：渊、潜、诚、安。慎直气格雄伟，性情豪爽，勤劳俭朴，带领儿孙们在田地里精耕细作，由于州山优渥的自然条件，土肥水丰，气候宜人，年年都能取得好收成。长子渊（1374—1455），字子昂，号质庵，前后三娶，共生六子二女。次子潜（1380—1433），字子潜，号恭庵，生子四。潜资姓高朗，友于兄弟，能让、能恭，行谊笃实，孝养双亲，乡党咸称之。三子诚（1385—1473），字子成，号恒庵，生子三。四子安（1393—1478），字子安，号素庵，生子三。道光刊吴氏家谱据此将二世四子分为四支，支下又根据所生儿子称为分，如"一支大分"、"二支三分"等。渊继承了父亲体格雄伟的遗传，刚介好施，孝友乐善，又能带领三位弟弟及侄子，以身示范，勤劳耕作，经过二三十年的积累，家资日益丰硕。父亲慎直公去世后，正统五年（1440），朝廷"默思道安不忘危，尚虑尧汤之水旱，无以为先具，乃遣使下郡邑，建义仓，听民出余粟，以备荒歉，计其多寡而褒赏有差"②。渊深怀济世之才，一次纳粟千石，例蒙赐玺书表为义民，免除本户三年杂泛差役。六年秋，作为家族长子，吴渊曾亲身至京城接受朝廷召见，"沐一玺书奖励，而优礼之深，朝廷恩宠之盛，如此之庆幸"③，极大地震动了绍兴郡县长官，更是震撼了州山民众和吴氏兄弟及子侄。正如姻亲时任奉政大夫工部郎中同里的王佑，他在《钦

---

① 方孝孺：《逊志斋集》卷十四《送祝彦方致仕序》，清同治十二年武林任有斋刻本。
② 《山阴州山吴氏族谱》第三十集《质庵府君应诏捐输序》，1924年木活字本。
③ 同上。

旌义民质庵公应诏捐输序》中所说:"夫义与利孰重,以君子言之则必舍生而取义,以小人言之则有徇利以伤生者,是惟知利之为利,而不知义之为利者也。……君子纳粟以输官也,亦非徼上之赐以夸耀于人也,盖将积善以贻子孙。"在渊的大力倡导身体力行下,吴氏家族初步形成了向义积善之风和以耕读为业、孝悌传家的风气。

到了三世,吴氏家族人丁兴旺,可谓是子孙满堂。第一支的六子中,长子晖(1405—1486),字景阳,号裕庵,生子七;二子昉(1417—1487),字景明,号惠庵,生子六;三子暎(1422—1499),字时贤,号木庵,生子三;四子海(1430—1498),字景融,号万松,生子五,女一;五子暄(1436—1497),生子四,女一;六子晹(1438—1479),字景时,号介庵,生子四,女一。

《山阴州山吴氏家谱》上的里庄蛇山一世祖墓

第二支的四子中,长子杲(1407—1471),字景晨,号坦庵,生子二;次子昱(1405—1489),字景日,号肃庵,生子三;三子昱(1408—1475),字景文,号耿庵,纳粟冠带,生子三;四子昇

（1414—1495），字景昭，号直庵，纳粟冠带，生子三。第三支的三子中，长子昊（1410—1455），字景夏，号良庵，先后二娶，生子四；次子晔（1411—1479），字景从，号纳庵，生子四；三子昕（1418—1438），字景旭，号毅庵，生子二；第四支的三子中，长子昱（1434—1475），字景初，号诚斋，生子一；次子真（1438—1492），字景春，号一庵，性资通敏，学识优裕，生子二；三子暟（1439—1496），字景美，生子三，女二。

山阴州山吴氏继承了中国传统文化中"多子多福"的思想，在当时一夫多妻的婚姻制度下，吴氏家族的男子一般都可以娶 2—3 房妻妾，加之重男轻女思想，男性人口往往多于女性。由于州山优裕的自然条件，加上吴氏人口兴旺，特别是男性人口的增加，促使吴氏家族农业经济有了较大的发展，迅速步入了小康之家的行列。在吴氏家族经济收入较为稳定和宽裕的情况下，"耕读传家"就必然成为他们家族的一种劳动和生活方式。农耕是家庭或家族生存繁衍的基础，读书仕进是家族兴旺发达的保障，是族人进身的阶梯，也是农家子弟从社会底层摆脱出来取仕为官的唯一途径。作为一种教育传统和文化定式，耕读传家宣扬儒家的道德规范，强调以孝悌仁义维护家族的和谐，让族内子孙在尊重长辈，崇文慕学，勤耕上进的人文环境中耳濡目染，顺利完成文化的濡化过程，由此造就大量出自乡野而文化底蕴深厚的杰出人才。而吴氏家族的崛起，正是基于这种耕读传家的优良文化传统。如第一支三房三世祖暎，早游邑庠，屡试不售，中年补国子生，刑部员外郎吕升闻其名，聘其教授刑书，既而注选天曹，成化十三年（1477）授福建安溪知县。抵邑，彰善去恶，课农桑给农器，使人垦田二十亩，以勤惰行赏罚，人争效力。继立乡校，礼聘贤师，由是政声日显。十八年因疾辞官，父老呼号挽留。既归，纵情山水，赋诗酌酒以自乐。生子三，长子玺（1446—1521），字文信，号任真，在家务农；二子珖（1449—1493），字文秀，号克家，天资淳厚，好学勿倦，成为邑庠生，奉亲训子；三子理（1453—1535），字文理，号蕴古，邑庠生。第一支五房三世祖暄，生四子，长子性（1456—1510），字天彝，出任江西递运所大使。第一支大房四世祖璇（1430—1474），字文饰，号节斋，娶寿胜胡氏，生子一，女一。璇四十五卒，妻胡氏寡居，协助儿子源勤俭持家，教育诸孙发愤读书。大房四世祖玙（1439—1520），字文珍，号简庵，担任札付把总，同房四世祖璧（1442—1464），字文玉，号宝斋，娶湖塘叶氏后，不幸于二十三岁病卒，叶氏守节抚孤，勤俭持家，光大其业。四世祖琢（1449—1494），字文器，号石丘，生子四，长子蕣后登进士第，选翰材院庶吉士，任吏部给事中。第二支三房三世祖旻（1408—1475），字景文，号耿庵，生子四：长子钤（1435—1494），字文约，自幼颖悟好学，早游庠贡，补南雍，以不能随时照顾双亲，绝意仕进，授京卫经历还家；次子铢（1438—1521），字文雍，号文庵，志雅量宏，嫉恶好善，不阿富而好礼，乡俗景仰，遇例冠带。

州山吴氏先辈具有富裕不忘国家，不忘灾民，爱做善事的好品德。第一支三世祖昉（1417—1487），字景明，号惠庵，粮食丰收后，响应朝廷因赈济灾荒备用粮食不足，而踊跃纳粮八百石。纳粟冠带之制，只荣其身，不任以职。虽然如此，仍积极纳粮，支援朝廷和灾荒地区。第二支三世祖旻、昇也是如此，被朝廷授予纳粟冠带。参见附表。

附：州山吴氏家族一至四世世系表

```
                      （第一世）慎直
        ┌──────────────────┬──────┬──────┐
    （第二世）渊              潜    诚    安
    ┌────┬────┬────┬────┬────┐
（第三世）晖  昉  暎  海  暄  啁
 ┌─┬─┬─┐ │ │ │ │ │
（第四世）璇玑玙 璧玢琢璞 璋 雷璨玫宣 玺珑理 兀珂琨继绪 性恪恩思 班璟瑺琛

           潜（第二世）
    ┌────┬────┬────┐
（第三世）昊  昱  旻  昇
 │   │   │   │
 琳赫 弦镜镶 钤铢锦钲 铨镛钥

           诚（第二世）
    ┌────┬────┐
（第三世）昃  晔  昕
 ┌──┴──┐ │  │
（第四世）珵琦瑞 琢瓒瑶 珽琼

           安（第二世）
    ┌────┬────┐
（第三世）昂  真  暶
 │   ┌─┴─┐ │
（第四世）炳 炫焯 炼煿焙
```

二 五世至十一世为家族发展的高潮期

州山吴氏家族的发达始于四世第一支大房的吴琢和五世第一支大房的吴源。吴琢（1449—1494），字文器，号石邱，生子四。天资敏异，博览群书，居乡好义，素有长者之风，然壮年得疾，故不仕，遂以全力教子成名，妻司马氏秉性端良，治家严肃，相夫教子。长子蕣（1468—1506），字子华，号细山，生而颖悟，好读书，凡诗书、古文词靡不淹通，年十九即中成化二十二年（1486）浙江乡试第73名举人，为主司、父母、兄弟、师友所称赏。时父亲抱病，经岁卧床褥，蕣手端汤药，不忍离开，遂不赴礼部试。又三年，父督令蕣北上赴礼部试，说："扬名显亲才是最大的孝行，况且身边有你几个弟弟可以侍候，你放心前去，不要记挂我的病。"不得已，辞父入都，结果未中。父命其读国子监，经过三年刻苦力学，于弘治六年（1493）中进士，选授翰林院庶吉士。越二年父病卒，哀痛几绝，寝食俱废。除丧，起补吏科给事中之职。刚直敢言，弹劾大臣及诸贵倖不法之事毫不顾避。弘治十七年（1504）左都御史戴珊，因子纳贿事败露构陷吴蕣，后事遂得白，蕣以"吾岂可徇人，以非礼屈己以求庸"而辞官。归而筑室于细山之麓，颜其居曰"钟玉轩"，莳花栽果，诗酒自适。

吴源（1453—1534），字宗本，号恭肃，自号得翁，生子四。喜读书，又喜与名人相游处，曾感叹说："国之无良臣，家之无良子弟，由教之不早教也。聚诸子姓，延士之有经术行谊者使训迪之。"[①] 未几，弟蕣、子便相继举进士。其后二十年，孙彦又举进士为御史。吴氏益显，人有称善教者，必曰吴源。其孙彦尝以事贬谪思恩尉，尉为小官，思恩又远离京城，其地杂汉民及少数民族，号为险恶之地。吴彦曾对人说："我即死思恩无憾，惟辜负老祖父挂念。"不久放归，祖父庆幸说："我孙真御史！虽谪，我固自乐。"闻者皆谓公知大义，可谓善教。

[①]《山阴州山吴氏族谱·明故封承德郎南京刑部主事恭肃公墓志》，1924年木活字本。

吴源长子便（1471—1553），字廷言，号乌石，中弘治二年（1489）浙江乡试59名，十五年会试216名，殿试二甲95名，授南京刑部广东清吏司主事，历本部员外郎，云南府知府，云南按察司副使，临安兵备副使等职。在职期间，忠于职守，精通业务，听断公正，对己严格要求，曾于弘治十六年受到皇帝嘉奖，追赠父母封赏；在云南府知府和云南按察司副使任上，提督军卫司，修理城池，操练军马，锻造兵器，振扬军威等方面皆有政绩。弘治六年于国子监读书，逢母丧期间，奉父命考订吴氏宗谱，至嘉靖二十七年（1548）时已七十八岁，又带领族人修纂宗谱。

其后，州山吴氏家族更是枝繁叶茂，人丁兴旺。据吴便《重修族谱序》中所说："其时，载谱者几三百人，迄今有五十五年，子姓繁衍，盖三倍焉。"这里所说的"迄今"是指弘治六年（1493）至嘉靖二十七年（1548）纂修家谱时，吴氏家族的第一支已分为24房，第二支为13房，第三支有9房，第四支为7房，丁口已达千人。自八世至十二世，吴氏家族人丁更为兴旺，各支皆有子弟或外出做官，或从军，或经商，或做幕，徙居全国各地。诸支中以第一支晖大房和第二支中的旻三房、昇四房发展最为兴盛，代表了吴氏家族的最高水平。吴氏家族日后的科甲蝉联，显宦林立大多出自这两支。

吴氏第一支晖大房，除五世的吴蕣和六世的吴便外，七世即有吴彦（1491—1568），字士美，号州东。中正德十四年（1519）乡试29名，嘉靖二年（1523）进士，授行人，历南京江西道御史，累官至广东道兵备佥事。《广东通志》卷三十一"名宦"条下记载："吴彦，山阴人。嘉靖间以御史谪官，稍迁延平同知，至任，进诸生讲学不倦，有讼立判，囹圄为虚。"吴毅（1511—1560），字士远，号致斋，由郡庠生补国子生，授鸿胪寺序班。吴奇（1505—1588），字士贤，号方滨，任浙直总兵把总。吴遴（1545—?），字廷用，号瑞津，授金吾卫正千户之职。至第八世，这支科甲达到了最高峰。吴意三子：长子吴悦（1522—1597），字君习，号鹭洲。由郡庠补国子生，授广东高要县主簿，历潮阳丞、郑府奉祠正。次子吴兑（1525—1596），字君泽，号环洲。由郡庠补国子生，中嘉靖三十七年顺天乡试45名，三十八年进士，授兵部主事，历职方车驾员外、武选司郎中，湖广参议，分守长沙、宝庆，调河南督理宗储，霸州兵备副使，右佥都御史巡抚宣府，加副都御史，兵部右侍郎，总督宣、大、山西，兵部左侍郎，回管部事，加右都御使，总督蓟、辽、昌、保，升兵部尚书，加太子少保，回管部事等职。荫子锦衣卫，世袭正千户，侄荫恩生，孙官生，职务及爵位、荣誉为此房最高。三子兖（1531—1595），字君鲁，号柏堂。由国子生授光禄寺监事，历升署丞，河东运判。吴毅三子：长子忱（1531—1596），字汝信，号见韦，由郡庠补国子生；次子沈（1535—1580），字汝默，号石洲，由国子生授鸿胪寺序班；三子怓（1537—?），字汝实，号静思，授四川雅州守御所吏目。吴国光（1561—?），字海州，中万历十三年顺天武试第7名，十六年第3名，十九年解元，推荐为瓜州江防钦依把总。吴怀慎（1585—1657），字汝成，号云沧，授宣府守备。

吴兖的职务与功勋一直复荫至九世、十世，甚至十一世。至九世，吴兖长子有孚（1554—?），字达卿，号禹门，中万历十五年举人，袭锦衣卫正千户，升指挥佥事，管南镇抚司，都指挥，分守蓟镇太平路参将，三十四年升山东副总兵。兖二子：长子有闻（1578—?），字行之，号念堂，中万历三十一年（1603）京卫武举，授东宫侍卫，泰昌登极覃恩授锦衣卫镇抚。本卫指挥佥事；二子有端（1580），字章甫，号怀堂。以伯吴兖荫授锦衣卫镇抚。吴悦长子有豸（1555—1594），字直卿，号璧阳。承叔吴兖荫恩生，授河间府住密云管饷通判，转顺天府通判。吴沈长子有临（1557—?），字位卿，号敬庵，授羽林左卫中所镇抚，管杭州西大营中都事；第四子吴有师（1568—?），字顺卿，号镜凡，由礼部儒士授苏州府简校升襄府典仪；五子有升（1570—1637），字上卿，号圃凡，由礼部儒士授兴化府简校，升南京鸿胪寺序班，转署丞。吴光次子有祺（1560—1619），字寿卿，号州阳。由礼部儒士授袁州府简校，升鸿胪寺序班，改南历鸣赞；兴化县丞，益府工正。吴思宪次子应龙（1604—?），字云石，任山海关参将；三子应凤（1667—?）任湖广荆州长阴知县。

至十世，吴兑孙子五人：长孙孟明（1574—1653），字文征、号祖洲，由郡庠生中万历四十六年（1618）京卫武举，袭祖荫锦衣卫正千户，考选北镇抚司理刑，升指挥佥事。时值宦官擅权，不附，遭诬陷致落职。崇祯改元起补镇抚司掌印，升堂上佥书，一任提督陵工，二任提督街道，三任提督西司房官旗管事，四任提督东司房官旗管事，升左都督府同知。次孙孟登（1575—1625），娶郡城大学士朱赓女，由官生授左都督府都事，升前府经历，历任刑部广东司员外郎、云南司郎中、永昌府知府等职。三孙孟文（1586—?），字汝周，号宗洲，授锦衣卫户。四孙孟仁（1602—?），字季仁，授锦衣卫总旗。五孙孟浩（1613—?），字浩然，中崇祯十三年（1640）进士，授锦衣卫副千户。吴有臣次子崇文（1575—1622），字允敬，号玄洲。授云南腾越州领兵千总，天启二年征蛮阵亡。吴有琎次子灿（1585—1621），字纶之，号心观，由京卫武学授京营把总。吴有临三子明臣（1600—1677），字名宰，号君卿，由京卫武学授运粮守备。吴有鼎长子崇俊（1593—?），官名孟俊，字稚隆，号道园，授锦衣卫镇抚；三子崇果（1603—1630），官名孟遴，字稚龄，号异仙。任山东登州东江守备。吴必用长子哲（1638—1715），字孝升，号瑶圃，别号葆亭。由仁和庠生中康熙十一年（1672）浙江乡试19名，授内阁撰文中书舍人，佐理族叔大司马留村公巡抚福建，建军功加27级，进阶光禄大夫，赠妻殷氏封金氏俱一品夫人，荫一子。吴必名子良哲（1650—?），字吉臣，号讷翁。由军功议叙授山东沂州州同，补山西绛州州同，调陕西宁州州同，升广西象州知州。

十一世，吴兑曾孙邦辅（1593—1675），字元相，号玄素，娶郡城吏部尚书商周祚女，由邑庠生袭祖荫锦衣卫正户，掌衣后所千户印，考选北镇抚司理刑，类奏功升指挥同知，升本卫堂上佥书，仍管北镇抚事。曾孙邦臣（1601—1663），字道址，号震崆，娶上虞封都御使李廷瑚女，由郡庠生中崇祯十二年（1639）顺天乡试17名，登十三年魏藻德榜二甲进士，特恩授山西道监察御使，巡视长芦盐课。

曾孙邦定（1609—1694），字子正，号素觐，由廪监考授南京兵部武选司主事。曾孙邦奇（1619—1630），字法易，中崇祯十二年顺天乡试副榜，恩贡选授东宫侍卫领班官，不幸早卒。曾孙邦玮（1600—1671），字韦玉，号北园，娶陶堰知府陶允光孙女，授锦衣卫镇抚，以子廷龙贵，赠荣禄大夫左都督，贵州太定镇中营游击。曾孙邦璇（1607—1646），娶郡城进士傅宾女，素谙韬略，为少师朱大典看重。崇祯十七年招义勇帅，赴南部，疏荐授参将，加俸三级。清顺治二年（1645）任金衢总兵前军都督府都督同知，三年六月，清军抵金华，七月十六日城陷，以火药自焚殉节，夫人也投缳殉节。曾孙国辅（1594—1668），字治成，号期生，邑庠生。中天启七年（1627）广东武解元，崇祯登位，覃恩授锦衣卫镇抚，升正千户掌衣左所千户印，改授指挥佥事，加三级，荐升南镇抚司佥书，类奏功升都督同知，加太子太保左都督。吴浚哲长子柽（1657—1707），字起士，号樗宁，别号岸青，由国学军功议叙授泰安州同知，升济宁州知州，内选部曹，诰授奉直大夫；三子振（1666—1725），字汝士，号居宁，别号八师，由国学任江西玉山县知县，调直隶县知县，敕授文林郎。

　　第二支第三房旻，从六世后庠生、国子生人数逐渐增多。由于八股科举规制甚严，应试者人数众多而名额有限，求取者非常困难，所为文高古，不欲循时，为此不为人所识，屡试不中，于是改习武业。他们往往参加武科考试，如：第七世恩大房谨四子中：次子歧（1507—1589），字士迁，号盛山，中浙江武举三科，军门冠带赞画；四子进（1513—？），原名岗，字士德，号凤山，郡庠生，中隆庆四年（1570）江西武举。恩四房谆子继（1529—1574），字叔志，号冠山，由县庠生补国子生，授鸿胪寺署丞，改辽东都司经历，升楚府正审理。恩十房谙第三子养垣（1528—？），字道中，号石门，中嘉靖四十三年（1564）浙江武举。恩十房谘邑庠生，名儒，生有七子。他十分重视诸子的举业，几个儿子在他的影响下，自幼习举子业。第三子大章（1528—1564），号达泉，由于屡试不中，改学武学，嘉靖三十七年（1558），四十年浙江武举，嘉靖四十一年（1562）中会试副榜；第六子大学（1539—1591），字淑行，号近洲，自少好《左氏春秋》，研精索隐，暑夜不辍，有西晋杜豫酷嗜《左传》之癖，连续考中嘉靖四十年（1561）、四十三年、隆庆元年（1567）三科浙江武举，万历二十五年（1597）中武科进士，授绍兴卫右所镇抚，升宁波昌国钦依把总。甬东海边，他治军严肃谨慎，操练军卒，储备军粮，俸禄所入，时时周济士卒，故士卒乐为所用。论长子大斌（1556—1632），字叔和，号晴川，自少多磨难，父亲五十岁时才生了他，六岁就失去了母亲，跟随继母生活，十五岁时父亲又去世。他天资聪明，博闻强记，因为是长子，家里又比较穷困，懂事很早，参加了一次秀才考试，没有成功，就马上转移方向，从阅读经史兵法、律例诸书，专心钻研。成婚后，面对家庭现状，十分感慨，家里如此穷困，又没有考试做官的机会，怎么才能让长辈高兴呢？于是他让二弟大益留在家里照顾继母，自己带着三弟大圭闯荡江湖，最后在辽东地方从事私塾讲学定居下来，人称"大斌教授辽东"。站稳脚跟后，大斌在辽东的影响逐渐扩大，州山族人中有志于出外创业的，大多聚集在他的门下。辽东当地的名士也把受到大斌接纳的，称为"登龙门"。第一次遇到辽东名将宁远侯李成梁，李将军把他待为上宾，两人促膝长谈，旁若无人。从此之后，遇到军国大事都事先与他商议，并授他为辽东东宁镇抚。大斌把功名看得很淡，没有去上任。万历四十四年（1616）辽东失守，大斌带了大圭和族人渡海来到登州。登州巡抚孙元化向他请教守城方略，他的建议周到，切中时弊，却未能被孙元化所接受。崇祯五年（1632）孔有德叛变攻陷登州，强迫大斌随军效力，大斌连夜召集跟随弟子族人，对他们说："我吴家世受明恩，决不能做叛明失节之事。眼下大家留在这里，只能一起等死，不如死我一人，你们还有机会活着出去。"于是他开始绝食，共十一天。死前，他告诉弟子和族人，只要把我死的事告诉孔有德，你们抬着我的棺材出城就可以回家了。大斌虽然死了，但他为吴家二支三分后来的发达打下了基础。

论第三子大圭（1565），字叔晋，号越川。万历初年跟随长兄大斌闯荡江湖，最后定居辽东，后以千夫长领兵随征关白，遂寓籍三韩，不久升清河卫守备，盖州城守尉。其后此支子孙皆定居京城。

二支三分六世祖谭次子大武（1538—1598），字叔文，号巨川。幼习举子业，熟谙古今史事，然屡试不中，遂改业武科。嘉靖三十七年（1558）中浙江武举，四十年（1561）中江苏武举，四十一年中武科进士，授苏州卫嘉兴所镇抚，备倭江阴。隆庆年间为辽东军前赞画，为戚继光将军出谋划策，后升任蓟镇榆木领提调署指挥佥事。榆木为蓟门重隘，敌骑常至骚扰，主将怯懦而坚壁自守，大武请以亲率精锐千余整装环卫，敌骑宵遁，台臣上奏荐之，而主将抑之，于是愤而辞官。归家后，杜门读书以自娱，曾采摘格言纂成帙，名为《悔蒙纂言》。

至第八世，此支尚武风气更浓，参加武科考试者更多，出现了许多将才。吴显忠（1546—1615），字汝良，号云洲。父字士高，别号圣山，幼习举子业，后来母卒父病，遂弃举子业，从事田园水泽之利，感叹自己没有实现父亲要他科举入仕的希望，为此望子成龙之心更切，督促儿子读书甚严。显忠自幼聪慧，在父亲的严格管教下，十二岁即能写一手好文章。然而三次参加考试，都名落孙山，父亲责备他说："你既然不能从文科扬名显亲，为什么不去试试弓箭马术、韬略的武科呢！"于是改习武科，竟然一举就中了隆庆元年（1567）浙江武举第一名，接着又中了第二年武科进士第六名，授绍兴卫中所镇抚。隆庆三年，以指挥升任江西万安守备，统制吉永诸军。当时江西流寇频发，父亲担忧他年轻难当此任，于是告诫他必须做到"勤俭恩威"四字缺一不可：唯勤可以集众务，唯俭可以养廉节，唯恩可以得士卒，唯威可以使临阵不退怯。显忠整顿武备，治军严明，分兵围剿，很快就平定了江西南部。万历十九年（1591），贵州少数民族叛乱，官军屡次受挫。廷议推荐显忠提督清浪、铜川官兵。显忠入黔很快就俘虏了叛乱头目，反又在黎平、普安等地歼灭了叛乱残部。显忠先后历任云南司金史、湖广都司掌印、金山参将、广东游击，升贵州清浪参将，改广西浔梧参将，调云南永腾参将，加俸一级。二十八年父丧，告假归里。边境战事又起，朝廷震惊，急命吴显忠日夜兼程赶回。显忠一到，迅速控制了局势。二十九年（1601）以平顺大功升任云南副总兵。三十年，云南边境十三寨的酋长，因慑于吴显忠的兵威，自愿向明朝廷纳款内附，朝廷南顾之忧遂解。当地人口服心服称吴显忠为"诸葛武侯第二"。

二支三分八世孙吴志忠（1552—?），字汝贞，号登州，隆庆四年（1570）中浙江武举，万历四年（1576）又中湖广武举第一名，官至蓟镇东路中军事；吴杨忠（1553—1589），字吾礼，号禹州，邑庠生，万历十三年（1585）、十六年（1588）浙江武举，十七年武科进士，授绍兴卫镇抚，可惜年轻病死；吴宗道（1553—?），号西楼，曾跟随叔父大斌至辽东，万历十三年中辽东武举，二十七年从征倭寇，授钦依守备，管理两浙水师，三十年论功，世袭绍兴卫中所百户，三十一年补辽东盖州守备，升镇江城守游击。吴用宣（1574—1614），原名立忠，字令倩，万历三十四年（1606）、三十七年（1609）两次考中京闱武魁，三十八年武科进士第二，授锦衣卫所镇抚，推南赣坐营都司。吴大益生有四子：长子吴宗汉（1574—?），字秋阳，辽东自在州庠生；次子成忠（1577—?），字汝烈，号立吾，辽东自在州庠生；三子存忠（1583—?），字汝赤，号锦吾，辽东自在州庠生；四子廷忠（1591—1650），字汝谔，号葵赤，清河卫庠生，授参赞山东巡抚军务。成童时即能文，却因初次参加县试就被黜落，他发誓说："大丈夫处世，就要学习经术治策以治理天下，不可为腐儒游荡乡里"。其时伯父吴大斌居住辽东，召集众侄儿，于是四人即赴辽东参加县学考试。入学后，马上成为廪生，并以所学教授生徒，其中宁佟学生中有好几批后来成为清朝的骨干力量。万历四十四年辽东失守，廷忠被清军俘虏，后设计逃脱，谒见毛文龙大帅，未得毛文龙的赏识，却逢司礼监曹化淳奉使巡边，闻其具有戡乱之术，又熟悉边塞情况，欲以总兵授之。然廷忠以进身阉竖为耻，未予接受，遂至东平为孙元化、陈洪范幕府参赞，不久因意见不合，而于顺治二年（1645）辞官归里。归里后不敢言明末之事，足迹不出里门，不谈当世事，以诗酒自娱。顺治三年，他在辽东的学生宁完我曾多方探求他的踪迹，后来得知他已经归里，随即派浙江巡抚致书币迎请，廷忠坚以不起，辞其所馈，表现了他忠于明朝的坚贞民族气节。吴执忠（1602—1674），字汝荩，号匪躬，大圭子。自幼跟从伯父、父亲生长在辽东。万历四十三年（1615）辽阳清河卫庠生，天启元年（1621）努尔哈赤攻占辽阳，执忠投诚，为清王室佐理杂务。由于他聪明有胆识，流离失所的亲属皆来投靠的有十余家，后来皆成为清朝的官员。清顺治二年（1645）跟从顺治皇帝进入北京。四年，以贡士授丰润县知县，召集民众，开垦荒地，百姓得以安定，不久任山东道监察御史，外转福建漳南道布政使参议，备兵漳南。时敌方占据漳州驿，为洋舶门户，海澄门将黄梧，夜暮派人前来联系，拟将海澄投诚，当事者怀疑欲勿从，执忠力主答应，以家口担保，并独自先赴海澄，大兵相继，海澄、漳南遂为我占领。吴执忠立即释放各营中俘掠的老弱妇女数万人，召其亲属，给予房屋、柴米，闽人深为感激。顺治十四年（1657）任山东按察司副使，十六年升湖广布政使右参政，督理全省粮食转运工作。楚地辽阔，山溪险峻，转运艰难，执忠废寝忘食，督促军粮及时供应前方，为战事胜利提供了保障。康熙元年（1662），致仕还家。

吴景桂（1561—1616），字汝芳，号心宇，为吴大邦长子，青年时跟随伯父大斌来到辽东，万历二十年（1592）、二十八年（1600）连续考中武魁，授镇抚，管抚院中军事，四十四年，辽东战事阵亡，赠都指挥佥事，荫子百户。弟吴震（1569—1629），字宁侯，号雷垣，万历二十八年、三十一年连中浙江武魁，四十一年（1613）中武科进士，授绍兴卫所镇抚，推直隶南汇守备。吴禹道（1595—1662），字禹金，父大武，为山东抚军幕宾。

九世吴仲德（1595—1632），改名烶，字永修，号占苍，为显忠次子。万历四十三年（1615）、四十六年（1618）连中浙江武魁，任浙江台州镇标钦依千总。吴奎（1558—？），号新吾，父适道。万历二十五年（1597）浙江武魁。吴有熙（1585—1636），原名文萃，字廷杰，号圣里，吴俊第三子。天启元年（1621）中京闱武魁，二年中武科进士，授绍兴卫所镇抚，推绍台道中军守备，升浙江缉捕都司佥书，天津拱河营游击。吴从鲁（1571—1646），字秉礼，号金堂。父吴希贤，由邑庠卒业入国子监，官山东兖州府照磨，守法尊礼，又有治绩。从鲁为山东滋阳县学廪生，万历四十三年（1615）举人，四十四年进士，初授河南南阳县知县，历官刑部贵州司主司，工部都水司主事，崇祯六年（1633）提督湖广荆关抽分，因刚直触犯权贵，降长芦盐运司运判，调都察院经历，升兵部武库司员、车驾司郎中，崇祯十五年（1642），升四川布政司右参议，分守上川南道。时张献忠部队出没于其间，从鲁遍视蜀之险要，分兵守之，起到了威慑作用。十六年五月，因病回到州山，四川防线失去了主心骨，十七年八月四川沦陷。顺治三年（1646），适逢鲁王监国绍兴，时张国维、王思任皆欣赏从鲁的军事才干，推荐其为通政使，巡视钱塘江防线。不久鲁王兵败，逃往海上，从鲁将置办好的棺木停放在厅堂中，决心随时以身殉国。金华失陷的消息传来，从鲁知道自己以身报国的日子已到，梳洗换装，从容地命家人盖上棺盖，自尽身亡。

吴从质（1578—1634），字如素，号同生，为吴希稷次子，万历四十年（1612）山东武解元，四十四年进士第二，授绍兴卫所镇抚，推金盘钦依把总，升河南金书都司、福建掌印都司、直隶永生州参将。吴从鹏（1589—1641），号象先，父希文，天启四年（1624）山东武魁，授绍兴道中军守备，改山东兖州营中军守备，崇祯十四年（1641）十一月清军攻陷兖州城死难。吴襄琦（1594—?），号如玉，父希周，万历四十三年（1615）山东武魁，第二年武科进士，授绍兴卫所镇抚，推洪山口提调，改福建六鳌守备。吴用宜（1586—?），原名鲲，字时化，号南滇，为文道次子，万历四十三年（1615）、四十六年（1618）、天启元年（1621）顺天武举，推浙江军门东前营钦依把总，崇祯年间阵亡，赠指挥佥事，荫子百户。吴有成（1585—1626），字振玉，号集庵，父仁忠，万历四十六年（1618）中顺天武魁，四十七年武科进士，授锦衣卫所镇抚，推河南南阳守备，升河南陈州都司、河南领班都司金书等职。吴周镐（1589—1657），号宗海，为有炜长子，万历四十六年（1618）、天启元年（1621）浙江武魁，授浙江南关钦依把总。吴之林（1601—1642），号儾观，父向忠，京卫武学生，崇祯二年（1629）中将材武举。吴兴宗（1620—1659），字振先，父成忠早逝，跟随伯父吴执忠长大，顺治五年（1648）以贡士授北直隶通州知州，后升浙江严州府知府。

吴氏九世子弟中要数吴兴祚（1632—1698），官职最高，影响最大。字伯成，号留村，为吴执忠长子。由顺治五年（1648）贡士授江西萍乡县知县，历任山西大宁县知县，山东沂州知州，江南无锡县知县，康熙十五年（1676）升福建提刑按察使司，十七年升都察院右佥都御史，巡抚福建提督军务，后以军功加副都御史，十八年以军功加兵部尚书为正一品，二十年以兵部尚书总督两广之职，覃恩授阶光禄大夫，妻韩氏、李氏俱赠一品夫人。由于吴兴祚的影响，第十世的吴氏子弟中从武建功的人更多了。吴三捷（1620—1699），字莘臣，父康侯，顺治十五年（1658）中顺天武魁，授福建省海澄县中营守备，升江宁城守右营中军，江西池州城守游击，阶怀远将军。弟吴三才（1625—1682），字与参，顺治十一年（1654）顺天武魁，十二年中武科进士，授大同助马路守备，转陕西宁夏灵州守备，升山西平阳府平垣营都司佥书。吴三锡（1628—1683），字纶章，父康德，由将材于康熙十九年（1680）随族叔吴兴祚南征，攻克海坛等处有功，钦授左都督。吴元镛（1613—1641），父从鹏，兖州府武库生，崇祯十四年（1641）清军攻破兖州城殉难，妻张氏亦死节，弟吴元亨（1622—1641）也在兖州城破中被难。吴尔躬（1648—1692），字子逮，为吴元遇次子，由将材于康熙十九年（1680）跟随从叔吴兴祚南征，在攻克海坛、崇武、厦门等处建功，二十年钦授左都督，仍带余功一次，二十二年二月任陕西宁夏洪广营游击，升延绥营参将，遇恩封荣禄大夫。吴秉谦（1651—1706），字子方，号蕺山，吴兴宗继子，由国学生遇八旗拣选以"清"字考中内阁撰文中书，又以"汉"字考取纂修实录。康熙二十一年（1682）升工部都水司员外郎，吏部文选司员外郎，转山东莱州知府，调济南府知府，升陕西、宁夏兵备道按察使司副使。吴秉仁（1651—？），字子元，号慎庵，父应昌早逝，由堂祖父吴执忠和孟夫人教育长大，以将材于康熙十七年（1678）跟随堂叔吴兴祚恢复福建永春、德化二县有功，十八年升为千总；又于康熙十九年随堂叔吴兴祚攻克福建厦门、金门等处建功，二十年升授左都督，仍带余功四次，著有《慎庵词》（又名《摄寒词》）。吴从龙（1631—1688），原名尔显，字德培，号默庵，为吴应时继子，授福建布政司库大使，升湖广安陆府知事。吴秉钧（1664—1697），官名彝铭，字子衡，号醒园，为吴兴祚长子，任直隶定州深泽县知县，著有《课鹦词》；吴秉信（1675—1739），官名象贤，字子翼，号竹亭，为吴兴祚次子，任直隶冀州武邑县知县，升江南淮安府同知加三级，调山东兖州府盐捕兼辖沂、郯、海、赣河务。吴秉直（1676—1702），字子浩，号劲轩，吴兴祚第三子，任甘肃环县知县；吴秉正（1677—1755），字子蒙，号果庵，为吴兴祚四子，由岁贡生参加康熙三十二年（1693）顺天乡试，授笔帖式，三十三年授四川洪雅县知县，四十三年补云南新平县知县，四十九年升贵州省麻哈州知州，五十年升四川重庆府同知，雍正元年（1723）为工部员外郎郎中，五年（1727）升陕西道监察御史，七年授陕西平庆道，十二年任广西柳州府知府；吴秉权（1683—?），字子经，号雪帆，吴兴祚第五子，候选通判。吴秉智（1658—1720），字子睿，号愚庵，吴兴祚之侄，由国学考授任直隶高邑县知县。吴孝登（1689—?），字夔伦，号虞氏，父秉让，由顺天乡试副榜考中康熙五十二年（1713）恩科举人，会试157名，殿试三甲32名，翰林院庶吉士，升詹事府左春坊左赞善、侍读等职。

吴兴祚的影响一直延至第三代，吴氏十一世孙吴赞乾（1648—1717），字子健，父吴三才，由将材于康熙十九年（1680）随族叔祖吴兴祚南征，攻克海坛、金门、厦门等处建功，二十年授左都督，仍带一次余功，二十二年任陕西秦州营游击，升直隶河间府副总兵，遇恩封荣禄大夫；其弟吴赞良（1660—1725），字子静。也由将材于康熙十九年随族叔祖吴兴祚南征，攻克海坛、金门、厦门等处建功，二十年授左都督，仍带余功一次。

二支二分第十世孙吴亭士（1634—?），原名鸣凤，字羽圣，号埶庵，为吴从龙次子。由山东济南府廪生补国子学，随征四川，留用陕西补凤翔府通判，后随族叔吴兴祚出征福建，恢复厦门、金门等处建功，加二十级，授河南彰德府通判，开封府知府。同支第十一世孙吴待用（1652—1714），字仲升，为吴锡朋继子。由将材于康熙十九年（1680）随族叔祖吴兴祚南征，克服海坛等处有功，授左都督。吴兴祚孙吴奕曾荫袭骑都尉兼云骑尉；孙吴孝曾（1728—1806），字子葳，由乾隆九年（1744）顺天乡试式副榜授江苏昭文县县丞，升昭文县知县，承袭骑都尉兼云骑尉，加一级授阶通议大夫，嘉庆元年（1796）蒙恩参加千叟宴，受赐寿杖、玉如意等物。

　　第一支三分至第八世，出现了吴泰交（1592—1642），字与交。父吴堂生四子，泰征居其末。万历四十三年（1615）顺天府武魁，四十七年武进士，授锦衣卫镇抚，推大同平远守备，浙江海防南洋游击，调北泽，又升河南开封府参将。崇祯十五年，李自成义军围攻开封，泰征战死，其妻毛氏与其子殉难。吴允师（1572—1629），字师古，号雁池，父文慎，中万历四十三年（1615）武举，四十五年会举授龙骧卫所千户，升都司佥书；其弟吴允大（1588—1641），字与可，号鹿池，中天启七年（1627）武举，历任山西行都使司掌印，署指挥佥事。九世孙吴之章（1603—1672），字仁征，父允元生四子，吴之章为次子，官至保定府保新城守备，全家迁居京师；弟吴之英（1610—?），字祥征，授保定府右营钦依守备，徙居直隶易州。十世孙吴家相（1590—1644），字和寓，父吴安仁，历任江西德化县主簿，福建福宁卫经历，蓟辽部院中军，以平苗功升江西南胡营都司，山东淮州、都州、襄阳参将，阶明威将军。第二支四分三世祖吴昇一支，至第七世吴应乾四子，吴应泰四子，吴应复三子，吴应恒七子，吴节三子，吴丰一子，吴苓六子等皆迁居辽阳。吴苢二子迁居昌黎。吴来臣（1549—1582），字士进，父晔，万历十年随军出征辽东阵亡，荫子绍兴卫百户。八世吴从明（1591—1654），原名光寰，号筠庵，父吴日明。由邑庠补国子生，中崇祯三年（1630）京卫武举，四年进士，殿试二甲第十一名，授应州守备，升湖广广都司佥书，永生州参将。吴维屏（1581—?），改名大试，号无隅，父集锦，中万历四十六年（1618）武举，四十七年进士，授绍兴卫所镇抚，升福建建宁道中原守备。吴有学（1583—1649），字原大，号土庵，父集道，中万历四十七年武举，授安徽池州道中军，升广东白鸽门守备。吴教（1546—1597），号省私，父元吉，中万历四年（1576）、十年、十三年三科武举，管镇鲁营千总，万历二十五年（1597）领军东征阵亡。吴从明（1575—?），字子远，号心弦，父吴来臣，荫袭绍兴卫后所百户，中万历四十三年（1615）、四十六年京闱武举，天启二年（1622）进士，授本所千户，京营听用。推广东总兵坐营中军。吴友仕（1591—1642），原名孟华，字章甫，号西屏，父元道，中万历四十三年（1615）顺天武举，四十五年会举，推凤阳瓦埠镇钦依把总，天启七年（1627）保定府解元，崇祯元年（1628）进士，授绍兴卫所镇抚，推河南领班都司，在崇祯十五年李自成攻打朱仙镇战役中阵亡。吴贞明（1571—?），改名有宾，字起元，号东曙，父光祖，由庠生补国子生，中天启七年（1627）武举，崇祯元年进士，授绍兴卫所镇抚，升温处道中军守备。九世孙吴选（1583—1644），字其昌，号扶同，父可学，万历四十六年（1618）京卫武举，天启二年（1622）进士，授绍兴卫所镇抚，升常镇道中军守备，湖广留守都司、万全掌印都司之职；弟吴之葵（1586—1652），字其懋，号葵阳，天启元年（1621）京卫武举，二年中进士，授绍兴卫所镇抚，推广东南诏守备加都司金书。吴国伟（1600—1662），改名之兰，字生甫，父恩学，崇祯三年（1630）京卫武举，授金华道中军，升嘉兴乍浦守备。吴从义（1601—1643），字内倩，号岁青，父正学，顺天府庠生补国学生，崇祯十二年（1639）北雍乡试第32名，十三年进士，殿试三甲第79名，授陕西长安县知县；十六年（1643）李自成攻取三边之战，长安县城陷落，抱印投井殉节，奉旨赠陕西按察司金事，赠太仆寺卿，祀陕西名宦。吴之深（1583—1637），号定夫，改名著，父显明，崇祯九年（1636）武举，十三年会试副榜，授倒马关中军守备；吴之芳（1589—?），字茂先，号慎旃，吴友儒子，顺天大兴庠生，万历四十三年（1615）乡试举人，崇祯四年（1631）进士，选庶吉士、编修、经筵展书，崇祯六年奉差册封襄藩复命，教习内书堂，九年为福建主试官，十年主纂《六朝实录》。十世孙吴廷璜（1617—1673），原名之璜，字梅梁，朝允继子，授广东广海参将。朝振一子继美迁居河南卫辉府浚县，学易四子迁居北京，钱二子禹卿、禹相迁居广东琼州府，司震四子迁居福建建宁府，兴辉三子邦柏、邦辅、邦佑迁居直隶易州涞水县，遇德一子广承迁居湖广益阳县。十一世孙吴良骏（1639—？），字土龙，号遇皋，为振先长子，顺治十七年（1660）京卫武举，十八年进士，推浙江提标中营守备，升宁协右营都司，黄岩镇标右营游击，康熙二十年（1681）授阶怀远将军，历任参将，宣府副总兵等职。

  由于州山地方毕竟地狭田少，加之吴氏子孙有的在外做官、婚娶，从七世起，吴氏子孙徙居外地者日趋增多。二支三分从七世起，由吴大斌、吴大圭起出游辽东，并召集本支或他支子弟出游辽东、山东，其后吴大益四子宗汉、成忠、存忠、廷忠，和吴景忠、吴执忠等；八世子孙，还有九世的吴兴祚、吴兴基、吴兴都兄弟及其子孙都落脚辽东清河，吴端之子吴任道徙居河北盛陵。吴瑞之子吴从道徙居河北张家店，吴九霄二子凝道、济道徙居河南武清县，吴九华二子洪道、辅道徙居河北密云县，吴大仪之子天道徙居湖北襄阳府，吴大有三子秉道、敷道、程道徙居杭州，吴秉忠三子崇德、向德、成德徙居云南腾越州；吴承道及其三子得化、得成、得昭也徙居云南腾越州；十世吴显德之子子澄徙居湖广长沙湘潭县，吴从鹏二子元铺、元亨徙居山东兖州，吴逢晋继子子燕徙居河北保定，吴秉礼之子肇泰、吴秉让四子德求、安泰之子孝登皆徙居河北通州，吴之云之子仕奇，吴从龙三子仕学、仕忠、仕杰徙居河北真定，之兰之子仕俊徙居河北密云县。其他各支也多有迁居。如一支大分九世孙吴应龙（16045—？），字云石，任山海关参将，后定居北京；其弟吴应凤（1607—？），任湖广荆州长阳知县，也定居北京。吴希德二子继忠、继臣，吴希义三子继龙、继凤、继麟，吴希文六子，吴希信四子皆迁居江西余干。一支三分九世孙吴国栋、吴国光迁居绍兴铜井，吴习淑、习泮、习沛迁居杭州，吴允升、吴允吉、允美三兄弟迁居直隶永清县。一支四分九世孙吴国佐迁居河北涿州，吴从度、吴日新、吴廷祯兄弟迁居河北保定府，二支大分九世孙吴廷论二子迁居诸暨袁村；十世吴大化四子，吴承祖二子迁居诸暨袁村，吴上选迁居温州，吴上达迁居北直隶东安县；二支四分六世孙吴晔于明嘉靖后期就奔赴辽东，成为辽阳卫廪生，其后七世孙吴元恩、元思也奔赴辽东，八世孙吴简任海南把总，其二子也定居海南。

附一支大分、二支三分、四分于 5 世至 11 世科举任职概况

支分	世次	姓名	科举	任职
一支大分	五世	吴蒸	弘治癸丑进士	翰林院庶吉士、吏科给事中
一支大分	六世	吴便	弘治壬戌进士	南京刑部主事
一支大分	七世	吴彦	嘉靖癸未进士	南京江西道御史、广东岭东道兵备佥事等
一支大分	七世	吴毅	由郡庠补国子生	授鸿胪寺序班
一支大分	七世	吴遴		授金吾卫正千户
一支大分	八世	吴悦	由郡庠补国生	授广东高要县主簿,历潮阳县丞,郑府奉祠正
一支大分	八世	吴兑	嘉靖己未进士	蓟辽总督,兵部尚书加太子少保
一支大分	八世	吴充	国子生	授光禄寺监事升署丞,河东运判
一支大分	八世	吴沈	国子生	授鸿胪寺序班
一支大分	八世	吴怀慎		授宣府守备
一支大分	八世	吴国光	万历十九年武解元	推瓜州江防钦依把总
一支大分	九世	吴有豸	荫恩生	河间府住密云管饷通判,顺天府通判
一支大分	九世	吴有孚	万历十五年武举	蓟镇太平路参将,山东副总兵
一支大分	九世	吴有闻	万历三十二年京卫武举	授锦衣卫镇抚,本卫指挥佥事
一支大分	九世	吴有端		以伯荫授锦衣卫镇抚
一支大分	九世	吴有临		授羽林左卫中所镇抚,管杭州大营军事
一支大分	九世	吴有升	礼部儒士	授兴化府简校,升南京鸿胪寺序班转署丞
一支大分	九世	吴应龙		任山海关参将
一支大分	九世	吴应凤		任湖广荆州长阳知县
一支大分	十世	吴崇文		授湖南腾越州领兵千总
一支大分	十世	吴孟明	万历十六年武举	锦衣卫正千户,北镇抚司掌印,堂上佥书,左军都督府都督同知
一支大分	十世	吴孟登	官生	授左军都督府都司,永昌府知府
一支大分	十世	吴孟浩	崇祯庚辰进士	授锦衣卫副千户
一支大分	十世	吴灿	京卫武学	授京营把总
一支大分	十世	吴明臣	京卫武学	授运粮守备
一支大分	十世	吴崇俊		授锦衣卫镇抚
一支大分	十世	吴崇果		任山东登州东江守备

续表

支分	世次	姓名	科举	任职
一支大分	十世	吴浚哲	仁和庠生康熙十一年举人	内阁撰文中书舍人,以军功进阶光禄大夫
一支大分	十世	吴良哲		陕西西宁州州同,广西象州知州任
一支大分	十世	吴明时		任都督同知
一支大分	十世	吴邦辅	邑庠生袭祖荫	北镇抚司理刑,本卫堂上金书
一支大分	十世	吴邦臣	崇祯庚辰进士	山西道监察御史巡抚视长芦盐课
一支大分	十一世	吴邦定	廪监生	授南京兵部武选司主司
一支大分	十一世	吴邦奇	崇祯己卯顺天副榜	授东宫侍卫领班官
一支大分	十一世	吴邦玮		授锦衣卫镇抚
一支大分	十一世	吴邦璲		金衢总兵,前军都督府同知
一支大分	十一世	吴国辅	天启丁卯广东武解元	锦衣卫镇抚,南镇抚司金书都督同知
一支大分	十一世	吴 柽	国学军功	议叙泰安州同知,济宁州知州
一支大分	十一世	吴 振	国子生	江西玉山县知县,直隶安肃县知县
二支三分	六世	吴 相	国子生	授京卫经历、江西都司都事
二支三分	七世	吴 歧	浙江武举	军门冠带赞画
二支三分	七世	吴 进	郡庠生、隆庆四年江西武举	
二支三分	七世	吴 继	国子生	授鸿胪寺署丞,辽东都司经历,楚府正审理
二支三分	七世	吴大学	万历二十五年武进士	绍兴卫右所镇抚,昌国钦依把总
二支三分	七世	吴大斌		授辽东东宁卫镇抚
二支三分	七世	吴大圭		领兵千总,清河卫守备、盖州城守尉
二支三分	七世	吴大武	万历四十一年武进士	苏州卫嘉兴守御所镇抚,蓟镇榆木岭提调
二支三分	八世	吴显忠	隆庆二年武进士	金山参将、广西浔梧参将、云南永腾参将、云南副总兵
二支三分	八世	吴志忠	万历丙子湖广武魁	蓟镇东路中军
二支三分	八世	吴杨忠	万历戊子浙江武举己丑武进士	授绍兴卫所镇抚
二支三分	八世	吴希贤	会稽庠生国子生	授兖州府照磨
二支三分	八世	吴希文		福建沙县县丞,鲁府工正

续表

支分	世次	姓名	科举	任职
二支三分	八世	吴宗道	万历乙酉辽东武举	辽东盖州守备、镇江城守游击
二支三分	八世	吴用宜	万历庚戌进士	锦衣卫所镇抚、南赣坐营都司
二支三分	八世	吴廷忠	清河卫廪生	参赞山东巡抚军务
二支三分	八世	吴执忠	顺治四年贡士	山东按察使司副使、湖广粮储道布政使司右参政
二支三分	八世	吴景桂	万历三十一年辽东武魁	管抚军中军事
二支三分	八世	吴震	万历癸卯浙江武魁癸丑武进士	绍兴卫所镇抚、直隶南汇守备
二支三分	八世	吴禹道		山东抚军幕宾
二支三分	九世	吴仲德	万历乙卯戊午武魁	浙江台州镇标钦依把总
二支三分	九世	吴有熙	天启二年武进士	授绍兴卫所镇抚、天津横河营游击
二支三分	九世	吴从鲁	万历四十四年进士	四川上川南道布政使司右参议，通政使司通政使
二支三分	九世	吴从质	万历四十四年武进士	福建掌印都司、直隶永升州参将
二支三分	九世	吴从鹏	天启四年山东武魁	绍兴道中军守备，山东兖州营中军守备
二支三分	九世	吴襄琦	万历四十四年武进士	福建六鳌守备
二支三分	九世	吴用宜	天启元年顺天武举	浙江军门东前营钦依把总
二支三分	九世	吴有成	万历己未武进士	河南南阳守备、河南省领班都司金书
二支三分	九世	吴有镐	天启辛酉武魁	浙江南关钦依把总
二支三分	九世	吴兴宗	清顺治五年贡士	严州府知府
二支三分	九世	吴兴祚	顺治五年贡士	两广总督、兵部尚书
二支三分	十世	吴三捷	顺治十五年会魁	福建海澄县中营守备、江南城守游击
二支三分	十世	吴三才	顺治十二年武进士	陕西宁夏灵州守备，山西平阳府平垣营都司金书
二支三分	十世	吴三锡	将材	以军功授左都督
二支三分	十世	吴仕俊	北直密云廪生	正红旗教习、湘阳县知县
二支三分	十世	吴尔躬	将材	延绥宜君营参将，封荣禄大夫
二支三分	十世	吴秉谦	国学生	山东莱州府知府，陕西宁厦守备道按察使司副使
二支三分	十世	吴秉仁	将材	钦授左都督

续表

支分	世次	姓名	科举	任职
二支三分	十世	吴从龙		湖广安陆府知事
二支三分	十世	吴秉智	国学生	直隶高邑县知县
二支三分	十世	吴孝登	康熙癸巳进士	詹事府左春坊左赞善、侍读
二支三分	十一世	吴赞乾	将材	以军功授左都督、直隶河间府副总兵,封荣禄大夫
二支三分	十一世	吴赞良	将材	以军功授左都督
二支三分	十一世	吴孝曾		河南开封府仪考通判
二支三分	十一世	吴鼎科	乾隆己卯江南乡试第15名	扬州府宗应县教谕、拣选知县
二支三分	十一世	吴志葳	乾隆甲子科副榜	授江苏昭文知县,承袭骑都云骑尉,阶通议大夫
二支三分	十一世	吴翼曾	雍正甲辰副榜	任直隶怀安知县教谕
二支四分	七世	吴来臣		万历壬午征东阵亡,荫子绍兴百户
二支四分	七世	吴从朋	崇祯四年武进士	湖广都司金书,永生州参将
二支四分	八世	吴有学	万历四十五年武举	安徽池太道中军,广东白鸽门守备
二支四分	八世	吴教	万历三十七年武举	镇鲁营千总,东征阵亡
二支四分	八世	吴从明	天启二年武进士	广东总兵,坐营中军
二支四分	八世	吴用明	天启七年武魁	锦衣卫千户
二支四分	八世	吴友仕	崇祯元年武进士	绍兴卫所镇抚,河南领班都司,阵亡
二支四分	八世	吴贞明	崇祯元年武进士	绍兴卫所镇抚,温处道中军守备
二支四分	九世	吴选	天启二年武进士	湖广留守都司,万全掌印都司
二支四分	九世	吴之葵	天启二年武进士	绍兴卫所镇抚,广东南诏守备
二支四分	九世	吴国伟	崇祯三年京卫武举	嘉兴乍浦守备
二支四分	九世	吴从义	崇祯十三年进士	陕西长安县知县
二支四分	九世	吴之深	崇祯十三年武举	陕西倒马关中军守备
二支四分	九世	吴之芳	崇祯四年进士	编修、经筵展书,教习内书堂

三 十二世至十六世为家族发展的低落期

这一时期，山阴州山吴氏家族人口膨胀，房支扩增，外迁人口增加，除第一支大分尚有几人考中文武进士外，其余各支各房皆呈现低职化现象。一支大分十二世孙吴廷龙（1650—1717），字宫云，为吴邦玮次子，在恢复金厦二门中建军功，特授左都督，贵州大定镇中营游击，升独石参将，湖州府副总兵，阶荣禄大夫。吴懿祯（1631—1694），字德章，号樵青，吴邦璨独子，由恩贡授锦衣卫，选东宫侍卫领班。十三世孙吴汝洵（1654—1718），字景苏，父受锦，任陕西参将，升河南总兵，骁骑将军，诰封荣禄大夫。吴洢（1675—1718），字越峰，号雅园，为吴夔祯第三子，由会稽武学中康熙五十年（1711）浙江武举，五十二年会试第6名进士，殿试三甲第4名，选东宫侍卫。吴璜（1729—1773），字芳甸，号鉴南，为吴燫文长子，由北籍庠生中乾隆二十四年（1759）顺天乡试19名，二十五年中毕沅榜三甲进士，历任户部云南司额外主事，户部四川司主事，湖南澧洲知州；父丧服阙，分发四川，随征金川阵亡，有《黄琢山房诗集》行世。十四世孙吴安祖，字念庭，号砚亭，为吴璜之子，世袭恩骑尉，授福建平和县知县，历任直隶清丰知县，山西长治县知县，平定州知州加一级，署浦州府知府，有《且存稿诗集》传世。十五世孙吴寿昌（1728—1802），字泰文，号蓉塘，别号虚白，为大略次子，由邑庠廪生，乾隆二十二年（1757）清高宗南巡召试，钦取二等四名，二十四年乡试中第64名，三十年会试中第29名，殿试二甲第5名进士，保和殿御试第2名，点翰林院庶吉士；三十四年（1769）召试，钦取一等二名，特授内阁中书军机处行走，充方略馆纂修官，三十六年改授编修充四库馆纂修官，四十二年为顺天乡试同考官，四十四年补文渊阁校理，四十五年会试同考官，钦命上书房行走，升詹事府右春坊右赞善，四十六年会试同考官，历左赞善升右中允，四十七年二月《四库全书》告成，历左中允，升翰林院侍续，加一级转侍讲，四十八年广西乡试正主考，五十年顺天乡试同考官，特简贵州学政，五十五年致仕。有《虚白斋存稿》传世。十六世孙吴坦安（1741—1811），字静轩，号兰皋，父吴震，由广东商籍廪生，中乾隆四十七年（1782）广东乡试第49名，五十二年大挑一等，简发山东利津知县，父丧服阙起补乐安知县，五十四年盐行助台湾军饷，部议加同知衔，因现任改军功，随加三级，五十五年承办东巡大差，钦赐贡缎荷包等物，有《恭纪馀事》诗传世。

此外，尚有一支二分第十七世孙吴成廉（1836—1895），字讲，又名省斋，号解堂，父玉坛，邑庠生，中同治三年（1864）举人，十三年（1874）进士，钦点翰林院编修，詹事府左右中允，詹事府左右庶子，詹事府左右春坊，任国史馆协修纂修，乡会试磨勘官，国子监司业，文渊阁校理，司经局洗马，南书房行走，升咸安宫总裁；任顺天乡试大总裁，日讲起居注官，翰林院侍讲，翰林院侍读，翰林院侍读、侍讲加三级，覃恩诰授中宪大夫，晋封通议大夫。妻朱氏，汪氏均封淑人。

这一时期明显的变化是官阶的低职化，大多是处于知县（正七品）以下的无品级的佐贰官，如县丞（正八品）、主簿（正九品）、典史、训导、税课大使、河泊官、仓大使等未入流的"佐杂"人员，还有"巡检"（从九品）驿丞、司狱、吏目等未入流的杂官。

附各支各分于12世至16世科举任职概况

支分	世次	姓名、字、号	生卒年	学历	任职
一支大分	十二	吴受镇	1611—？		山东兖州府司狱
一支大分	十二	吴瑞祯 字公卿	1614—？	邑庠生	
一支大分	十二	吴卿祯 字云章	1615—1675	恩贡生	
一支大分	十二	吴棠祯 字伯憩，号雪舫	1644—1692	由邑庠补大学生	有《清绮轩词》传世，吴兴祚幕府参军记室
一支大分	十二	吴蕙祯 字楚生 号又树	1646—1704	太学生	
一支大分	十二	吴芝祯 字紫芬	1654—1692	武学生	
一支大分	十二	吴夔祯 字克谐 号蔚溪	1645—1719	太学生	以子洏贵封宣武将军东宫卫士
一支大分	十二	吴非熊 字宗望	1638—1704	太学生	

续表

支分	世次	姓名、字、号	生卒年	学历	任职
一支大分	十二	吴应祯 字君求 号恭和	1649—1724	祠生	
一支大分	十二	吴理祯 字治文	1642—1660	郡庠生	以曾孙寿昌贵赠奉直大夫，詹事府右春坊右赞善
一支大分	十二	吴绪 字孝文	1640—1706	社生	
一支大分	十二	吴纯 字宗文	1653—1727	国学生	授州同
一支大分	十二	吴谷祯 字逸芳	1661—1720	太学生	
一支大分	十二	吴蛟祯 字幼腾	1653—1756		覃恩顶戴
一支大分	十二	吴虹祯 官名谷正 字惟赤	1661—1726		任河南邓州吏目
一支大分	十二	吴凤祯 字羽长	1648—1725	太学生	授县丞
一支大分	十二	吴鹏祯 字扶九	1655—1722		湖广宝庆府司狱
一支大分	十二	吴备 官名全 字全之	1696—1748		广东四会县南津司巡检
一支大分	十二	吴昭祯 字仲章	1622—？	郡庠生	考授钱塘县训导
一支大分	十二	吴睿英 字士韬 号耕山	1672—1726		由太学授福建莆田县丞，以台湾军功升广东茂名县知县
一支大分	十二	吴炳文 字礼符	1685—1740	国学生	考授州目
一支大分	十二	吴瀹文 字朴存 号朴庭 又号黄琢山人	1706—1769	国学生	有《朴庭诗集》传世，入商盘、朱一蜚、方观承幕
一支大分	十二	吴炜文 考名凤翥 字清	1722—？	山阴庠生	乾隆二十四年（1759）举人
一支大分	十三	吴澍 字霖伯 号雨亭	1644—1724	由邑庠补国子生	考授州同
一支三分	十三	吴汝霈 字舜若	1655—1715		候选州同
一支大分	十三	吴汝浩 字天柱	1675—1733		湖州长兴县典史
一支大分	十三	吴侗 字揆一 号同人	1675—1732	太学生	考授州同
一支大分	十三	吴宏任 字继仪	1676—1753		由太学生任山东宁阳县丞
一支大分	十三	吴鼎 字凝九	1673—1735		由贵州大定郡庠廪补太学生，授湖广提标千总
一支大分	十三	吴瀛 字南柱 号怡然	1666—1727	太学生	以孙寿昌贵赠奉政大夫，翰林院侍读加一级

续表

支分	世次	姓名、字、号	生卒年	学 历	任 职
一支大分	十三	吴允升 字孚长 号田家	1676—1739		国学生，考授州同
一支大分	十三	吴期澜 官名克成 字巨川 号悱斋	1706—1772		湖北荆门州吏目，改授福建福安县白石司巡检
一支大分	十三	吴期洪 字泗	1710—1775		以子枚候选同知，援例赠奉直大夫
一支大分	十三	吴可立 字泳三	1700—1773		以子大文任山东乐陵县典史，覃恩貤封登仕佐郎
一支大分	十三	吴可法 官名永升 字则先	1720—1773		山西解州盐池司巡检
一支大分	十三	吴元旦 字吉辰	1643—1714		四川巴县典史
一支大分	十三	吴元载 字又瞻	1656—1725		国学生，考授县丞
一支大分	十三	吴天枢 字北辰	1690—1755		以子统贵貤赠登仕佐郎，云南保山县沙木和巡检
一支大分	十四	吴簀 官名禄民 字进山	1707—1772		四川峨眉县典史
一支大分	十四	吴大勋 字勷周 号德庵	1693—1760		候选通判，军功议叙加一级，以子震候选州同，援例赠奉政大夫
一支大分	十四	吴大容 字心如	1700—1733		由太学候选国子监典簿
一支大分	十四	吴大方 字载吕	1701—1747		邑庠生，任湖广江陵县郝穴口主簿
一支大分	十四	吴栋 官名毓贤 字隆吉	1692—1759		福建大寺寨巡检，宁德、台湾县丞，升广东潮州府经历
一支大分	十四	吴本 字中也	1711—1761		福建同安县典史
一支大分	十四	吴大略 字武孙 号淡庵	1686—1750		由太学考授州同，以子寿昌贵赠奉政大夫，翰林院侍讲
一支大分	十四	吴大田 字文侯	1697—1732		太学生，以子寿朋贵赠文林郎，贵州桐梓县知县
一支大分	十四	吴大猷 官名廷东 字懋远 号一州	1718—1781		由会稽庠生入岁贡生，候选训导

续表

支分	世次	姓名、字、号	生卒年	学历	任职
一支大分	十四	吴恩德 字俊明	1705—1787		江西宜春县典史
一支大分	十四	吴大枚 官名枚 字彦卜 号易亭	1740—1812		遵输川饷,议叙布政使经历加一级,升同知
一支大分	十四	吴宗保 官名祯 字德彰	1729—1796		任湖北随州合河店巡检,著《易亭诗钞》、《北游杂咏诗稿》
一支大分	十四	吴大文 原名兆熊 字滨若 号开周	1723—1800		山东乐陵县典史
一支大分	十四	吴统 字定人	1734—1809		授吏目,历任云南永昌沙木河、雄州母享巡检
一支大分	十四	吴兴祖 考名志 字克振 号乐园	1736—1779		会稽县学生,中乾隆三十六年(1771)浙江乡试第92名举人
一支大分	十四	吴忻 字向荣	1787—?		河南正阳县典史
一支大分	十五	吴震 字青岳 号惊斋	1713—1790		太学生,候选同知,诰授奉政大夫
一支大分	十五	吴萃 字光绪 号丹山	1723—1780		太学候选州同
一支大分	十五	吴嘉猷 字汝宜 号巽斋 又号竹溪	1757—1809		太学生,馆选议叙分发广西浔州府经历,署武宣县事
一支大分	十五	吴寿春 字景芳 号锦园	1737—1819		候选主簿
一支大分	十五	吴寿康 字锡蕃 号雪帆	1740—1808		由附贡充四库馆誊录,议叙州同,分发江苏补清江县丞,历任宜兴县知县、松江府通判
一支大分	十五	吴寿朋 字素均 号琢山 别号鉴湖逸叟	1730—1814		由邑庠廪生中乾隆三十六年(1771)浙江乡试第25名,四库馆议叙贵州相梓县知县
一支大分	十五	吴志道 官名家栋 字冠一	1762—1821		由顺天大兴籍监生,任山东藤县典史
一支大分	十五	吴志学 官名允昌 字圣阶 号芸窗	1760—1821		长芦盐运同知
一支大分	十五	吴述曾 号愚溪	?—?		世袭恩骑尉,选授广东盐运使司经历

续表

支分	世次	姓名、字、号	生卒年	学历	任职
一支大分	十五	吴继曾 号愚亭	?—?		由太学生例授布政使司大使，分发江苏
一支大分	十六	吴 城 字登之 号愚村	1758—1804		由邑庠铨选安徽候补县丞
一支大分	十六	吴 奎 字聚之	1792—?		例授未入流，简发山东，历任潍县县丞、即墨县典史
一支大分	十六	吴 镕 官名寅 字赤冶	1803—1856		江苏昭文县白茆司巡检
一支大分	十六	吴士吉 官名作霖 字蔼堂	1806—1868		河南巡政，钦加六品衔
一支大分	十七	吴锡霖 字彝堂 号松泉	1784—1850		由太学生授广西某县典史
一支大分	十七	吴宜封 原名铨 字孔庭	1769—?		由顺天大兴籍太学生授安徽太和县洪山巡检
一支大分	十七	吴锡兰 原名铺 字杏园	1770—1829		由太学生任湖广长沙府司狱，补宜章县丞，赤石司巡检
一支大分	十七	吴岱铺 字序东 号金溪	1763—1829		河南息县典史
一支二分	十四	吴士麟 字玉书	1717—1782		授从九品候选
一支二分	十四	吴士凤 官名廷锡，字薛三 号监亭	1722—1790		四川璧山县典史，湖南衡阳县典史
一支二分	十五	吴学煌 字字辉	1791—1824		国学生，以孙成廉贵贶赠中宪大夫，覃恩晋封资政大夫，诰命先后二轴
一支二分	十六	吴 臻 字金璧 官名遇青 号翅青	1775—?		由郡庠补增生，改名遇青，嘉庆二十三年（1818）顺天乡试卷首，挑取誊录送国史馆缮书，议叙陕西耀州吏目

续表

支分	世次	姓名、字、号	生卒年	学历	任职
一支二分	十七	吴玉坛 字见庭	1814—?	国学生，以子成廉贵貤封中宪大夫，覃恩补资政大夫，诰命先后二轴	
一支三分	十二	吴凤翔 官名英 字九苍	1670—1746	怀远县主簿，贵州按察司照磨	
一支三分	十二	吴凤翱 字子九 号纯庵	1678—1761	广西修仁县尉，永淳县典史，升江南奉贤县南桥镇巡检	
一支三分	十二	吴元 字伦元	1700—1782	江南宿迁县典史	
一支三分	十二	吴元章 字振三	1716—1790	以曾孙槎贵，候选盐提举，加六级，貤赠通奉大夫	
一支三分	十五	吴榜 字济堂 号锦帆	1779—1853	邑庠生，以侄以观候选经历同知衔加一级，貤赠朝议大夫	
一支三分	十五	吴樯 字信堂 号啸云	1803—1866	由邑庠中道光十二年（1832）浙江乡试副榜，考取八旗教习，咸丰六年（1856）补镶蓝学汉教习，选授天台教谕	
一支三分	十五	吴槎 字博堂 号予望	1805—1888	由邑庠中道光十七年（1837）浙江乡试67名举人，大挑授嘉兴府秀水县教谕，候选盐提举加六级，诰授通奉大夫	
一支三分	十六	吴以观 字炳人 号虎田	1842—1904	国学生，候选府经历同知加一级，授朝议大夫	
一支三分	十六	吴以豫 字立人 号雷田	1844—1885	国学生，候选县丞同知衔，授奉政大夫，以子仁厚贵，选同知加三级，诰封中议大夫	
一支三分	十七	吴德园 号麟绶 字少荣	1899—?	邑庠生，候选同知加三级，授中议大夫，赏戴花翎	
一支四分	十三	吴国梁 字柏生 号甫庭	1790—1847	国学生，以子荣贵封奉直大夫，通判加一级	
一支四分	十三	吴国柱 官名衍庆 字象冲 号砥亭 别号流影	1785—1829	候选州同加二级	

续表

支分	世次	姓名、字、号	生卒年	学　历　任　职	
一支四分	十四	吴泳止　官名荣 字止江 号云留 别号淡园	1820—1855	候选通判加二级，著有《留园诗钞》传世	
一支四分	十四	吴泳礽　字子云 号禅阁	1828—1868	钦加同知衔，候选运同加一级	
一支四分	十五	吴之清　名淞 字少枚 又字少云 号第轩 又号松水	1837—1863	授奉政大夫，著《蒿少山房诗钞》传世	
一支四分	十五	吴之诚 官名寿清 字藕舲	1852—1919	邑庠贡生，授内阁中书	
一支四分	十六	吴文权　字光衡 号仲威	1867—1907	内阁中书加二级	
一支四分	十六	吴文藻　号采臣	1856—1891	例授承德郎	
一支四分	十六	吴文荟　名文绪 号洪畴	1862—1895	例赠登仕佐郎	
一支五分	十七	吴大滨　字海 号锦山	1849—1902	赠五品衔，赏戴花翎，任江西泰和县知县	
二支大分	十二	吴廷枢　字君重 号辰庵	1658—？	初授处州府经历，补授桂林府经历，调南宁府经历，升浙江盐运司经历	
二支大分	十四	吴楠　字陛槛 号沛亭	1717—1783	候选布政使司理问	
二支大分	十五	吴一枝　字柱卿 号香国	1783—1831	钱塘县庠廪生，嘉庆十八年（1813）选贡生，十九年朝考一等，礼部仪制司七品官加二级，道光元年（1821）升本司主司兼精膳司行走	
二支大分	十五	吴一彤　字丹三	1784—1822	任北直大兴县典史	
二支大分	十六	吴高隽　字汉章 号雪渔	1763—1827	候选从九品	
二支大分	十六	吴高伯　字震邦	1778—1821	候选从九品	

续表

支分	世次	姓名、字、号	生卒年	学 历	任 职
二支大分	十七	吴宝生 名必祥 字蕴山 号小渔	1794—?	仁和县廪生	
二支二分	十二	吴廷变 字调文	1663—?		由太学考授广东莞县京山司巡检
二支二分	十二	吴廷黟 官名栋 字良文 号兰村	1684—1743		由邑庠授江南丹阳县知县、吴县知县
二支二分	十二	吴廷柄 官名柄 字虎文	1675—1741		任江南灵璧县固镇、广西雒县京口镇、直隶唐县倒马关等地巡检
二支二分	十二	吴廷煜 官名赋谷 字戬文 号拙斋	1677—1746		任江南望江县华阳镇巡检，广西象州龙门司巡检，广东徐闻县东扬司巡检，陕西榆林府照磨
二支二分	十二	吴林孙 字羽承 号霁岩	1665—1706		贵州都匀府学武庠生，任江西临川县县丞
二支二分	十二	吴禄孙 字德承 号乔峰	1684—1720		太学生，考授州同
二支二分	十三	吴大受 字尊玉	1688—?		任京城棚守巡检
二支二分	十三	吴大用 字体一 号静斋	1707—?		任顺天西路司狱
二支二分	十三	吴大成 字韶九	1707—?		山东夏津县典史
二支二分	十三	吴懿略 字洪九	1725—?		湖南祁阳县典史
二支二分	十三	吴懿科 字士登 号梅峰	1713—1783		太学生，以子怀贵封甘肃浪县大靖堡巡检，累赠直隶天津府三角淀通判
二支二分	十三	吴懿荣 官名炳 字欣木 号省斋	1730—1792		任湖北孝感县典史
二支二分	十四	吴如琏 字宗器 号荔亭	1734—?		河南桂阳县典史
二支二分	十四	吴如珂 字鸣玉	1738—?		安徽旌德县典史
二支二分	十四	吴维佳 字会兹	1734—?		以弟怀贵貤封承德郎直隶天津府三角淀通判
二支二分	十四	吴维新 官名怀 字允怀	1741—1817		任甘肃古浪县大靖堡巡检，调吐鲁番新设巡检，河北永定安县主簿，升永定河岸同知，降保定府子牙河通判
二支二分	十五	吴尔禄 官名金堂 字天锡 号鉴堂	1743—?		江西袁州府分宁县典史、山东乐陵县典史、峄县典史

续表

支分	世次	姓名、字、号	生卒年	学历	任 职
二支二分	十七	吴文绅　字佩之	1840—1874		遵例捐纳通判
二支二分	十七	吴文纬　字星璇	1846—1900		遵例捐授长芦盐大使巡检，署直隶张家湾巡检
二支三分	十二	吴绍荣　字永泰　号越揆	1698—1747		江南常熟县黄泗浦港巡检
二支三分	十二	吴嘉谟　字子浩	1662—1726		贵州都匀府经历，四川平武县知县
二支三分	十二	吴寿祺　字介祉	1665—1742		陕西安化县典史
二支三分	十二	吴泰佑　字天吉	1645—1717		江南高安场大使
二支三分	十二	吴泰初　字建一	1660—1694		以子敬胜贵，赠顺天府霸州淀河州通判
二支三分	十二	吴泰岳　官名浩　字介繁　号成庵	1666—1737		直隶沧州史目，昌平州吏目
二支三分	十二	吴莫起　字千若	1674—1741		广西博白县典史
二支三分	十二	吴瑞起　字允若	1693—?		直隶子牙河主簿
二支三分	十二	吴延枢　字斗山　号玉衡	1707—1754		由拔贡中乾隆六年（1741）顺天举人，候选知县
二支三分	十二	吴延栋　字天木　号玉柱	1710—?		浙江处州府丽水县县丞
二支三分	十二	吴延聘　字观周	1713—1753		由刑部笔帖式候选州同
二支三分	十二	吴　坤　字中黄　号厚庵	1718—?		由顺天府学附生中乾隆九年（1744）举人，任广西马平县知县
二支三分	十二	吴　宝	1748—1820		世袭骑都尉兼云骑尉，后缘事革去世职
二支三分	十二	吴官宝　字席珍　号聘亭	1750—1832		乾隆三十三年（1768）顺天乡试举人，授湖南道州吏目，奉天海城铁岭县典史
二支三分	十二	吴嗣昌　字衍庆	1707—1740		由增生选拔贡生，候选直隶州州判，管广西临桂县县丞，署永福县知县，西宁州州同，复充乡试场提调，授奉仪州掌印，后遇太平天国军遇害殉职
二支三分	十二	吴嗣文　字有章	1719—1760		工部笔帖式，以子天相贵赠正红旗三等四品，典仪加一级，累赠头等侍卫，阶武功将军

续表

支分	世次	姓名、字、号	生卒年	学历	任职
二支三分	十二	吴凤翥 字青于 号晓峰	1716—1772	由郡庠补廪生，中乾隆二十四年（1759）浙江乡试第7名举人	
二支三分	十三	吴其钧 官名圣治 字子平	1708—?		福建建阳典史，霞浦县典史
二支三分	十三	吴悦祖 字绍先	1661—?		湖广道库大使
二支三分	十三	吴振祖 字弘先	1668—?		北直隶平乡县典史
二支三分	十三	吴耀祖 字封三	1686—1731		广东广州府司狱
二支三分	十三	吴国鼎 官名敬胜 字小年	1691—1759		由太学生授顺天府涿州州目，苑平县主簿县丞，霸州淀河州判
二支三分	十三	吴世纶 字锐九 号东麓	1696—1770		由太学生考授州同，补江南山阳县主簿都江县丞，进阶儒林郎
二支三分	十三	吴世纬 字皇诏 号星五	1713—1758		由太学生考授州同
二支三分	十三	吴文璲 字厚安	1780—1832		候选县丞
二支三分	十三	吴文楷 字阶山	1773—1850		候选县丞，分发四川
二支三分	十三	吴天佑 字振家	1731—1760		由荫生入监，以县主簿用，选湖南道州吏目
二支三分	十三	吴天保 字上林	1738—1777		以子庆明贵赠武略佐骑尉，正红旗满州恩骑尉加一级
二支三分	十三	吴天相 字吉人	1744—1806		由王府九品官升头等护卫
二支三分	十三	吴天爵	1749—1811		授骁骑尉
二支三分	十三	吴天兴	1766—1812		授正红旗正参领，阶中宪大夫
二支三分	十三	吴永宁 字南有	1733—1813		山东益都县典史
二支三分	十四	吴逵 字云衢	1708—?		四川万年县典史，直隶易州广昌县丞
二支三分	十四	吴泉 字亦苏	1706—1773		湖广湄潭县丞
二支三分	十四	吴永 字次欧	1715—1766		候选道库大使

续表

支分	世次	姓名、字、号	生卒年	学历	任职
二支三分	十四	吴昶 字日初 号寅谷 改名国瑞 字来仪 号岐山	1805—?		候选巡检
二支三分	十四	吴庆明 字慎修	1767—?		袭祖荫恩骑尉供王府事，授护军校指，升护卫
二支三分	十四	吴庆枢 字拱振 号密斋	1781—1836		由王府司库官授典仪升佐领
二支三分	十五	吴绍庆 官名青标 字青麓	1801—1850		四川权州府珙县典史
二支三分	十五	吴绍琏 字宝传 号彝轩	1806—?		河南开封府经历，洧川县知县
二支三分	十六	吴锡三 字晋候	1825—1877		由军功保举知县，加五品顶戴
二支三分	十六	吴嵩年 字省斋	1772—?		由顺天大兴县太学生任山西凤台县典史
二支三分	十六	吴浚明 改名思治 字青屿	1806—1861		襄办军务筹饷捐纳光禄寺署正职衔，加二级，游幕东瓯金钱会，改城守，受伤而亡，恩恤勇骑尉世职
二支三分	十六	吴汉明 改名思淮 字苇亭	1812—1859		遵船例捐纳从九品实职，授安徽宁国府山溪巡检，后以军功升知县，历署安徽婺源等县
二支四分	十二	吴业溥 字立三 号且庵	1678—1740		国学生考授州同
二支四分	十三	吴国斌 官名斌 字允瞻	1679—1721		广西永福县典史，思恩县典史
二支四分	十四	吴真冈 官名秉忠 字秉中 号葵园	1756—1812		陕西朝邑县典史，商州镇安县典史
二支四分	十五	吴元林 原名得让 字具五 号松岸	1722—1779		假选典史
三支二分	十六	吴广遂 字庆行 名庆裕	1827—1889		议叙从九品

四 十七世至二十一世家族发展的转型与衰落期

自咸丰至宣统、民国初期年间，吴氏家族十七世至二十一世生活的时代，正是中国经历前所未有的巨变时期。在政治军事上，清朝腐朽，列强入侵，甲午中日战争，八国联军侵华，一次次列强发动的战争与不平等条约的签订，使中国濒临亡国灭种的危机。而国内，农民起义风起云涌，太平天国、义和团运动等都严重威胁到清政府的统治。清政府在政治军事上的腐朽软弱，丧权辱国，在一定程度上影响了吴氏后人追求仕进的热情。此时，吴氏家族枝叶凋零，怀抱救国救民的人才少之又少，出仕的人数较前一时期大为减少。同时科举制度废除的讨论，阻断了吴氏子弟仕进的道路，新学堂及新学堂灌输的新知识和传授的新技能与深受几百年科举影响的吴氏家族扞格不入，一时很难接受新文化和新教育的冲击，在新旧文化和教育的交替之际，出现了较长时间的迷茫与彷徨。如一支大分十八世孙吴瀛（1878—?），字仙洲，自少诚笃寡言，长即游幕河南，适民国成立，眼看时事多变，他即退隐乡里，寻求暂时慰藉。传统社会望族保持持久发展的重要机制，便是科举致仕，而这一时期的吴氏家族出仕人数的急剧减少，直接导致家族的衰落。

经济上，一方面由于长期的战乱严重地影响了吴氏家族的生产生活，无论是居住在山阴县州山的各支各分诸房族，还是早期由清初移居辽东和北京龚村的第二支三分诸房，和徙居广州商籍的房族，皆有子弟抛弃家业，流离迁徙，生产生活皆受到很大的冲击；另一方面，晚清时期，民族资本主义经济作为一种新的经济形态得到蓬勃发展，而吴氏家族绝大多数人并没有转变传统的生产生活方式，仍从事小农经济，导致经济的相对封闭和落后。在这种新的经济转换过程中，只有极少数得风气之先的人才能紧紧抓住时机，如二支二分十九世孙吴善庆（1872—1922），字善卿，幼年家贫，无力就学，14岁往沪，在咸康公司和外国人办的礼和洋行做学徒，他勤学不怕苦，为人诚恳，深得中外老板的赏识和信任，积累了一笔资金，于光绪三十年（1904）自己办公和公司，经营染料。民国元年（1912）东渡日本，考察学习染织之法，回国后在沪南创办了振兴染织厂，后又与人在郑州等地设立纺织公司、绵纱厂、油漆厂、花边厂，遂成为沪上巨商，资产日厚，声誉兴隆。也有一部分吴氏子弟及时吸收了新学堂和新学校灌输的新知识和新技能，迅速成为当时社会急需的人才。如二支二分十八世吴书镛（1884—?），字温，号蓉亭，浙江龙山法政专门学校毕业，历任绍兴、海宁、平湖等县管狱员、江苏高等审判厅主任，浙江永嘉、江苏吴县、上海地方厅书记官长，被司法部授予一等银质獬豸奖章。一支大分十九世吴文奎（1868—?），字显伯，父沅芬，兄弟三人，原为江西补用县丞，历任差缺，民国后任江西进贤县警佐，江西水上警察厅技士员，授二等警章奖章；弟吴文炳（1869—?），字中约，号甄人，初为江西刑幕，民国初期为安徽高等厅书记官，授一等金质奖章。吴文启（1884—?），字迪斋，父沅浚，生有四子，吴文启为次子，历任江西赣北镇守使，扬州两淮缉私都统书记官，弟吴义全（1896—?），字晴川。江西九江同文书院毕业，担任江苏十二圩巡缉局编译员。二十世孙吴义怀（1867—?），字文达，又字瑾候，号芸柔，父承福，原为邑庠生，直隶北河候补县丞。光绪二十一年（1895）办理教案善后，出力保免补本班，以知县仍留本省补用。民国三年（1914）任湖北鄂西观察使署内务科科长秘书，同年改名荆南道仍留原职，因办理清乡有功，得七等嘉禾勋章，兼开辟商务处事务所政牍，五年任山西河东道第一、第二科主任。吴国烦（1895—?），字德基，父文炳，兄弟二人，江西法政学校毕业，任直隶蒂城县管狱员，司法部记名，以新盐典狱长任用；弟吴肇昌（1906—?），字远基，安徽高等学校毕业，任职不详。一支二分十九世吴元舆（1889—?），名铨，字御卿，父成廉。浙江陆军模范队毕业，补授陆军中尉。一支三分十七世孙吴大复（1864—1920），字复生，号祖贤，父存仁，原为监生捐纳府经历，分发江西补用，并在湖北阳新、大冶、安陆、枝江、利州、远安、潜江等县办理刑钱事务，钟祥提局文牍、江西余干及鄂属天门、建始、蕲春、通山、随县第一科科长兼承审员。一支四分十六世孙吴文祥（1891—1922），字培祥，一字炳麟，号伯祥，兄弟二人，国民学校毕业；弟吴文寿（1895—?），字炳耀,一字炎,号百炎,别号愉色山人,又号风氏。高小毕业,任职不详;吴文城(1894—?),字培城,一字炳康,父之灌,兄弟三人。他师范毕业,任职不详;大弟吴文华(1895—?),字炳华,高小毕业,二弟吴文森(1901—?),字炳森,国民学校毕业。吴文卿(1908—?),字尧卿,父之诚。国民学校毕业,后就业不详。

附:吴氏家族后期任职概况

支分	世次	姓名、字、号	生卒年	学历 任职
一支大分	十七	吴金培 字石潜 号潜泉	1867—1922	篆刻家,西泠印社创始人之一
一支大分	十八	吴沅英 字葆生	1845—1902	任江西抚幕
一支大分	十八	吴沅芬 字佩生	1854—1898	江西九江府城子镇巡检
一支大分	十八	吴沅浚 字鹤生	1860—?	江西刑幕,警察科员
一支大分	十八	吴荣奎 字芝庭	1865—?	袭云骑尉世职
一支大分	十八	吴庆恩 字迪轩	1870—?	候补典史、曾署雩都县典史,宜春县黄圃司巡检
一支大分	十八	吴秉钧 字镜秋	1878—?	遵例捐纳候选州同,曾任江西各县科员,豫章道科员
一支大分	十九	吴瀛 字仙州	1878—?	游幕汴省,民国成立,观世局多变,故退隐乡里,优游自适
一支大分	十九	吴椿 字鹤年	1831—1902	授奉政大夫同知衔,广东候选知县
一支大分	十九	吴树勋 字伟臣 号蔚明	1874—?	太学生,五品衔升县丞,广东候补巡检,历任罗定、西宁、连平、东安、新兴等县司缺
一支大分	十九	吴之骥 字尚德	1841—1895	国学生
一支二分	十八	吴成宝 字琦 号维贤	1841—1895	国学生,清末赠奉政大夫
一支二分	十八	吴成镕 字瑛 号润斋	1846—1902	清赠翰林院待诏,诰授封奉直大夫
一支二分	十八	吴元恺 字文涛 号海帆	1831—1898	清授通判
一支二分	十八	吴元灏 字琼 号季良	1854—?	钦加五品衔蓝翎,候选通判

续表

支分	世次	姓名、字、号	生卒年	学历 任职
一支二分	十八	吴元圭 原名轩 字锡章 号圣峰	1860—?	邑庠生，办理禁烟、平粜局等差，热心公益
一支二分	十八	吴元吉 字仁甫	1862—?	以军功保举六品衔
一支二分	十八	吴元宏 字冠卿	1876—1911	清六品军功
一支二分	十八	吴光馥 字佐庭	1851—1913	以军功保升六品衔补都司
一支三分	十七	吴仁美 字择园	1874—1894	太学生
一支三分	十七	吴仁厚 字德园 又名麟绶 号少莱	1899—?	邑庠生，候选同知加三级，授中议大夫，赏戴花翎
一支四分	十五	吴之诚 官名寿青 字藕舲	1852—1919	邑庠贡生，内阁中书
一支四分	十六	吴文藻 字采臣	1856—1891	例授承德郎
一支四分	十六	吴文荟 名文绪 号洪畴	1862—1895	例赠登仕佐郎
一支四分	十六	吴文燕 官名光遹 名沛铿 字越彦	1862—1912	邑庠生
一支四分	十六	吴文权 字光衡 号仲威	1867—1909	内阁中书加二级
一支五分	十七	吴大滨 字海 号锦山	1849—1902	赠五品衔，赏戴花翎，任泰和县知县
一支五分	十七	吴文绅 字佩之	1840—1874	遵例捐纳候选通判
一支五分	十七	吴文纬 字星璇	1846—1900	遵例捐授长芦盐大使，历署直隶张家湾巡检
二支三分	十七	吴载堃 字维诚 号星桥	1834—1910	遵例捐纳县丞，并加分缺，尽先选授云骑尉世职
二支三分	十七	吴载鳌 改名维寅 字子钦	1853—1920	遵例捐纳县丞，并加分缺，尽先选授
二支三分	十七	吴载岳 字仲山	1821—1868	遵例捐授盐大使，分发河南使用
二支三分	十七	吴宗仙 字子华	1850—1914	遵例捐纳五品衔
二支二分	十六	吴增遂 字灵山 号曾瑞	1844—1900	授职九品，就职会邑

续表

支分	世次	姓名、字、号	生卒年	学历　任职
二支二分	十八	吴书镛　字温 号蓉亭	1884—?	浙江龙山法政专门学校毕业，任江苏高等审判厅等职
二支二分	十八	吴朝贵 官名邦彦 字德臣	1885—?	由监生捐纳候补县丞
二支二分	十九	吴善庆　字善卿	1872—1922	自办染织等厂，沪上巨商

第二章　山阴（绍兴县）州山吴氏家族涌现的重要人物

第一节　吴蓥：山阴州山吴氏的第一位进士

吴蓥（1468—1506），字子华，号细山，一支大分五世孙。父讳琢（1449—1494），字文器，号石邱，自少博览群书，壮年得风瘫病，故未进学，生子四，蓥为长子。

吴蓥自幼在父亲的教导和影响下，养成了好读书的习惯，凡四书、五经、诗词、古文皆能熟读记诵，父亲、老师、族人皆以神童视之期之。十九岁，即成化二十二年（1486）参加浙江乡试，考取第73名，其试卷为主司称赞。时父亲刚患风瘫病，终年卧床，作为长子的他，只得不赴第二年的礼部考试，在家照顾父亲的病，到处请医生开药方，煎药端汤，不离左右。经过三年卧床的医治，父亲的病略有好转。父亲不忍心耽误他的考试，多次催促他上路，然而吴蓥就是不放心，口头上虽然应允，却总是没有成行。眼看考期临近，父亲不得不严厉训斥，对他说：显亲扬名，孝之大者也；家中且有诸弟在，你不必以我病为念。你不能考中进士，是对我最大的不孝！责令他立即北上。不得已，吴蓥只得仓促上路。由于在家三年间昼夜服侍父亲，虽然有时也挤出时间温习功课，然而总是不能聚精会神，为此，第一次会试未能考中。父亲为了让他能集中精力，命他参加国子监补习，经过三年的刻苦读书，终于于弘治六年（1493）考中了进士。授翰林院庶吉士。

录取他的是文渊阁大学士李东阳先生。在院中，吴蓥常常闷闷不乐，容颜憔悴，李东阳问他为什么不开心，吴蓥回答说：我父亲患病常年卧床，作为儿子，远离家人，不能亲自侍奉汤药，自思这怎么样为人，怎么样做事，所以心里痛苦不堪。两年后，父亲去世的噩耗传来，吴蕣随即南下。在家守孝期间，一一遵照孝礼执行。丧服满后，起补吏科给事中。

吴蕣刚直敢言，对于朝中大臣及诸贵倖不法事决不回避，决不姑息。弘治十七年（1504）朝廷考察内外大臣，左都御史戴珊之子以物行贿吴蕣，吴蕣拒不接受。为此，遭到了戴珊报复，他上书吏部尚书马文升，要求将吴蕣逐出考察大臣的班子之外。不久，戴珊指使并纵容妻子受贿之事暴露，吴蕣与吏部给事王盖共同上疏弹劾。戴珊羞惭乞求吴蕣不要上疏，而戴珊党羽御史冯允中则为戴尽说好话，说戴珊与吏部尚书马文升历事累朝，没有功劳也有苦劳，不可因为一些传言就把他们排斥考察之列，并强行将吴蕣和王盖下狱问罪。戴珊和马文升亦借机反扑，倒打一耙，说吴蕣与王盖私下上书，理应罢官，他俩为了逃避罢官，所以才弹劾他和马文升。皇上命吏部上报吴蕣、王盖两人事迹，结果遭到拘禁并罢官的处分，这也是意料之中的事。大学士刘健趁皇帝召见的机会，客观公正地陈述了吴蕣刚直忠于职守，应该释放留用的意见，皇上听后随即下令将吴、王两人释放，并继续留任。而戴珊却仗恃在朝中的势力中伤刁难吴蕣，吴蕣面对如此是非不分、颠倒黑白的腐败官场，也彻底醒悟了。他绝不能为了保住一官半禄而委屈自己，向官场腐败黑暗的势力投降，于是毅然辞官，背上简单的行李，回到了家乡。

吴蕣在细山脚下构建了两间房屋，为其屋命名"钟玉轩"，在屋前栽植水果花草，以诗酒自乐，家居三年去世，年仅三十九岁。

第二节 明兵部尚书、蓟辽总督吴兑

州山吴氏一支大房八世孙吴兑（1525—1596），字君泽，号环洲，明嘉靖三十八年（1559）进士，授兵部职方主司，累官至右都御史，兵部尚书蓟辽总督。吴兑居边十余年，积极支持高拱、张居正推行"蒙汉互市"，西北边境出现了蒙汉民族"醉饱讴歌，婆娑忘返，东自海冶，西尽甘州，延袤五千里，无烽火警"少有的民族和睦、安定团结气象。

州山吴氏宗祠中的吴兑像

一　有胆有识少年郎

嘉靖三十四年（1555）吴兑还是诸生的时候，东南沿海经常受到倭寇的侵扰。当时有一小股倭寇进犯州山，乡民听说后纷纷逃避，吴兑却聚集宗族在交通要道设置栅栏等路障，同时精选青壮后生持器械守在村口，并告诉他们遇到倭寇千万不要出击，只要使劲呐喊，声音越响越好。后来倭寇看到乡民有备就没敢进州山，等官军到了，吴兑还带人抓了几名掉队的倭寇交给他们。

在绍兴府山阴县衙军兵中有四个麻阳人，长得特别魁梧又十分骄横，他们上身穿着红色的衣服，脚上穿着皮靴，腰上悬挂着长剑，有时牵着马，经常一起耀武扬威地出现在街市上，不是在酒楼白喝酒吃饭，就是色眯眯地盯着年轻妇女调戏，有时还撞进民居强抢珍奇宝物。市民聚众阻挠，他们就走敲县衙，骂县丞主簿，鞭笞百姓，官吏不敢阻止，市民见了慌忙躲避。有一次让吴兑和徐渭碰上了，吴兑吩咐徐渭马上回家召集族人，他自己也马上回家召集族人，一共聚集了八九人，吩咐族人一齐袭击府兵的下身；同时又要求市民一起呼喊声援。麻阳兵在众人的袭击下，全部摔倒在地下，众人随即剥下他们的衣服，脱下他们的靴子，麻阳兵连忙跪在地下叩头谢罪，围观的市民都纷纷鼓掌说："教训得好！"吴兑让大家散了。他与徐渭把四个麻阳兵带到山阴县衙，让典史、主簿把他们教训了一顿就放走了。从此他们再也不敢在街上耀武扬威，祸害百姓了。事后，徐渭拉着吴兑的手说：平时只看见你握笔读书，实在不知你有如此的胆识啊！吴兑自信地笑着说：如果以后让我带兵打仗，也能取得如此的战果。

二 刚直不阿，扬名兵部

嘉靖三十八年（1559）吴兑高中进士，隆庆元年（1567）为兵部武选郎。武选清吏司专掌武职的升调、袭替、封荫、优给、诰敕和功赏之事，是兵部的第一司。时逢皇帝刚登位，内监趁机为自己营求恩荫，有的以子为父荫，有的将恩荫卖于他姓。具体经办恩荫的吴兑表示不同意，并上奏章报告主事，主事将奏章按下，派人至吴兑处，要求他同意，另行改写奏章。吴兑坚决不同意，并准备将奏章直接报告兵部，主事知道后十分害怕，连忙道歉，于是吴兑执法公正的名声就传扬开来了。针对当时武功恩荫申报条例的混乱，防止有关经办官吏从中营私舞弊，吴兑专门制定了关于武功申报恩荫的条例，使恩荫审批有章可循。隆庆三年，海盗曾一本从海道侵犯福建，闽总兵官李锡与广西总兵俞大猷合兵击于柘林澳（广东饶平县东南），三战皆捷，风传闽军已歼盗魁曾一本，兵部议论将予以奖赏。对此，吴兑认为，海上打仗距离京城遥远，是否歼灭盗魁的消息真假莫辨，军功奖赏必须经过核实才能执行。事后也证明曾一本逃遁未被斩杀，从此边功上报，规定须核实后才给奖赏。

三 经营边防事务有方

隆庆三年（1569）吴兑出任湖广参议，当时古田壮族首领韦银豸、韦朝猛再次起事入楚，湖广巡抚准备调集麻阳兵入楚拦击。吴兑认为，古田之兵进入楚地的三条通道都必须经过土司，只要派几个人带数百银子去犒劳土司，告诉头领让他们出兵抵御，这样既省钱又省力，也不用劳驾麻阳兵长途跋涉和后勤供给之辛劳，巡抚听后觉得有道理就采纳了。

隆庆五年（1571）升任山东按察副使，驻兵霸州，霸州隶属于顺天府，当时为大盗经常出没之地。吴兑上任后，首先救济贫民，严立保甲，于交通要道险要之地设立路障堡寨，派兵把守。大盗见势他遁，属地马上就安全了。不久提升右佥都御史巡抚宣府。吴兑视察地形，于险要之地营建垣墙，东从四海冶直至西阳河，东西横贯千里；第二年又于外十三家，边起滴水崖，直至黑汉岭兴筑垣墙，烽火相连。原民堡单薄破漏，百姓居无安宅，耕无农具，官屯亦为土墙破损，吴兑下令将民堡和官屯合并共守，并改土墙为砖墙，加高砖墙，为百姓提供农具，兵民生活在一起，切实加强了防御的力量。

明皇陵地处胡汉边境，没有有利地形可以作为捍卫的屏障，因此常设重臣统率军队驻扎山后防卫，为此后人也称明陵为护陵。而明陵东北境连接塞外，防守任务十分艰巨。吴兑上任后，从龙门所东至靖胡堡一带三百里营建堡垒，并迁移原投降的史车部落屯驻其间，修筑城墙一百六十余里，城堡和空心敌台、边腹敌台共一百六十余所，此后明陵的防护才得以让朝廷放心。

四 坚决保护朝廷"互市"经济政策的实施，维护边地平安

"互市"是明朝怀柔少数民族的主要经济措施。所谓"互市"是在与少数民族的交界处指定地点、指定时间开设集市。隆庆万历年间的"互市"主要是马市，一般是明朝以布、绢等实物或银钱交换瓦剌和鞑靼蒙古人的马匹或土特产品。"马市"由官方主持，指定地点、时间和马匹的交易价格。明朝的马市既是适应民族地区与中原经济交流不断增长的需要，更是解决了明朝廷对战马的大量需求。

嘉靖二十年（1541）俺答汗遣使请求明廷通朝市，受到明世宗的拒绝，由于屡屡求贡不成，俺答遂于嘉靖二十九年八月率大军兵临京

师城下，明朝廷震惊之余，以退出边外准许通贡解围，蒙古军队趁机掳掠而去，史称"庚戌之变"。嘉靖三十年（1551），明廷在大同、宣府、延绥、宁夏一带等开设马市，准许一年两次。马市交易顺利，边境也安宁无事。不久明世宗迫于当时破解围城之急，事后又深以为耻，以蒙古方要求无厌为由，下诏"各边开市悉令禁止"。贡市之门遂闭。此后俺答也绝口不再乞贡，专意于寇边掳掠，遂使边境之民遭受战乱之苦，明朝廷与俺答也遭受巨大损失。

隆庆四年（1570），俺答汗嫡孙把汉那吉与俺答汗发生矛盾，叩关投明，这一意外事件，给改变明蒙关系带来了转机。明朝廷宰臣高拱、张居正等力持厚待把汉那吉，与俺答交涉，虽遭到有些官员反对，但得到了穆宗支持，诏授把汉那吉指挥使，随从也赐官妥善安置。俺答得知明朝廷厚待孙子，大喜过望，遂终与明朝议和。五年三月穆宗诏封俺答汗为顺义王，其弟子侄和部下也分别授官，规定贡额、贡期，贡道；于山西、陕西、宣府、大同等边开马市贸易，为期一月一次，打开了明与蒙古互市的大门。

吴兑巡抚宣府时，正值朝廷决策"互市"之机。开放边境马匹互市的政策，高拱和张居正等朝廷大臣积极实施，但俺答的侄子黄台吉所部却偷盗马匹破坏互市的行为经常发生。为了震慑黄台吉的狂妄，吴兑在掌握俺答首领与诸子弟出猎百里之外的情势下，毅然只带五骑直趋蒙古军的营房。刚到营房，俺答守军十分紧张，都张弓举刀，吴兑派人告诉守军："巡抚前来犒军！"守军头领连忙请吴兑进营，并以奶茶、奶酪盛情招待。吴兑提出要去各军营看看，守军头领只提陪他遍视各营。经过这次突袭的视察，吴兑基本掌握了俺答所部盗马的第一手资料，制定了对策。时任蓟辽总督的王崇古得知消息，非常担心吴兑的安全，书面批评吴兑的冒险行为，吴兑回信说：这次突袭行为有三利，一是掌握了俺答军力虚实；二是单骑闯营，让俺答守军以为我真心诚意犒劳他们，没有理由动武；三是轻骑直赴虏穴，指挥十万之众，使俺答军中以后不敢小看我们。何况俺答首领远在百里之外，军中头领来不及请令，也不敢擅自行动，这是我经过周密考虑的一次突袭行动，是绝对安全的。王崇古得信后，十分佩服吴兑的大智大勇。

针对黄台吉的狂妄偷盗马匹行径，吴兑侦知黄台吉与诸子扯力兔、大成台吉有隙。于是利用矛盾，分化瓦解，削弱黄台吉破坏互市的力量。恰逢扯力兔前来请赏，吴兑斥责他说：你父亲为非作歹，不怕杀头，你还敢前来请求赏赐！扯力兔回答说：我父亲残暴地对待我母亲，我也没有办法啊！你能教我吗？吴兑又试探说：你们兄弟失势父亲，我将你父亲坐骑给你，你能报答我吗？扯力兔哭着说："能。"于是吴兑告诉扯力兔，你父亲的心腹只是革布一人，我帮助你除掉革布，革布一死，你率领所属投靠姑多罗以牧，五路、大成台吉也与你父有矛盾。你父回来肯定不敢向你要坐骑，这样你就长久地拥有你的部众了。扯力兔果然杀死了革布，黄台吉也不敢过问，从此也就衰落了。

　　接着吴兑又指使扯力兔邀请其祖父把都儿，然后用毒酒杀之。把都儿之子青把都知道后，带兵至塞，以绝贡相威胁，提出十三件事。少数将军请求答应他，吴兑认为在俺答面前示弱，容易增长他们的狂妄之心，于是邀请青把都至宣府谈判，陈说贡市的好处，否则，只听营中的炮声。说罢，千炮并发，青把都兵马吓得倒退。在明军的威力面前，只得答应继续开展互市。

　　互市之初，制度简单粗疏。吴兑专门制定了番部贡仪与通使之礼，及马市价格：马良者予直七两七，后又降至三两三。俺答所部哈不慎尝以盗马所乐，吴兑命令部下防备，果然擒捉三人。第二天早晨，哈不慎献马请求释俘，不与，哈不慎掠边民七人。吴兑命令闭关停市，公告俺答诸部，我将发兵攻打哈不慎，俺答诸部震惧，共同追还哈不慎所掠，并以哈部献马九匹谢罪才罢。自俺答通贡以后，西部边境安宁，唯土默特部徙居察罕，拥众十余万，与朵颜诸部勾结。朵颜操蛮以其姐为黄台吉妻，借势攻打鸦骨寨，杀死明将二人。蓟辽总督王崇古问计于吴兑，吴兑认为，上策以形，骄其志，俟其弛怠而击之；中策以声，出师讨之，示意黄台吉献缚罪人赎身。朝廷决定用中策，黄台吉果然缚献阿都赤等十七人，杀于鸦骨寨。

　　万历六年（1578）吴兑升任宣大总督后，俺答汗提出要出远门为佛进香，临行前，把财宝寄放在吴兑总督府。吴兑知道俺答进香的真实目的是借机劫掠瓦剌,于是限定俺答只能走贺兰山以北的道路,以免国中百姓遭难。同时又暗地联络瓦剌,透露俺答此行的目的,结果瓦剌在半路上伏击了俺答。俺答受挫后,深怪瓦剌奸诈,决计滞留青海,并命令各部落赶去增援。吴兑发金币写信,派通事劝告他说:"你虽然打了败仗,但寄存在我这里的东西很安全,如果再兴师动众到偏远的地方打仗,你会得不偿失的,你还是早点回来吧。"俺答偷鸡不成反蚀把米,从此在西北的三方力量角逐中占据下风,只好俯首听命于明廷。

三娘子名叫钟金哈屯,先后嫁于俺答、黄台吉、扯力克三代首领,因支持互市有功,万历十五年明朝廷封其为忠顺夫人。万历四年(1576)夏,徐文长应吴兑之邀来到宣府,深深地为三娘子的风采吸引,"汉军争看绣裲裆,十万貂旌一女郎。唤起木兰亲与校,看他用箭是谁长?"用诗记录了三娘子率众来贡以及演武射猎的盛况。三娘子心慕中华文化,经常到大同府拜见总督吴兑,吴兑也将她当作自己的儿女看待。每遇贡事,三娘子就住宿在吴兑的军营中,吴兑先后多次馈赠她"八宝冠"、"百凤云衣"、"红骨朵锦裙"等贵重礼品。三娘子精明能干,俺答年迈,专心向佛,互市的事尽付妻子三娘子裁决。三娘子有远见,积极支持吴兑的护市举措,竭力约束各部落妄动刀枪,违者严惩不贷;如遇约束不了的部落,就及时向明军通告,给予惩戒,有力地保障了互市的进行。

隆庆互市以后,俺答与明朝常年不断的战争停止了,对明朝来说,首先是边地百姓得以息肩安业;其次减轻了国库负担,缩军费、减军粮达50余万,减太仓、太仆银谷每岁输边皆百万,从而缓和了国库空虚的窘况;再次,由于战争停止,明廷得以整顿内政,改革财赋制度,减轻农民负担,增加国家收入;对蒙古社会经济发展同样也起到了促进作用。

五 因依附高拱、张居正,行贿宦官冯保,被弹劾而辞官

《明史》列传卷110《吴兑传》谓"御史魏允贞劾兑历附高拱、张居正,具馈冯保金千两,封识具存。给事王继光言兑受将吏馈遗,

御史林休徵助之攻。帝乃允兑去"云云。在明代，武将是个很尴尬的角色。建国初，待遇极高，可以受封爵位。但自宣德以后，武将地位就大不如前了。作为总督、总兵的前程，不完全取决于自己的才能，在很大程度上要取决于朝廷后台的强有力的支持。俗话说："朝中有人好做官。"张居正作为万历年间的内阁首辅，他自己不但受贿也行贿，大宦官冯保是他的靠山，政治盟友。《明史》卷305《冯保传》说："居正固有才，其所得委任专国柄者，由保为之左右也。"冯保贪财好货，张居正让其子张简修送到冯保家中名琴七张，夜明珠九颗，珍珠帘五副，金三万两，银七万两，"其他珍玩尤多"①。内阁首相张居正如此，比吴兑影响力大得多的戚继光也如此。明万历年间，蓟州总兵戚继光曾以重金购买美女送给张居正一事，虽然无法证实，但是他却让他的兄弟给张家馈送礼物，却见于张居正的书牍。张居正只象征性地接受了其中的一小部分，把其余的"璧诸来使"，也可隐约看出礼物的贵重和数量之多。作为先是巡抚、后是总督的吴兑又岂能幸免？吴兑为了感谢高拱的提拔，其后又为了保住自己的地位，依附高拱、张居正，行贿张居正及大宦官冯保势所难免。既然他要行贿比他权力、官职高的人，自然他也接受属下将吏的贿赂，否则，他的贿物贿金出自何处？这是封建社会官僚制度造成的悲剧，一般人哪能幸免？

张居正死后七个月，戚继光即被调任为广东总兵，官职虽然依旧，实际上已经失去了拱卫帝都的重要地位，再过一年，清算张居正运动达到高潮，戚继光精神消沉，于是呈请退休。同样，吴兑也在张居正死后的一年多时间内，遭到御史魏允贞、林休徵的弹劾，吴兑被迫上书辞官，万历十一年（1583）致仕。

吴兑具有文才，他原是文官进士出身，后来分配至兵部任职，以后才成为镇守边防的总督。李勤璞校注的方逢时《大隐楼集》②卷2有《浴日庭延飨将佐纪事和督府吴公韵》、《太平宴感述和督府吴公

---

① 佚名《天山冰水录》附录《籍设张居正数》，《明史》，中华书局1984年版。
② 方逢时：《大隐楼集》，李勤璞校注，辽宁人民出版社2009年版。

韵》两首五言古诗，这里的"督府吴公"就是指吴兑。明隆庆五年（1571）八月由山东按察副使巡抚宣府，至万历五年（1577）四月继方逢时之后，受任宣大、山西等处总督，至七年八月再升任兵部侍郎。两诗都是说"和督府吴公韵"，可见吴兑曾经也写过有关诗篇。张舜徽主编的《张居正集·书牍》①中有张居正回复给吴兑的书信40余封，可见，吴兑也是擅文的。不知什么原因，未见诗文集保留承传下来。

陶望龄在《兵部尚书环州公行状》中曾回忆说："予为小生，尝侍公坐，公为言：'读书，养神之道；善养神者，操笔临文驱走万卷；不然，虽读书连屋，不能用也。'"吴兑主张读书要善于思考，蓄积于胸中，行文才能一气贯注。他在总督府中，烽火频传，檄书纷至，将吏环集，于军门外，傍午必闭户酣睡，然后据案批阅军书，答复所问，神清气爽，无不顺当。可惜未能留下有关诗文著作，让人一见其当日文采。他为人豪爽，俸禄所入随手而散，不喜积聚。他说：我为六镇总督，银钱多得没过脚背，做一个富翁是很容易的。但是我经常想，钱财多了，田产家业也就多了，家中僮仆也多了，矛盾纠纷随之也就多了，精神痛苦也多了。现在生活能够过得去，有一两个老家僮已足够使唤，事情少无争吵，已经觉得很满足了。退休归里后，读书、莳弄花草，始终没有去拜访地方长官。他认为，作为大臣就应该这样做。

第三节　清兵部尚书、两广总督吴兴祚

州山吴氏二支三分九世孙吴兴祚（1632—1698），字伯成，号留村。清顺治五年（1648）以贡生授江西萍乡知县，历任山西大宁知县，山东沂州知州，江南省无锡县知县，康熙十五年（1676）升福建提刑按察使司、都察院右佥都御史，巡抚福建提督军务，十八年以军功加兵部尚书，二十年为两广总督。为人慷慨，为官40余年，后

---

① 《张居正集》，湖北人民出版社1994年版。

至封疆大吏，所得俸禄大都用来赡养战士、亲戚故旧，宦迹所至的山西、江苏、福建、广东等地，把他列入名宦祠祭祀。好交文士，与当时文人吴梅村、龚鼎孳、徐乾学、秦松龄、吴绮、顾贞观、梁佩兰、屈大均、陈恭尹、万树等皆有来往，能诗词善书，酷嗜戏曲，著有《留村诗钞》、《留村词》，主编《广东舆图》十二卷等。

一 在无锡县知县任上

吴兴祚自康熙二年（1663）起任无锡县知县，至康熙十五年（1676）升任福建按察使，前后在无锡县13年。其中康熙四年丁内艰，十三年丁外艰，迁行人司行人，又以失察洋匪罢职，皆以当地百姓豪绅吁请督抚保留，在无锡时间最长，因而政绩也最卓著。

无锡县地处南北交通要道，往来官员繁多，接待任务很重，前任共亏空库银85000多两。吴兴祚上任时，有三人被罢官羁押，被捕在狱的差役有30多人。吴兴祚十分同情他们，想方设法帮助他们填补亏空，脱离干系，这些人临走时都说，是吴公给了我们一条生路。

由于由明入清战乱的变动，无锡田亩久未丈量，移甲换乙，隐匿之弊百出，百姓纠纷很多。吴兴祚到任后，就着手组织清量田亩工作，并要求因田绘图旁书四至，将图牒分给田主，从此民间就少了许多类似的诉讼。其中有六图田千余亩最为纠缠麻烦者，兴祚充以官田，让粮里公买为役费，官府雇募充役，从此六图之害方除。

康熙八九年间，江浙水旱频发，吴兴祚设立分赈法，在无锡县各乡设立粥厂，每厂设司账二人，推荐乡里年长者担任，凡家有余粮的必须尽力相助，兴祚亲自督察检查，使一大批受灾百姓安全度过了饥荒。当时政局刚趋太平，百姓对驻防旗兵扰民惊魂初定，吴兴祚向当地旗人都统请来令箭，每遇部队过境，就亲自骑着马往来巡视，凡有兵丁敢抢百姓一只鸡的，立即处以鞭刑。路过无锡的军队知道这里的规矩后，都非常小心，不敢违纪，以至有几次军队过境，老百姓都不知道。针对当时对台作战的军需犒赏物品，吴兴祚都早作安排，筹储等待，决不连累百姓。

吴兴祚爱民不扰民的事例很多，有一年湖水溢过官塘，给人马行走带来了不便和危险。他命人在塘路两旁每隔数丈树竹为标，每支竹竿上悬挂一灯，使人马经过如坦途。催科不用鞭扑，审讼简洁明了；广交名士，重视人文名胜建设。吴兴祚在无锡任上，与吴梅村、钱谦益、龚鼎孳、秦松龄、陈维崧、徐乾学、余怀、严绳孙、李渔、吴绮、陈椒峰、顾贞观、方文等文士皆有交往。新建惠山二泉亭，重建"来悦楼"，识拔文士，为陈集生赎居等。至今，在江阴无锡交界的斗山墩庵中，陈列着清代镌刻的保护生态的石碑三块，一是康熙八年（1669）八月的《禁约碑》，二是康熙十年（1671）的《放生池碑》，皆为当时无锡知县吴兴祚撰写。《禁约碑》的碑文述说了立碑的原因。陆懋积、张光伟等人联合给吴兴祚写信，反映斗山南麓的水墩庵建造以后，在庵中僧人的感化下，在附近村民的关心保护下，生态环境有了很大改善，出现了鸟飞于林、鱼跃于池的美好景观。但由于水墩庵地处荒僻，离村子很远，村民很少到达这个地方。庵中的僧人人手不够，难以管理，担心捕鱼的、打猎的会到这里捕猎，请求县令下达文件，镌刻石碑，使周围乡民知晓，共同保护水墩庵四周的生态环境。为此，知县吴兴祚亲自撰文，立下禁约：水墩庵"永为放生之所，日后强梁毋得擅窃池中一鱼，擅打池中一禽，擅采禁内一茎一木。蜀乔和尚习静焚修之地，棍徒不得搅扰生事，如违，一并拿究，治以大法"。《放生池碑》则是吴兴祚应黄汉臣的要求所写。黄可延献出水墩为庵堂的宅基，徽商江顺又献出2亩土地，为庵堂僧人生计产业，徐乡绅等人买下黄可延的池和池边93棵树木。河池作为放生池，始于南梁武帝时。吴兴祚撰写《放生池碑》，就是要后人不忘前人创业的艰难，继续保护好前人开创的事业。

二 在福建按察使、福建巡抚任上

康熙十五年（1676），吴兴祚升任福建按察使时，地处福建、江西、浙江三省交界处的西山盘踞着一股割据势力，首领朱统昌自称宜春王、敉远将军。西山地僻易守难攻，三省进剿官军都观望不前。兴祚到任后自告奋勇带兵进剿。到了西山后，他一方面大造进剿舆论，加强了外围的作战部署，摆出了一副要捣毁敌寇剿穴的架势；另一方面派出一支精悍部队，持他的手令到前沿阵地说降。攻心战收到了效果，朱统昌部属的陈龙、施廷宁、何应元等将领，先后放下武器，归顺官军，朱统昌只好逃往江西。初战得胜后，吴兴祚故意在大庭广众面前宣布，没有上面的命令，暂时不能去追打朱统昌，部队要后撤了。同时暗地里命令投诚的伪总兵蔡淑穿上以前的衣服，佯回原营为内应，随即命令陈龙等为先导，指挥大军直捣朱统昌巢穴。朱统昌大败，朱统昌手下总兵冯珩等执缚朱统昌投降，获敉远将军银印、降将官180员，兵9000余人。此举影响很大，江西的江拐子、杨一豸等割据势力率万余人向吴兴祚投降。

康熙十七年（1678）五月升右佥都御使，福建巡抚，屯驻漳州。时郑锦踞台湾，遣其骁将刘国轩等陷漳、泉属县，复围泉州。由于兵力吃紧，吴兴祚只得从西山投降的人员中挑选，加上招募的将官和家僮临时组成一支部队自兴化赴援。至仙游，锦将黄球率2000人勾结土寇万余屯兵白鸽岭。吴兴祚兵分三路：左部攀援藤葛上，右部绕过敌背，自己从中路前进。恰逢大雾弥漫，部队皆下马攀登。天亮雾散了，此时左部已攀上岭顶，右部也到达指定地点，于是兴祚命令部队中的福建人伪装成敌兵败归者的样子，大声呼喊："福建巡抚带领大军打过来了！"关上箭和石头如雨般倾泻而下，吴兴祚用铳枪打死了守关的小头目，右部也发火炮接应，顿时山谷中红旗交错，喊声震动，守关的敌人丧魂落魄，纷纷逃窜。兴祚遣兵自间道夺下白鸽岭关口，斩级六百，堕崖溺死者甚众。敌乃溃走，追败之于岭头湾，收复了永春、德化二县。提督杨捷自福州督兵赴惠安，至是清诸路援军皆已到达，并配合水师分道围困刘国轩，先后攻破平和、漳平、惠安等地。刘国轩知道大势已去，泉州围遂解。

刘国轩从泉州败走入海，凭借数百巨舰出没于赤澳、黄崎等处。吴兴祚随即命水师总兵林贤，游击王祚昌、徐德济，千总陈春、张景咸等扬帆出海，分三路夹攻，焚沉敌舰60余艘，俘斩敌兵6000余人。此捷更加坚定了"欲剿绝海寇，必藉水师"的信念，吴兴祚疏请增募水师2万，诏从所请。康熙十八年（1679），刘国轩率兵两千至郭塘、瓯溪关，欲断江东桥占领长泰，吴兴祚与都统、总督姚启圣会师迎击。同时又令驿传道王国泰等招降郑锦将领蔡冲珮、林忠等385人，兵丁12500余人，获敌舰67艘，招回岛民男妇1200余人，是年叙功，晋秩一品。

康熙十九年（1680）正月，吴兴祚主张乘胜追剿盘踞厦门的郑锦余部，而由议政的贝勒大臣主持的兵部却坚持"剿贼事关重大，应该等待荷兰的夹板船到了然后进剿"。吴兴祚上疏皇上：臣自去冬新造和修理的大小船只俱已完工，江南炮手也先后到闽，且自提臣及各营将官和兵丁两万八千有余。乡勇澳民三千余人，莫不鼓舞踊跃，士气十分高涨。眼下正是二月风汛，对我十分有利。如必等荷兰船到，最早得五六月间，那时风汛转南，我师反在下风，不如乘风势之便利，先攻海坛，毁敌门户，然后水陆夹攻，金门、厦门则可唾手而得。疏下王大臣会议，如所请行。吴兴祚统兵至福清，总督姚启圣请其暂驻福清海岸，为水师声援。吴兴祚鼓励将士日夜操练，旋自定海扬帆直抵海坛，敌不能支，遂克海坛，再克湄州平海。诸澳敌聚舰三百余只坚踞崇武，兴祚亲抵海岸指挥，切断敌舰退路，相持三日，攻夺崇武，又乘胜夺取了泉州港。接着从泉州港与宁海将军喇哈达、总兵王英等直趋同安港口，敌将分踞浯州、浔尾两处要口，兴祚令发红衣炮攻之，一边派兵入城晓谕，敌将以城降，遂克浯州、浔尾。随即分兵径趋厦门，敌溃，遂克厦门，再取金门，余敌逃奔台湾。吴兴祚请留澳民防守，蠲免荒田粮租，减关税课，把安定边境百姓生活作为善后之策。二十年四月，授予骑都尉，又一云骑尉世职。二十年进攻台湾，部议吴兴祚在省督理军饷，他虽未直接参与海战，但其所建水师和后勤保障诸方面对攻台湾胜利起了重要作用。

吴兴祚之父吴执中，顺治十二年（1655）曾以佥事分守漳南。当时漳州初附，滨海百姓许茂等对海寇与清军持首鼠两端态度，提督马得功将屠之，执中劝说：百姓胁迫于寇患，只能将保其身家性命放在首位。如安抚他们，则成为我们的百姓；况且海澄、厦门的海寇也要劝他们来投降，何况近处的百姓呢？马提督大悟，远近受海寇胁迫的百姓纷纷来附，吴执中以功升为山西副使，祀名宦。《四库全书·福建通志》卷30记载"吴兴祚巡抚福建有父风，而平海之功尤伟云"。

卷29将吴兴祚列为名宦，评曰："（姚）启圣所以专心毕力无返顾忧者，兴祚之功为多。至于修葺贤祠，而文行以兴造洪山桥而车徒以济，实惠在民，又未易更仆数也。"《福建通志》卷8"桥梁"条下"洪山桥，国朝顺治中改造，寻亦圮。康熙间总督姚启圣、巡抚吴兴祚、金鋐相继重修"。卷62"古迹"条下"还珠门"、"国朝屡修遭毁。康熙二十年总督姚启圣、巡抚吴兴祚改制"。同卷"冲虎宫，国朝康熙二十一年总督姚启圣、巡抚吴兴祚、笔帖式罗密重建"。

三 在两广总督任上

康熙二十一年正月，吴兴祚升任两广总督后，全面调查了两广在盐埠、渡口、税收、渔禁和地方安全等方面存在的问题，提出了一整套兴利除弊，积极推行发展生产，安定社会等一系列惠民政策，得到了康熙帝的赞赏和支持，迅速恢复了两广经济和社会安定。

两广百姓遭受郑藩数十年之害，他们以盐为利数，强占盐田场埠，商民盐课无出而受累；所属渡口三百八十余处，藩兵罗踞津口，重加收税，渡民不堪；粤货至境，有"落地税"名目，郑藩创立税总店，凡铜、铁、锡、木之属，下至鸡豚、蔬果一概抽税；渔课税更重。对此，吴兴祚上奏朝廷后，全部免除盐、渡税、总店、渔课等税，商民、渔民等百姓称快。两粤多盗，吴兴祚设置营哨互相巡查警戒，同时安抚招降原来盗贼头目置于营哨之下，让他协助捕盗而自赎。花山盗头目盘踞山谷，经常扰乱地方，兴祚也设法招抚，解散其部众。广西盗魁崔玉枝潜伏郁林、陆川一带为害，且不听招降，兴祚则坚决剿灭之。而对那些被迫参与的人则给予安置，生活贫困的给予耕牛、种子，让他们开垦荒地，自己耕种。沿海渔民所欠旧税，一一登记全部蠲免，额外之征全部停止。这样极大地维护了地方安定，调动各行业百姓的生产积极性，有效地恢复了两广地区经济的发展。

《四库全书·广东通志》卷60《名宦志》称吴兴祚"潮之广济桥，闽粤冲衢，岁久圮倾，民皆病涉，兴祚捐白金四万两重葺，到今利焉。"又曰："蹑屐花田，泛舟珠海，与骚人墨客吟咏唱和。"

毛奇龄《西河集》卷105《山阴金司训雪岫墓志铭》载曰："雪岫尝游岭表，与弦绩、伯憨三人者为两广都督吴君上客。吴君故善词，而三人者以新词与唱和角逐，四顾无座人。"金雪岫（1641—1702），名烺，字子音，浙江山阴人，为金楚宛之孙，由贡士授湖州府学训导，著有《绮霞词》。吕弦绩（？—1702），名洪烈，字弦绩，吕师著之子。吴伯憨（1644—1692），名棠桢，字伯憨，号雪舫，为吴兴祚同族曾孙，著有《清绮轩词》又名《风车词》。清嘉庆《宜兴县旧志》卷8《人物志·艺文》载："吴大司马兴祚总督两广，爱其（指万树）才，一切奏议皆出其手。"受万树影响，吴兴祚长子吴秉钧（1644—1697）创作了《电目书》杂剧，吴棠桢创作了《赤豆军》、《美人目》两种。此外，与万树同时在吴兴祚幕府做幕僚的山阴人吕洪烈创作了传奇《回头宝》、《状元符》、《双猿幻》、《宝砚缘》四种。吕洪烈之叔吕师濂创作传奇《金马门》一种。又据吴绮《林蕙堂全集》卷19《家留村大司马同诸君子宴集锡祉堂兼送电发归里，用其原韵》，徐电发，即徐钒，擅长选妓征歌的。吴绮还蓄有家乐，二人皆曾游历过吴兴祚幕府，可以说当时的两广总督府形成了一个词人结社和一个戏剧家集团，吴兴祚无疑就是这个词社和集团的轴心。

四 对家族的贡献

吴兴祚友亲睦族，资助族人，凡是投靠他的州山吴氏族人，不分亲疏，都竭尽全力照顾。在他任无锡知县十余年的时间里，州山族人去了一批又一批，他总是想方设法让他们的愿望得到满足。担任福建按察使时，因为海疆未靖，常常身先士卒，亲冒矢石，但就在如此繁忙的军务中，吴兴祚仍然惦记着州山的父老乡亲，虽然去福建的路程要比无锡远几倍，但去福建的吴氏族人仍然很多，吴兴祚的接待丝毫不敢懈怠。调任两广总督后，肇庆的总督府衙离州山有五六千里之遥，不仅路远且水土不服，如果族人再到任上找我，岂不给乡亲带来麻烦吗？吴兴祚让幕僚中的州山族人作了简单统计，州山族人生活困难的大概有数百余家，再按困难情况分成三等，照顾他们每年约需

7000两银子，这笔钱全由他从俸禄中支出。族人感谢他的义举，特地请了吴氏的姻亲，当时担任奉天府府丞的姜希辙写了《赡族碑记》，在吴氏宗祠中勒石纪念："总督两广大司马留村吴公推俸赡族，族之人饥者得食，寒者得衣，少者得婚，老者得养，死者得葬，可谓敦族之极轨矣。"

吴兴祚还竭力奖掖后进，引荐并提携族中的年轻人。同支十世孙吴三锡（1628—1683），字纶章，由将材于康熙十九年（1680）随同族叔吴兴祚南征，在攻克海坛、金、厦二门中立功，钦授左都督；吴尔躬（1648—1692），字子逑，由将材于康熙十九年跟随从叔吴兴祚南征，在攻克海坛、崇武、厦门等处建功，二十年钦授左都督；吴秉仁（1651—？），字子元，号慎庵，由将材于康熙十七年（1678）跟随堂叔吴兴祚在恢复福建永春德化县有功，十八年升为千总，十九年又随堂叔攻克福建厦门、金门等处建功，升授左都督之职；吴赞乾（1648—1717），字子健，由将材于康熙十九年随族叔祖吴兴祚南征，在攻克海坛、金门、厦门等处建功，授左都督；其弟吴赞良（1660—1725），字子静，由将材于康熙十九年随族叔祖吴兴祚南征，在攻克海坛、金门、厦门等处建功，授左都督；吴亭士（1634—？），原名鸣凤，字羽圣，号孰庵，康熙十九年随族叔吴兴祚出征福建恢复金门、厦门等处建功，授河南彰德府通判、开封府知府之职；吴待用（1652—1714），字仲升，由将材于康熙十九年随族叔祖吴兴祚南征，在克服海坛等处有功，授左都督之职；吴廷龙（1652—1717），字宫云，康熙十九年随族叔祖吴兴祚在恢复金厦二门中建军功，授左都督。

五　能诗善词，是一位风雅的儒士

吴兴祚不仅是一位富有智略的武将，也是一位具有较高文学水平的儒士。从现存的《留村诗钞》、《留村词》来看，正如其挚友秦松龄在《留村诗钞序》中所评云："先生不屑以诗鸣，而喜与诗人游，或眺览山川，或留连觞咏，即席闯韵分题，钵响还留，烛痕未减，句辄先成，一时诗人皆服其敏妙。盖忠君爱国之心溢于肺腑，时从楮墨间流出，不徒作嘲风弄月已也。若乃马革裹尸，顾同叹息，一段不可磨灭之志。令人读之犹凛凛有生气者，尤见于出塞诸作。昔曹景宗唱《凯归殿上赋诗》，续成竞病二韵，沈约诸公莫不敛手称欢。先生顾盼自雄，思立功殊域，遽以疾卒于沙碛，不获随六师凯旋，荣勋饮镐，赋柏梁，绘凌烟为恨，则古之所称社稷臣者，亦无愧矣。故其诗亦如其人。"纵观其诗，大多为与人酬唱和眺览山川的感怀之作，也有少数咏物之作。同为此作，似可分为前后两期：前期为无锡令期间之作，诗作清秀、平和，时露要求建功立业的志向，奋发有为的积极进取精神，时又表现颓唐灰心企求隐居的思想感情，时又互相交织。如《周伯衡观察之楚》诗云：

春郊赋别柳条青，携酒相邀过草亭。潭水落花红雨骤，江城看月白云停。一帆诗兴归黄鹤，千里雄风撼洞庭，人意无心皆厌乱，好将功业早书铭。

《秦留仙斋中限韵》诗云：

海内谁知己，吾侪幸一流。樽前还惜别，雨后定悲秋。近代无双士，汉庭空七侯。茫茫千古意，俯仰令人愁。

《丙辰元日用余谈心韵二首》诗云：

（一）
潦倒风尘四十年，不堪回首问苍天。
壮怀已在浮云上，往事空惊逝水前。
几处梅花开画阁，一江帆影乱渔船。
相逢尽道人憔悴，得似凫鸥沙上眠。

（二）
雨细云高天气晴，春风次第入孤城。
愧无良药疗人疾，岂为虚名与世争。

屈指九州愁玉帛，操戈万里尽公卿。
挥毫欲写丰年瑞，几度撚须句未成。

后期是指在福建按察使、巡抚和两广总督及被贬后所作的诗作。这一时期，诗风渐趋凄楚悲凉，既有功成名就，踌躇满志，如：《出雷州东门至白鸽寨双溪口阅视海界，步杜大司空韵》诗云：

敌后天心厌，妖氛次第消。皇恩原广大，民业复逍遥。
夜雨滋新陇，春风纵晚潮。双溪连白鸽，从此见渔樵。

《登家三岭阅界，步大司空韵》诗云：

自公宣帝命，甘雨喜随车。春到家山岫，月明流港沙。
襟怀临海阔，诗思入云赊。指点归耕者，时劝桑与麻。

也有感慨战乱忧民自责之作，如《高凉自祖逆变后，村落丘墟，桑麻与荆棘相半，嗟哀鸿之尚未全归也，城西有观山焉，偶尔登眺赋此志感》诗云：

秋深聊纵目，落日独徘徊。海阔云初散，天高风自来。
川原无起色，荆棘有余哀。惭愧君恩久，嗟非济世才。

又如《过十八滩》诗云：

不意人文地，翻成百战场。凉烟迷蔓草，斜日吊残阳。
白骨新南陌，青磷旧比邙。有怀吟不得，独坐自苍茫。

也有降职后谪为边地守将，以王昭君自喻君恩不再自叹的《明妃出塞歌》诗云：

萧疏紫塞外，满地皆寒烟。
塞雁也知归汉国，明妃西去不能还。
回首君恩何日再，潸然血泪染衣带。
檀槽歌罢手挽靰，几阵惊沙扑面飞。
霜埋野径愁魂断，月冷阴山香梦稀。
举目凄凄何日亲，朝朝惟听悲笳吟。
黄金不买丹青笔，千载空嗟薄命人。

又如《出塞诸作》五首，选其三，诗云：

苦雨湿愁云，凄风撼林木。夜半角色低，野间野鬼哭。
一将固成功，岂止枯万骨。归期问明月，近照长城窟。

更有痛定思痛，豁然开朗，返归本性之作，如《绝句二首》：

（一）
马革欲裹尸，此风似可尚。虽未及古人，雄心岂肯让。

（二）
老矣尚从征，匣中剑屡啸。回首谢宾朋，汗马嘶斜照。

从体裁而言，吴兴祚之诗绝大多数是五七言律绝，间有五七言古诗，没有排律和长篇古诗。可见他不喜欢，也不擅作长篇，这可能与他的武将性格有关。战事倥偬，政务繁忙，无暇或不屑构思鸿篇巨制，而喜欢即兴抒发，一蹴而就。

《留村词》以苏东坡词的开阔胸襟来写会友交酬、咏物有关的题材，表现了一种豁达清新的词风，如［念奴娇］《春申涧怀古》：

郊原一望，尽凋零。又一早秋深时节。霜气填空，云惨淡。一雁惊寒声怯。云气楼前，天均堂外，兴废谁堪别。春申古洞，云烟樵客能说。　　试问昔日英名，而今安在，空对苍凉月。老树扶疏盘涧底，落叶千层叠。徒倚斜阳，因风怀古，莫使雄心折。还应叹息，乾坤尽是华发。

词的上半阕，描写了深秋季节春申涧周围萧瑟景象，感叹兴废难辨。下半阕融情于景，继续叙写深秋景象，但又提点"莫使雄心折"。似从悲凉之中吹来了一阵热风，体现了一种豁达豪迈之精神。

吴兴祚留下的文章较少，仅见保存于《山阴州山吴氏家谱》中《祖洲大金吾传》和《广东通志·艺文志》中的《议除藩下苛政疏》两篇。

六　广交文士，慷慨资助，诗词唱和

吴兴祚为人豁达慷慨，喜与文士交游，在无锡知县任上的前后十三年中，就团结了一批有名的文人士大夫，其中有年龄长于自己的前辈如钱谦益、吴梅村、龚鼎孳、余怀、秦松龄、李渔、严绳孙、方文、顾贞观；也有年龄与自己相仿的同辈如陈维崧、徐乾学、陈椒峰、吴绮、黄家舒、顾彩、马翀、龚胜玉、徐釚、陈集生、杜浚、毛奇龄、梁清标、陆葇等。他曾为陈集生赎居，为陈维崧赍酒送炭，为前任无锡知县朱别驾偿还了亏空库钱。在福建布政使和巡抚任上，他与幕僚万树、吕洪烈、金烺、吕师濂，族孙吴棠祯交往频繁，经常设宴演剧娱乐，诗词相酬；在两广任上又结交了屈大均、陈恭尹、梁佩兰、王础臣、王士祯、王孝扬、张超然、张云翮、蒋莘田、章集之、茹子苍、娄子恩、黄与坚等，经常与他们诗词往返。康熙二十三年（1684）秋天，吴绮从粤返吴，吴兴祚赠送其买山钱，使得吴绮购置了赵氏之废园和东陵田七十亩。康熙二十年二月，又将番禺茭塘司的黄女官沙之田三十七亩赠送给屈大均养老。在吴梅村、龚鼎孳、秦松龄、严绳孙、李渔、方文、顾贞观、陈维崧、徐乾学、陈椒峰、吴绮、马翀、龚胜、徐釚、陈集生、毛奇龄、陆葇、万树、吕洪烈、金烺、吕师濂、吴棠祯、屈大均、陈恭尹、梁佩兰、王楚臣、张云翮、王士祯等人的诗词文集中，皆留下了与吴兴祚交游的诗、词、文篇什，清晰地反映了他们当时的交情。

第四节 众多的忠义之士

正如《吴氏家训》中所言："子孙有出仕者，唯当随职奉公，竭忠报国，毋得徇私黩货，利己妨人，有玷名教，为祖宗之羞可也。戒之、戒之！"吴氏子孙谨记族中长辈所教，身体力行，涌现了一大批竭忠报国的忠义之士。

（1）吴来臣（1549—1593），字士进，为吴氏二支四分七世孙。祖沛，号石山（1482—?），官祁州州判；父烨，（1520—1603），字济夫，号云衢，邑庠生，入辽阳卫廪生，以贡生授蔚州儒学训导，升山东济南府教授，皆有贤声。来臣自幼嗜读韬略诸书，万历十年（1582）至京师入京卫武生，考选将材。万历二十一年正月，跟随总兵李如松部攻克平壤，此次战斗中，李如松率轻骑进驻碧蹄馆，明军接连取得胜利，距王京三十里，由于有轻敌之心，突被日军包围。来臣奋力冲杀，接连斩杀日酋三名，力竭战死。战斗以日军伤亡8500人告终，但吴来臣却捐躯沙场，长眠在异国他乡。经略侍郎宋应昌题请荫其子从明，授绍兴卫后所百户。从明后登天启二年（1622）武进士，升本所千户，历任广东总兵坐营中军，有奇绩，遇覃恩赠武略将军。

（2）吴教（1546—1597），字省私，为二支四分八世孙。祖伯藩郡庠生，父元吉，为湖广司仓。吴教髫年好孙吴之学，万历四年（1576）、十年（1582）、十三年（1585）中浙江三科武举，授镇鲁营千总，二十五年（1597）三月随经略杨镐援朝，在攻打蔚山城的战役中，杨镐和备倭总兵官麻贵等指挥不力，闻日本战船渡江而来，即弃军策马西逃，日兵近击，明军溃败，吴教在左冲右突中战死。杨镐匿报未恤。

（3）吴景桂（1561—1615），字汝芳，号心宇，二支三分八世孙。父大邦，自幼即有澄清天下志向，伯父大斌，叔父大圭寓辽东，召其前往，遂前往应试。年三十七中万历二十五年（1597）辽东武举，授镇抚官抚院中军事。四十三年（1615）闰八月，鞑靼布色图子济农部在河套要求封王不得，乃纠合套中诸部大举入侵，景桂跟随副将孙洪谟于大柏油（神木西南）迎战，突遇伏兵，副将孙洪谟被俘，景桂在后撤中遇袭阵亡。事闻，赠都指挥佥事，荫子永新绍兴卫中所百户。

（4）吴希文（1564—1641），字叔周，号五岳山人，二支三分八世孙。少习制举业，然试而不售，即专力诗、词、古文，而尤工小学。壮游京师，见重于名公巨卿间，因藉其力，授福建沙县县丞，不久升鲁藩工正，退休于兖。崇祯十五年（1642）十一月清兵破兖州，希文被俘不屈而死。

（5）吴崇文（1575—1622），字允敬，号玄洲，一支大分十世孙。曾祖彦，嘉靖二年进士，历官江西道御史，粤东道兵备佥事，祖恒，父有臣，俱为邑庠生。

崇文自幼业儒，然屡试不售，曾发恨说："当今天下烽火连天，乱势已成，虽读书盈屋，又有什么用呢？"于是改习武，由武学考取将材，授云南腾州领兵千总。天启二年（1622）二月，贵州水西（贵州黔西）土目安邦彦闻奢崇明起事攻成都，起兵响应，自称罗甸大王，率兵袭占毕节，安邦彦自率水西兵攻贵阳，诸部首领安邦俊、安若山、陈其愚、陈万典皆起兵助之。三月，明政府调湖广、云南、广西官军援贵州，吴崇文为云南援军，在与安邦彦部队作战中阵亡。

（6）吴懋忠（1578—1626），字君谅，二支四分八世孙，由京卫武生考取将材，升授卢沟桥都司，天启六年（1626）死于军。子吴朝楫（1613—1644），字济中，与从子一元俱以武生效用京营，官守备。崇祯朝，固守卢沟桥，十七年（1644）三月，李自成进攻京城，命令投降的太监作为内应劝明军投降，城外明军一部分投降，而吴朝楫、吴一元力战阵亡，失报未恤。

（7）吴琦（1601—1629），原名廷玠，号宪真，二支二分九世孙。祖父翰（1539—1608），字文冈，山阴县贡生；父吴咸正，兄弟三人，咸正最小，母亲早逝。他对父亲和继母非常孝顺，曾为父亲割肉疗伤，夫人胡氏也十分贤惠。吴咸正死时，留下三个未成年的子女，其中吴琦最大，也只有十岁。胡夫人含辛茹苦养育子女，经常教育他们："你们父亲是州山有名的大孝子，将来你们如果谁有出息，入朝为官，一定要忠于国家，做一个忠臣，你们的父亲在九泉之下是会很高兴的。"吴琦就是在这样的环境中长大，以武生考选将材，授为京营把总，崇祯二年（1629）升为都司。十月，皇太极避开袁崇焕防守坚固的宁锦防线，兵分三路，右路会合蒙古兵攻大安口（今河北遵化县西北），左路会合蒙兵攻龙井关，主力进入洪山口（龙井关西南），从山海关以西南下。十一月三日金兵抵遵化，山海关总兵官赵率教率援兵驰援。吴琦所部跟随出征，行前，胡夫人把胡琦叫到堂前吩咐说："今日朝廷失政，海内烽烟四起，边境不安，正是武将效命朝廷之时。此去你如果能解遵化之围，就可以像以前一样回来见我，否则我就让家人用乱棒将你打出！"吴琦连连答应。吴琦跟随赵总兵官急行三昼夜抵达三屯营，不料三屯营总兵朱国彦不让进，赵率教只得率兵西进，与金兵相遇，虽经力战，终究无法改变明军颓势。吴琦想起母亲临行时的嘱咐，对部下说："我无法回去见我的母亲了，你们中有不怕死的就随我一起杀出去！"说完，就率先策马冲入敌阵，实现了以身报国的愿望。赵率教所部全军覆没，四日，金兵占领遵化。吴琦战死后，由于失报，未得抚恤。

（8）吴大斌（1556—1632），字叔和，号晴川，二支三分七世孙。父论（1506—1570），号守庵，生子三：大斌，大益、大圭。大斌自幼聪颖，博闻强记，他参加了一次县试没有成功，就改学研究诸子百家学说。十五岁时父亲去世，家里的生活重担就落在他的身上。他感慨地说："家里这么穷，自己也看不到什么出路，怎么能让母亲高兴呢？"结婚后，他就让二弟大益留在家里照顾母亲，带着比自己小六岁的弟弟大圭遨游四方，最后在辽东地方定居。开始从事私塾讲学，人称大斌"教授辽东"。大斌在辽东站稳脚跟，并有一定影响后，州山族中有四方志向的年轻人都归附到他的门下，亲侄廷忠曾应命至辽东清河卫试入泮，旋补廪生，后以所学教授生徒。辽东当地的名士也把登大斌之门称为"登龙门"。辽东总兵宁远公李成梁也邀请他，待之为上宾，遇到军国大事都与他商议，并授他为辽东东宁镇抚之职，却未去上任。

万历四十四年（1616）辽东失守，大斌渡海到达登州。登州巡抚孙元化向他求教守城的方略，他的建议莫不令人心服。崇祯元年（1628）袁崇焕以兵部尚书督师蓟辽，袭杀毛文龙，毛之部将孔有德、耿忠明等投奔登州巡抚孙元化，分别授予步兵左营参将、中军参将之职。崇祯四年（1631），清皇太极进攻大凌河城，孔有德与耿忠明叛变，攻陷登州，巡抚孙元化被捉，并要吴大斌随军效力。大斌召集子侄说："眼下之事是我们不能做的。但是留在这里，只能一起等死；如果我一人去死，你们还有机会回去。"于是他开始绝食，先后十一日。死前，他告诉子侄，只要把我的事告诉孔有德，你们抬着我的棺材出城，就可以回家了。大斌坚持民族气节，决不跟随叛明投清的孔有德、耿忠明，并以自己一死教育他的子侄。

（9）吴用宣（1586—1641），原名鲲，字时化，号南滇，二支三分九世孙。父文道，生三子：长子鳌，三子鲟，用宣居二。自幼习孙吴之学，学成后至京师，中万历四十三年（1615）京卫武举，授钦依把总，隶属总兵刘良佐麾下。崇祯十四年（1641）六月，农民起义军革里眼、左金王进攻宿松、英山二城，刘良佐率部赴援，中途遇伏兵败，吴用宣战死。事闻赠都指挥佥事，荫子百户。

（10）吴从鹏（1589—1642），字象先。中天启四年（1624）山东武魁，授浙江绍兴道中军、山东兖州营守备，因家于兖。有子二：长元镛，武生；次元亨。崇祯十五年（1642）十二月，清军攻兖州府城，鲁王朱以派被俘自杀，乐陵王朱以泛、阳信王朱弘福等皆死。吴从鹏及长子元镛战死；父希文、子元亨、元镛及妇张氏被俘不屈死。

（11）吴泰征（1592—1642），字与交，一支三分八世孙。父堂，生子四，泰交位居老四。生而魁梧，有志节。年二十四中万历四十三年（1615）顺天武魁，二十六岁中会举，二十八岁登进士，授锦衣卫所镇抚，推大同平远守备。泰征素谙韬略，上特简任浙江海防南洋游击，以御海寇。莅任未几，诸寇纳款朝廷；又调北洋，诸寇悉敛迹。泰征为官威严恩惠并施，人皆信服，升河南开封府参将。崇祯十五年（1542）三月至五月，李自成率大顺军扫平开封外围郡县后，于五月二日攻打开封，明军总督丁启睿、保定总督杨文岳集兵18万前来救援，李自成集军兵10万，双方相持。李自成采取长期围困之战略，这一围就是四个月，城内官绅拼命抵抗，矢尽粮绝，出现了人相食的现象。九月初吴泰征知战事危急，遂与夫人毛氏诀别说："开封城早晚必定陷落，如果沦陷，我一定死，你可预先计划。"夫人回答说："君能死国，我也一定效死，请让我死在你之前。"遂全家自尽，两个儿子亦死。吴泰征自此毫无内顾之忧，日夜登城捍御。二十二日，周王竟愚蠢地决开黄河大堤引水灌城，周王与官绅乘预先备好的船只逃命，城内百姓被淹死无数，义军有万余人被水冲没，城陷，泰征战死。

（12）吴友义（1600—1642），原名成材，字际宇，二支三分八世孙。父大武，生子二：长禹道，次成材，后过继叔父大壮。自少怀经世才，志存报国，受诸伯父影响邀游海内，崇祯年间流寓锦州南之松山城，为松山总兵吴三桂部下参将。崇祯十四年（1641）八月，总督蓟辽军务的洪承畴率军至松山坚守，清皇太极亲自率军围攻松山。清军掘壕筑垣，断粮道，引起明军将士恐慌，当时松山城之粮不足三日，诸将与统帅洪承畴意见不一，坚持回宁远取粮而后战。在这种情况下，洪承畴只得决定留下三分之一兵力守松山城，其余全部突围冲阵，洪承畴与吴友义所部担任守城任务。松山城自八月二十一日闯围之后，敌营遍布，水泄不通，洪承畴、祖大乐等竭力死守，坚持到第二年正月，粮食越来越少，将官们与士兵一样，一天只吃一碗饭，希望援兵速来"以救倒悬"，但始终未见一兵一卒前来救援。在绝望的情况下，松山副将夏承德秘密降清，约定二月十八日接应清兵登城。十九日松山城陷，洪承畴、祖大乐被俘，其余将官及兵士3063人全部被杀，吴友义不忍屈辱自刎而死。

（13）吴从义（1601—1643），原名麟祥，字裕祥，又字内倩，后以"岁寒然后知松柏之后凋也"，改从义，号岁青，二支四分九世孙。父正学（1577—1631），字端公，号纯和，曾任连江主簿广东广州卫经历。生子四，从义为长子，顺天府庠生，补增广生。崇祯十二年（1639）北雍乡试第32名，十三年登魏藻德榜进士，殿试三甲79名，授陕西长安县知县。十六年十月七日李自成军攻破潼关，明将孙传庭与敌战被杀。十一月长安城陷落，吴从义抱印投井自尽。明日，大顺军搜索众官，而长安令不至，遍索五日不得。军中有人说："城刚破时，只见一人戎服佩刀从容入关帝庙投第三井者，难道是长安令吗？"于是至井上，投石井中，铿锵有声，遂出之，果然是长安令吴从义。百姓赞扬其忠义，名其井为"吴公井"。崇祯嘉其忠节，赠陕西按察使司佥事，予祭葬。从义无子，荫其弟从肃入监读书。顺治元年，特谕甲申殉难诸臣礼宜优恤，载入《陕西省志·名宦传》。

（14）吴友仕（1591—1644），初名孟华，字章甫，号西屏，二支四分八世孙。自幼喜弓马，习韬略，年二十五中万历四十五年（1617）顺天武魁，二十七岁中会举，推凤阳尾埠镇钦依把总。不久弃职遨游四方，遍观各地要害。年三十七改今名，中天启七年（1627）保定武解元。联捷崇祯元年（1628）进士，授绍兴卫左所镇抚。崇祯十年（1637）推河南都司佥书充领班。十七年三月守昌平，三月十五日，李自成率大顺军围攻北京，进抵居庸关，守将唐通降，京城门户不攻自破，吴友仕力战而死，三月中旬李自成占领昌平。

（15）吴金堂（1571—1646），名从鲁，字秉礼，号金堂，二支三分九世孙。父吴希贤，由邑庠卒业进国子监，官山东兖州府照磨，有循声。从鲁幼而颖悟，长大后作文有奇思，入山东滋阳县廪生，中万历四十三年（1615）举人，四十四年登钱士升榜三甲进士，历任河南南阳知县、福建尤溪县知县、刑部贵州司主事、工部都水司主事、长芦盐运司运判、都察院经历、兵部车驾司员外郎，崇祯五年（1632）任四川分守布政使司左参议、上川南道等职。期间，张献忠占领武昌后，因受李自成部威胁，遂率军入川。吴从鲁遍视蜀之险要，分兵把守，自守上川南道，展示保全蜀境的决心。十六年（1643）五月，因病辞官回到山阴州山养病，四川防线遂失去了依凭，十七年八月，四川沦陷。回到州山后，经过一段时间疗养，身体复原，适逢鲁王监国绍兴，由于吴从鲁的军事才能，顺治三年（1646）二月，鲁王任命其为通政使，巡视钱塘江防线。六月，鲁王航海遁，从鲁身穿民服避居州山，对家人说："大势已去，死是我的本分"。换装梳洗，躺入原先置办好的棺木中，自尽身亡，时年七十六岁，谥号"襄敏"。

（16）吴邦璇（1606—1646），字睿玉，号乾则，一支大分十一世孙，大司马吴兑曾孙。父孟登，以荫任云南永昌知府。邦璇，从少年起自学孙吴兵法，慨然有澄清天下志向，岳父傅宾曾劝其习举子业，他说："当今天下混乱，而当政者置国事于身外，天下事大半坏于读书人手里，守此四书五经，对治国有什么好处呢？"崇祯八年（1635）独自游历燕、赵，出塞外，纵观九边要害，大同总兵贺鼎见而欲荐用，恰闻母亲讣至奔归。崇祯十七年，南都福王立，朱大典特疏荐邦璇，授参将之职，同招义军期渡江北向。顺治元年（1644），南都失守。五月，鲁王监国于绍兴，朱大典又荐授金衢总兵、前军都督府都督同知，率师守卫金华、衢州。二年六月，清军渡过钱塘江，占据绍兴，鲁王由台、温逃亡海上。不久清军进攻金华，朱大典与吴邦璇死守三个月，城破，朱大典与吴邦璇举火药自焚，朱妻投缳死。

（17）吴嗣昌（1707—1740），字衍庆，二支三分十二世孙。父翼曾（1683—1759），官名孝成，字大展，号昆崖，由雍正甲辰副榜任直隶怀安县教谕。祖父秉智，曾祖父兴基。嗣昌由顺天府增生拔贡，候选直隶州州判，试用广西，借补临桂县丞，署永福县知县，再署西宁州同。历任奉仪州掌印州判。乾隆五年（1740）四月，湖南绥宁龙家溪瑶民栗贤宇自称识窑银，号召苗民挖掘，苗民聚集日众，地方官吏派兵拘捕，栗贤宇逃奔广西义宁小江寨，恰逢当地苗民酝酿反清，栗贤宇遂组织苗瑶各寨联合起兵。五月，吴嗣昌奉广西巡抚令留办军务，赏银安抚苗民，不幸于石村遇苗瑶寨兵被执，不屈被杀。当地土人获其尸，以其母寿木殓而葬于桑下，并为之守墓。二十余日后，督抚委官启视，面色如生。事闻，奉特旨照阵亡例赐恤祭葬。乾隆八年赠卫经历，荫一子入监，世袭恩骑尉。

（18）吴璜（1729—1773），字芳甸，号鉴南，一支大分十三世孙。父朱燧文（1706—1769），字璞存，号朴庭，国学生，著有《朴庭诗集》。吴璜自幼为舅氏商盘器重，能诗，由庠生中乾隆二十四年

（1759）乡试19名，二十五年（1760）中进士，授户部四川司主事，出知澧州知州，丁忧服阙分发四川。乾隆三十八年（1773）大金川土司索诺木拒献僧桑，大学士定边将军温福命吴璜、提督董天弼率兵屯底木达，董天弼不幸中枪战死，余众溃败；温福防守木果木亦战死。面对敌军强盛的局面，吴璜自估必死，遂将随身所著的诗稿交与妻叔周筠邨带给妻子。六月十二日，吴璜后撤美诺，途经崇德山梁时，不幸中炮坠溪死。妻叔周筠邨为具结状，走告幕府，表于朝廷。奉旨赠分巡道赐祭，从祀昭忠祠，所著《黄琢山房诗集》尚书毕秋帆序而刻之。子安祖世袭恩骑尉，授福建平和县知县，累官至浦州府知府，著有《且存稿诗集》行世。

第五节　不畏强权、主持正义的吴孟明与吴邦辅父子

州山吴氏一支十世孙吴孟明（1574—1653），祖父吴兑，父亲吴有孚，生有六子。孟明为长子，字文征，号祖洲，由郡庠考中万历四十八年（1620）武举，承袭祖荫锦衣卫正千户。锦衣卫是明朝内廷的侦察机关，初设于明太祖时，是内廷的亲军，皇帝的私人卫队，不隶属于都督府。其下有南北镇抚司，南镇抚司掌本卫刑名，北镇抚司专治诏狱，可以直接取诏行事，卫的首长是指挥使。到了明成祖时，皇帝觉得锦衣卫虽然亲近，到底是外官，也许会徇情面，所以不放心，特设一个东厂，由宦官提督，通常都以司礼秉笔太监充任。以后名义更换为西厂或外厂，或东西厂，内外厂并设，但其使命一直没有变更。锦衣卫与厂都是皇帝私人的特权侦探机关，其分工是锦衣卫监察侦伺一切官员，东（西）厂则侦察一切官员及锦衣卫，锦衣卫也受厂侦察监督，厂最为皇帝宠信。

天启五年（1625），宦官魏忠贤掌握朝廷大权，他让其亲信许显纯担任北镇抚司正理刑，而吴孟明时为抚司副理刑。他指使亲信制造舆论，把时为左都御使的高攀龙、赵南星、汪文言、魏大忠、周宗建、张慎言、黄尊素等一批正直官员抨击为"东林党人"，肆无忌惮

地杀害工部屯田司郎中万燝，严刑拷打汪文言，扳诬杨镐、熊廷弼公行贿赂。初时，吴孟明"从容语显纯，无多所连染，连染太多，于钩党者则快矣，盍亦自为他日地乎。显纯虽梼昧，亦为耸动，后先纵舍四十人。其免而复逮者高忠显辈是也；其终得免者如余者是也。公又佐显纯定爰书，坐赃皆无坐证，预为昭雪地。"① 吴孟明的同情、机智挽救东林党等一批正直官员的用心，却被"群小诇知之，族奄逐公，几陷不测"。理刑会审时，汪文言备受酷刑，拔尽指甲，仍坚决不肯乱供。许显纯阴险地在汪文言受刑昏厥时，用其声音模拟高攀龙等数十人姓名，想借此作为口供一举将高攀龙等打成同党。吴孟明见状，愤怒斥责许显纯道："凡是昏厥中所言，不可作为证据，理当再审。"为此，得罪了许显纯。《明史》卷 222 载曰：吴孟明"佐许显纯理北司刑，天启初，谳中书汪文言，颇为之左右。显纯怒，诬孟明藏匿亡命，下本司拷讯，籍归。"其后，许显纯在魏忠贤指使下，更加肆无忌惮地制造了"封疆案"，阴险诬告杨涟、左光斗、魏大中及太仆寺卿周朝瑞及河南道御史袁化中、陕西副使顾大章等人收受熊廷弼贿赂，残酷地将他们杀害。

崇祯元年（1628），魏忠贤倒台，吴孟明起复原官。其时周延儒、温体仁借"廷推枚卜"之机，攻讦钱谦益，吴孟明仗义为之辩冤。崇祯十年（1637），升任都指挥使掌卫事，进秩一品。其时罢官闲居七年的钱谦益，遭到了常熟陈履谦和县衙书手张汉儒的诬告而被捕入狱，由于司礼监太监曹化淳支持，与锦衣卫指挥使掌印吴孟明共同审讯，最后查出了背后指使人——当时内阁温体仁的阴谋，终于为钱谦益雪了冤。为此钱谦益写了《赠锦衣卫公进秩一品序》，称扬吴孟明"不畏权倖，持三尺法以感悟明主，其事当具载国史"。其后又于顺治十年（1653）恰逢吴孟明八十寿辰写了《吴祖州八十序》一文，赞扬"兄之仁心为质，忧国爱人；太和元气，酝酿著存；大节所著，卓荦如此。天之报兄以高寿，康疆逢吉"。

---

① 钱谦益：《牧斋初学集·赠锦衣吴公进秩一品序》卷 34，上海古籍出版社 1997 年版。

吴孟明长子，吴邦辅（1593—1675），字玄柏，号玄素。崇祯朝由邑庠袭父职，从锦衣卫正千户考选北镇抚司理刑。崇祯十四年（1641），周延儒出任内阁首辅、少师兼太子太师，进吏部尚书中极殿太学士之职。复出的周延儒尽反温体仁、薛国观之流排斥异己、钳制言论的做法，广引清流，言路顿时活跃起来。蜂起论事，对此心怀嫉恨的官员散布各种政治谣言，匿名书"二十四气"之说。崇祯下诏戒谕群臣，严厉谴责言官。十五年，礼科给事中姜埰怀疑皇上受到"二十四气"说的影响，愤慨激昂地上疏进谏，本已心情不佳的思宗，顿时火冒三丈，下旨责问"姜埰敢诘问诏者，藐玩特甚，立下锦衣卫诏狱拷讯"。恰在此时，行人司右副使熊开元也以进谏获罪，下锦衣卫诏狱。思宗向锦衣卫主官骆养性下达密旨，悄悄把姜、熊二人击毙于狱中。骆养性不敢草率从事，与同僚吴邦辅商议，吴邦辅告诫他："君不见田尔耕、许显纯的下场？"于是骆养性暂时不敢执行密旨，并把密旨泄露给事中廖同麟，廖同麟又密告同僚曹良直，曹良直不相信此事，上疏弹劾骆养性，思宗扣下此疏留中不发。

熊开元之狱因为与首辅周延儒有瓜葛，致使案情更为复杂。而一般官员对于姜埰、熊开元进谏而下镇抚司诏狱，表现出极大不满，吏科都给事中吴麟征、户部尚书傅淑训、都察院左都御史刘宗周、都察院左佥都御使金光宸纷纷进谏。思宗就是不松口，反而将刘宗周、金光宸革职议处。在这样的情况下，吴邦辅接手了此案。他不顾压力，依律将姜埰、熊开元定为杖刑，上报给崇祯皇帝。这个定案得到多数大臣的支持，思宗也解了心中怒气。姜、熊廷杖后，一直押在刑部狱中，二人由此获免死刑。

康熙元年（1662），毛奇龄曾特地至山阴州山，访问年已七十，身体健朗的吴国辅，并郑重地写下了《金吾玄素公赠答诗序》，赞扬其父子不畏强权、敢于坚持正义的高风亮节。

第六节　吴楚材编撰《古文观止》、《纲鉴易知录》

吴楚材（1655—1719），名乘权，字子舆，号楚材，二支三分十世孙。曾祖大武（1538—1598），曾任嘉兴守御所镇抚，榆木提调等职。祖父禹道（1595—1663），曾为山东抚军幕宾，生子三；廷元为长子，是楚材的父亲。楚材兄弟四人，乘权排行老二。由于家贫，自幼就勤奋好学，接受科举帖括之学，本想在科举场角逐之中有一番作为，殊不知16岁那年，严重的足疾折磨使他卧床不起，而且一病数年。值得庆幸的是，足疾虽然阻碍了他的科举仕途，但是却激励他发愤之心，提供了他以足够的时间去攻读经史，如"四书"、"五经"和《左传》、《史记》、《汉书》、《三国志》等史籍，他边读边摘抄有关内容，打下了史学、文学和文字的坚实基础。足愈后，他的学问得到了长足的进步。从此在家乡设馆授徒，并撰写《小学初筵》2卷，援例入国子学。后曾多次应试，可是竟"屡试棘闱，不遇"。[①]

康熙十七年（1678）吴楚材投奔时任福建巡抚的族伯吴兴祚幕下，除日常公文书记之外，还为其子秉钧、秉信伴读。二十一年（1682）吴兴祚为两广总督，楚材随之同往，深得吴兴祚的器重。康熙二十八年（1689）吴兴祚受到了弹劾。不久，以副都御史出任大同右卫，楚材才离开总督幕府归家。其间，他与其族侄吴调侯合作，纂辑《古文观止》12卷。康熙三十四年，吴兴祚在为其编选的《古文观止》刊行序文中说："楚材天性孝友，潜心力学，工举业，尤好读经史，于寻常讲贯之外，别有会心。""才器过人，下笔洒洒数千言无懈漫，盖其得力于古者深矣。"后来又曾为浙闽总督范时崇"延入幕府"，数年后又至北京，无所遇，卒于京邸。

吴楚材博学广闻，才思敏捷，善议论。浙闽总督范时崇评论说："楚材须髯垂腹，风采伟然，每与谈天下事，如决江河而东注，无不汩汩中机宜。每独据一案，羽檄倥偬，目下十数行，手握管点注，笔削可否。言论应对精敏，凌杂琐细，无一事一言不罗列胸中。"[②] 吴楚材与人友爱，慷慨仗义，平时常以幕中所得赈济族人及朋辈乏困，

[①] 张麟锡：《太学生楚材公、子立公后传》，载《山阴州山吴氏族谱》，1924年木活字本。

[②] 同上。

临终时尝对其弟子立说:"我宗党贫困者如某人,母党贫困者如某人,朋友辈中贫困者如某人,这是我所以不安居于家,奔走四方的原因。我死后,你以后一定要从自己薪俸中拿出一部分给他们,不要忘掉我的嘱托。"① 以后子立也是按照吴楚材嘱咐,为幕府二十余年,所得俸禄大半接济宗戚、朋友,所散计有三千余金。

《古文观止》纂辑于康熙三十二、三十三年间,吴楚材已年近四十。此时,他与其族侄调侯(1659—1701),名大职,字调侯,后由国学生考授县丞,共同合作编选。初题名《周秦以来迄前明文》,共12卷,收辑上自先秦下至明末文章220篇,以散文为主,间收骈文。选材广泛得当,体例周密,每篇末加简要评注,是旧时较好的一种文学启蒙读本。

首先,编者的选材态度是严谨的,广泛吸收了前代选家的成果,不拘一格地选择读书人熟悉的作品,所录诸篇大都选自堪称信史的历代载籍,因而不仅可以当作古代散文选去读,同时也可以视为历史文选去读。

其次,编者的选材标准,基本上兼顾思想性与艺术性。思想上遵循封建正统观念,总的趋向是积极可取的;艺术上皆是短小精悍,容易成诵的佳作。编者着眼于科举时代做策论,故选入了一些八股气息较浓郁的文章,但作为古代散文入门教材,还是有其合理性的。

最后,在体例上,编者一改前人按文体分类的习惯,而是以时代为经,以作家为纬,充分发挥了自己在历史地理、文字学和古典文学诸方面的较好素养,对各篇文字皆作了言简意赅的必要训释,这对读者是很有益处的。

从《古文观止》的选材和训释看,吴楚材推崇王学却又主张经世致用的实学。明代末年朝政腐败,经济崩溃,经世致用的实学如水到渠成,应运而生,经顾炎武、黄宗羲、王夫之等思想家大力提倡,在清初形成了一股强大的思潮,吴楚材也接受了这股思潮的影响。一方

---

① 张麟锡:《太学生楚材公、子立公后传》,载《山阴州山吴氏族谱》,1924年木活字本。

面他仍然崇尚王学,在《古文观止》中选录了王守仁的《尊经阁记》等三篇文章,认为"'六经'不外吾心,吾心自有'六经'。学道者何事远求,返之于心,而'六经'之要,取之当前而已足"①。另一方面,吴楚材又摒弃了王学末流空谈心性的狂禅之气,主张"务期实用"的"实学",他说:"六经""而归于心,才是实学"②。《古文观止》中选录了大量有关经世致用的文章,从篇首《郑伯克段于鄢》,直到篇末的明人张溥的《五人墓碑记》。

吴楚材推崇民本思想,主张君正臣廉,反对宦官乱政。吴楚材在《古文观止》卷四《赵威后问齐使》论赞中,赞誉这篇文章"通篇以民为主",对篇末"是其为人也,上不臣于王,下不治其家,中不索交诸侯,此率民而出于无用者,何为至今不杀乎?"赞叹为"胆识尤自过人"。在卷一《臧僖伯谏观鱼》一文论赞中说:"隐公以观鱼为无害于民,不知人君举动,关系甚大。僖伯开口便提出君字,说得十分郑重。中间历陈典故,俱与观鱼映照。盖观鱼正与纳民轨物相反。来以非礼斥之,隐然见观鱼即为乱政,不得视为小节,而可以给欲纵逸游也。"吴楚材认识到"上有所好,下必甚焉",封建帝王的好尚,与一时的社会风气关系很大,因而抨击鲁隐公的观鱼是"纵欲逸游"的害民"乱政"之举,主张君要正,臣要廉。在卷六《景帝令二千石修职诏》中论道:"国家最患在吏饱,府库空虚。百姓穷困,而奸吏自富,此大害也。"把官吏的清廉与否与百姓的贫富连在一起考虑,这种见解在贪风炽烈的明清之际,显然是具有进步意义的。宦官之祸与中国两千年的封建社会相终始,吴楚材对此深恶痛绝,在欧阳修的《五代史宦者传论》文后的论赞中指出:"宦官之祸,至汉唐而极,篇中详悉写尽。凡作无数层次转折不穷,只是深与女祸一句意。名论卓然,可为千古龟鉴。"吴楚材继承了古代史学家的思想,自然也是应当肯定的。

推崇汉武帝求贤之治,感叹自己学而不得其用的命运。吴楚材素有抱负,志存有用于世,对"汉世得人之威",尤为憧憬。他选录《高帝

---

① 《古文观止·尊经阁记·论赞》,中华书局2009年版。

② 同上。

求贤诏》、《武帝求茂材异等诏》等文章，大声疾呼"求材不拘资格，务期适用"。可现实的境遇却是学而不得其用，沦落四方，因此有牢骚，抒发不平。他选取《战国策》中的《冯谖客孟尝君》、《史记》中的《屈原列传》、《游侠列传》、《报任安书》等文，他在《冯谖客孟尝君》文后的论赞中写道："三番弹铗，想见豪士一时沦落，胸中块垒，勃不自禁。通篇写来，波澜层出，姿态横生，能使冯公须眉浮动纸上。沦落之士，遂尔顿增气色。"这与其说是在赞冯谖，毋宁说说是编者的自白。他又在《屈原列传》中指出"史公作《屈原传》，其文便似《离骚》，婉雅凄怆，使人读之，不禁歔欷欲绝。要之穷愁著书，史公与屈子实有同心，宜其忧思唱叹，低回不置云。"好一个"穷愁著书，史公与屈子同心"，吴楚材不是亦与"史公屈子同心"吗！

吴楚材编纂的《纲鉴易知录》始编于康熙四十四年（1705），迄于康熙五十年（1711）竣稿，并于当年刊行，2005年恰好是三百周年。这是一部简明的中国通史读本，对于今天的青年读者来说可能是陌生的，但在老一辈的读书人中，对它的印象是深刻的。三百年来，此书已刊刻二十多次，早已译成外文流传海外。对于我国浩如烟海的史籍来说，《纲鉴易知录》不失为一把入门的钥匙，一个登堂的阶梯。少年毛泽东曾在塾师指导下点读了此书，这是他读的第一本中国通史著作，后来他成为中国党政领袖，曾多次指示党的高级干部要阅读此书，了解中国历史。同样，对于今天的青年读者来说，也有必要阅读此书，从中了解中国历史。

《纲鉴易知录》作为一部中国古代通史读本，它不是原创作品，而是以他人著作为基础改编而成。全书共107卷，180余万字，上起传说中的盘古开天辟地的神话时代，下迄明王朝灭亡。其选编情况大致如下：从远古传说时期到战国，主要是辑录元人金履祥的《通鉴前编》、宋人刘恕的《通鉴后纪》，以及参考元人陈柽的《通鉴续编》；战国迄五代1300余年间的史事，则是以朱熹的《资治通鉴纲目》为蓝本；宋元两代采用的是明人商辂的《通鉴纲目续编》；明代史料，则是依据谷应泰《明史纪事本末》。

我国古代史籍浩如烟海，体裁完备，从历史编纂学的角度来说，有纪传体的正史，别史；有编年体的通史，断代史；有以事为纲的纪事本末，还有属于典志通史、专史。作为纲目体史籍则是从属于编年体的一个后起的支派，这个支派首创于南宋学者朱熹的《资治通鉴纲目》，元明两代以"纲目"、"纲鉴"命名的史书逐渐增多，于是从编年体史籍中形成了纲目体史籍的体例。吴楚材的《纲鉴易知录》问世，就是这一体裁发展到清初的一种成果。

吴楚材的《纲鉴易知录》在史料、史观上大都是辑录、因袭他人的作品。但在体例上，与之前的诸纲目体史书比较，则有一定的创新。即按照确定好的体例编好史料大纲，在纲下直接叙述历史事实，而不过多议论阐发，能以一种亲和力的方式向读者提供一个历史框架，把纷繁复杂的历代史事梳理得头绪井然；同时编者又能用生动的人物故事和历史事件串联整体，不会显得单调枯燥，做到了简明扼要，通俗易懂，不尚玄奥，不敷铅华，年经事纬，力求平实，俨然是一部古史精华的荟萃。正如他自己在本书《发凡》中所说："《通鉴》固须全读，但……卷帙太繁，岂能一概记诵？势不得不删，然信手删去，尽失头绪，如何看得明白？兹则细加斟酌，事之原委，人之始末，起伏照应，明若观火。"因此是一部名副其实的《易知录》。

吴楚材在这部书中还做了大量训释，尤其是对所涉古今地名皆一一检核，进行注释。地理为治史的一把钥匙，早已成为史学作者的常识，这也是《纲鉴易知录》发凡起例的筚路蓝缕之功。

第七节　一生命运坎坷的父子诗人——吴燨文、吴璜

山阴州山吴氏第一支十二世孙吴燨文（1706—1769），字璞存，世居州山，因庭有古朴书，乃自号朴庭。高祖德仁，曾官福建永福县典史，台州府社仓大使。曾祖必用，国学生。祖父浚哲（1638—1715），清康熙壬子（1672）举人，官内阁中书，后佐族叔大司马吴兴祚平厦门军功加二级，晋封赐一品，荫一子。父桭（1666—1716），字汝士，号八师，兄弟中位列第三，由岁贡生任江西玉山知

县，直隶安肃知县。有子四：焯文、烨文、燨文、炜文，燨文兄弟中位列第三。甫三岁，随父任居信州，后又读书安肃县斋。康熙五十四年（1715）补庠生，第二年遭父丧，越五年，母亲刘氏又卒。从此闭门读书，经过七年的发愤苦读，经史子集，无不涉猎，吟诗作文一挥而就，名震府县，然屡赴乡试不中。乾隆二年（1737）始游京师，时妻兄商盘，正以翰林禄养陈情乞求外任，得广西新宁州牧，上以其亲老，特改授镇江郡丞，吴燨文欣然前往投靠。后随妻兄历经海州牧，南昌县令及南康太守任。在南昌县令期间，有人蜚语中伤商盘，吴燨文紧随之。乾隆七年（1742）再游京师，入资太学。九年京兆乡试未中，为了生活，奔波于燕赵之间，浙人朱一蜚为保定太守，严海珊为望都知县，闻其名都想罗致门下，严海珊聘其为子师兼代笔，由是总督太守府下皆知其名。廉使方观承与其来往尤为频繁。后来朱一蜚官清河道，吴燨文在其幕下主持编纂《冀州府志》及所属五县志。朱一蜚为山西太原知府，吴燨文又随至太原，主讲太原三立书院，编纂《太原府志》；有构陷朱一蜚者，千方百计拉拢他，请求相助，吴燨文严词拒绝，并为朱一蜚辩白雪诬。朱一蜚为直隶顺德知府，又随到顺德，编撰《顺德府志》。不久，方观承为直隶布政使，后又升为总督，恰逢乾隆东游五台山，又围猎赵北口，吴燨文作《重幸五台赋》、《猎赵北口赋》二赋献，上命其随辇驻跸，面试诗赋。旋因皇长子疾回京，得珍帛之赏赐。是时，朱一蜚、方观承两人皆出全力奖掖誉扬之，而吴燨文竟然不遇。吴燨文自雍正三年（1725）至乾隆二十一年（1756）整整三十年中，八应乡试皆名落孙山，而其弟子门人中举、中进士者则一大批，时人皆为其叹息。

吴燨文为人笃守信义，与人相交历患不移，高才博学，诲人不倦，穷达通显不扰于心。他在《朴庭诗》中说："我生于俗殊嗜好，读书之外无他求。自知穷达会有命，目耕手校无时休。……""金珠布路裹不去，华屋零落归山邱。莵裘送老愿粗毕，岂有地下堪埋忧。皋鱼风木已无逮，翁子道路空长呕。不如枕树企双脚，吐纳河岳轻王侯。"显示了他的豁达。

平生嗜山水，苦吟咏，其生平幕府经历江西、江苏、河南、河北、山西等省区，酒酣把笔，气力纵横，若不可一世，现存《朴庭诗稿》十卷，《四库全书总目提要》云："《朴庭诗稿》十卷，国朝吴爃文撰。爃文，字璞存，一字朴庭，会稽籍，山阴人。雍正中国子监生，屡举不第，生平游历，寄诸吟咏。前四卷，其友人严遂成所撰，后六卷，则晚年所自订也。"只作生平介绍，未对诗作评论。同里胡浚《原叙》曰："君则精思，杳杳天然，庾信之清新别趣；泠泠宛尔苏公之宕逸。明珠夜照，讵假雕锼；生翠春飞，字由绚绘。"称其构思天然清新，语言通俗，不事雕琢。其师王霖则云：其"以余事，上自汉魏六朝，下至唐宋元明，中州海外，本朝诸大家诗集，靡不穷流溯源，反复研讨"，吸收了众家之长，"故其诗不苟作，作则不蕲于传不止。"其意亦说精心构思，清新自然。综观全诗内容，大致可分为四类：一是歌咏祖国大好河山及家乡山水，如《海州》、《望东海》、《重登金山》、《芜湖》、《贵溪》、《卢沟桥》、《赵北口》、《沧州》和《登会稽山香炉峰》、《游羊山石》等；二是与亲朋好友交游酬唱：如与妻兄商盘、业师王霖、胡浚、好友周长发、胡天游、杭世骏、卢雅雨、厉鹗，幕主严海珊、朱浣桐、方问亭等酬唱的诗篇；三是怀古忧思之作，如《六陵怀古》、《大阅图歌》、《晋阳怀古》、《读离骚》、《白沟河感宋辽旧事》等诗篇；四是描述各地风俗、文物考古及阅读戏曲剧本之诗，如《曹娥江观渡》、《焦山古鼎十二韵》、《阅桃花扇传奇成十二截句》等。从诗体来说，有五七言古，五七言律绝，可谓众体皆备，其诗总体风格呈现为熔抒情、叙事、写景于一炉，如《重登金山》七律诗：

振衣重上芙蓉顶，十五年来一瞬间。几见金鳌腾贝阙，
尚寻玉带叩禅关。楼台四面依岩转，吴楚千樯落照还。
极目登临兴太息，故乡亦有好江山。

首联抒发十五年后再次登览金山的惊喜，颈颔两联描写登上金山所见碑石、楼台、斜阳，写景由近而远；尾联又抒发见景触发思乡之情。全诗融抒情写景于一体。又如五古《答商宝意》：

念我自草角，与君攻文章。輶轾拥鼓铎，馨镈齐相当。
忆昨赋北征，分途至鱼阳。是时天地闭，冬日朝在房。
负逋类楚囚，南音多慨慷。穷腊度献岁，愁自无春芳。
君得马当风，一举排天阊。余复混泥涂，云路无由望。
归帆转萧瑟，烟树含青苍。入门喜无恙，斑衣谒北堂。
结茅樗栎下，拥肿如人长。灌蔬依野圃，种花缀山庄。
忽悲春晖陨，素衣皅若霜。形毁骨竹立，啼血枯青眶。
计拙等画虎，歧多徒亡羊。羡君冲霄汉，玉蕊开唐昌。
洞松养千尺，一朝任栋梁。仆本不材木，难为榱桷襄。
譬彼鹦如凤，安得齐翱翔。讵意青春客，未肯忘故乡。
瑶华寄所钦，字字璇玑装。执书大温嚎，喜起眉间黄。
和诗寄谢君，幽志通丝篁。

此诗叙写了他与妻兄商盘自小交游，共同学习古文，如馨镈两种乐器一样。但由于科举命运不同：一个仕途顺利，一个始终是平民百姓。自从父亲作古以后，自己就形毁骨立，只有羡慕妻兄之意，哪能存妄想"翱翔"之念；也不想做清高之人，只愿在家乡做一个普通人罢了。全诗熔叙事抒情及写景于一炉，语言通俗易懂，不尚或少用典故。

吴燫文生有二子：长曰璜；次曰城，年轻早逝。吴璜（1727—1773），字方甸，号鉴南，母商氏，为元江知府商盘之妹。璜自幼好学，为舅商盘爱重，从小在舅舅和父亲的影响下，爱好写诗，遇名家之诗，则一句一篇讽诵不已，或录而藏之，人笑为诗癖。后又为周长发弟子，未冠，奔赴北直隶补博士弟子，随父寓保定莲池书院肄业，每试名列前茅。乾隆二十四年（1759）中举，二十五年成进士，分配户部，随即补云南司（一说四川）主事。其间，作诗更为勤奋刻苦，手抄当时名人诗数十册，"能苦吟，篇成，数改窜，求必传，一字不安，至废寝食。饮酒谈文，终夕不倦，奴子苦饥，怨声喃喃，如弗闻者"①。乡试老师王昶（1724—1806），字德甫，号兰泉先生，江苏青浦人，乾隆十九年进士，二十二年赐内阁中书。两人常常切磋诗艺："署中常出片纸，督促议事胥吏相望于道，弗之顾也。冬夜，数造余言诗，至地炉渐灭，茶盏冰凌凝结，强之再四而后去，其专且精如此。"② 乾隆二十八年（1763）公事南下，曾顺道探访程晋芳（1718—1784），字鱼门，号蕺园的藏书楼。程晋芳《勉行堂诗集》卷14有《次韵吴鉴南元夕过访二首》，其一云："日下重来溯旧闻，剪灯闲话漏初分。芳柑惜未传觞底，圆月刚宜照帽裙。弦外清音咀宫徵，洛中名士对机云。艺林驰骤渐精鉴，巢睫居安不见蚊。"可见两人感情甚洽。乾隆三十四年（1769）授湖南澧州知州，其父吴燨文与其赴任同行，至河南尉氏县，不幸父病卒，贫不能归葬，幸赖同年进士卫辉府知府朱岐，延聘其为百泉山崇本书院主讲。三十六年将妻儿寄顿于好友朱岐处，独自扶父柩归里，与母合窆于型塘先域。其间，与担任绍兴蕺山书院的蒋士铨一见如故，多次促膝畅谈。他请蒋士铨为其父撰写了《朴庭先生传》，又请其为舅舅撰写了《宝意先生传》。

乾隆三十七年（1772）蒋士铨主讲绍兴蕺山书院任满，随即赴任扬州安定书院山长，吴璜设宴于"越王台"为蒋士铨送别。三月，吴璜服除，随即赴京候选，路经扬州时，吴璜暂作停留，与好友见面叙谈。临别，蒋士铨作《再晤吴鉴南刺史有怀程鱼门》，吴璜也写了《壬辰寒食喜晤蒋定甫编修邗上即次赠别原韵二律》，各抒见面之喜与离别之恨。进京谒选路资贫乏，幸赖时已中进士任内阁中书的好友程晋芳的接济。三十八年三月拣发四川，经由河南卫辉，仍将妻儿寄顿于朱岐处，而银子却早已用完了，赴四川的路资更为困乏，又赖乡试老师时任陕西总督的毕沅资助银子30两，才得以抵达四川成都。四川总督刘秉恬为旧时相识，招之参幕府事，然资金又竭，经百计筹措，借得10两

---

① 蒋士铨：《忠雅堂集·入祀昭忠祠鉴南吴公传》，见《忠雅堂集校笺》，上海古籍出版社1997年版。
② 王昶：《春融堂集·吴鉴南黄琢山房集序》，《续修四库全书》第1438册。

银子，买鞍马，月余才抵登春军营。登春山高崎岖，气候寒冷，五月中旬积雪仍不化，盛暑穿着夹衣犹感寒意。六月二日，四川金川土司泽旺之子僧格桑发兵围登春，大将军温福自空喀移兵木里木，兵溃，温福战死。六月十一日，吴璜偕妻叔周辅钧驰至崇德山梁，仓促中遇敌，土司部队发炮击中周辅钧坐骑，马奔突不止；吴璜之骑亦为炮石飞击，人马坠溪中死，同坠者有4000余人。尊师王昶也在出征金川的营伍中，闻耗，驰抵成都祭哭之，见其妻叔言当时战事甚悉。七月廿四日，当事者奉吴璜栗主入昭忠祠，子安祖仅10岁，得荫秩。好友程晋芳闻耗，为之作传，深深感叹"鉴南生平皆逃债苦吟之境，惟庚寅辛卯（乾隆三十五年、三十六年）教授百泉山，差为平适耳"①。好友蒋士铨也为其作《入祀昭忠祠鉴南吴公传》曰："予在越州，与公交游且一载，或目为诗人，至此，而公之论定矣。予盖闻公平日所志者大也。然而报国仅止于此乎？予又恝焉垂涕已。"痛惜之情溢于言表。

吴璜死前曾将生平所写诗稿托付妻叔周辅钧，后由同邑宗弟吴尊盘编辑，乾隆四十一年（1776）由尊师即好友毕沅资助，《黄琢山房集》才得以刊刻。同年好友王昶为其作《吴鉴南黄琢山房集序》，评其诗"春容庄雅，而才气不可遏抑，有识者当共知之"。可谓相知者之言也。

州山吴氏宗祠中的吴璜像

---

① 程晋芳：《勉行堂文集·四死事传》，《续修四库全书》刊本。

第八节 近现代著名金石家西泠印社创始人之一：吴隐

吴隐（1867—1922），原名金培，字石潜，号潜泉，别号遁庵，山阴州山吴氏第一支大分十七世孙。曾祖遥，邑诸生，祖岳纶，父清成，均以德行为村人称扬。兄弟四人，吴隐排行老三，因年少家贫，10余岁即到杭州碑板铺学习镌刻。他十分勤奋，工余与好友叶铭同拜戴用柏为师，学习古文，习许书，将省下的钱购买金石拓本，供自己临摹学习，年深日久，逐渐掌握了碑刻的门道。20多岁时，他曾写过"敢将岁月等闲过，断碣残碑一室罗。金石能为臣刻画，随他刀笔汉萧何"这样一首诗以自况。吴隐工书画，精篆刻，于印从浙派入手，兼及碑陶、玺、封泥、古钱之类，所刻以工稳朴茂见长，得吴昌硕亲授，以钝刀中锋之法，刻风更加浑厚遒劲，古趣盎然。作品流传不多，除自编《遁庵印存》、《吴石潜摹印集存》等几种外，其余不多见。

清光绪三十年（1904），浙派金石家丁仁、王褆、叶铭、吴隐等四人聚集孤山，商议成立印社。丁仁将在孤山的一块地皮捐作社址，吴隐积极参与筹措，拓地经营不辞劳苦，经过九年努力，轩合庭园，初具规模。所蓄印谱及金石图籍亦蔚然可观，于是修启立约，邀请同道之人，于民国二年（1913）重阳节成立。因地邻西泠桥畔，所以定名为西泠印社。吴昌硕先生推为首任社长。后人遂称上述四人为"创社四君子"或"创社四英"。

吴隐作为西泠印社创社人之一，其贡献是多方面的：

其一，吴隐亲自摹拓与编辑出版了大量古今名家印谱，其取材范围除了"浙派八家"之外，还有古玺及汉印，甚至连小有名气的"浙西四家"也一一收录编谱。先后辑集出版了《遁庵印存》、《遁庵秦汉印选》、《遁庵秦汉古铜印谱》、《古陶存》、《古砖书》、《古泉存》、《印学丛书》、《龙泓山人印谱》、《秋景庵印谱》、《二金蝶堂印谱》等共计30余种。1920年又汇辑《遁庵印学》丛书25种，后又辑有《印汇》152 册。这些印谱的出版行世，对于普及印学，造福后学起到了不可估量的作用。当今治印名家最初所接触的篆刻入门书籍，都是当年上海西泠印社出版之作。后又集古今名人楹帖 300 余家缩刻于石，名曰《古今楹联汇刻》尤为巨制。

其二，吴隐对金石书画另一贡献，就是与夫人孙锦一起研制成功"吴氏印泥"，又称"潜泉印泥"。建社同年，吴隐与夫人孙锦在沪上自设一社，也名西泠印社。他俩合制印泥，销售所制纯华印泥。1921 年吴昌硕亲篆招牌，指导改进配方，选定色泽。1926 年命名所产第一品种为"美丽朱砂印泥"，以制作精细，配料严格，质地细腻浓厚，色泽沉着鲜明，严冬不凝冻，盛夏不透油，印于纸上有立体感，取名为"潜泉"印泥。一经面世，便誉满印坛。后又增制"特制珍品朱砂印泥"，"精制上品朱砂印泥"等优级产品，于是"潜泉印泥"之名不胫而走，创造了极为丰厚的经济效益，为编辑出版名家印谱提供了资金。

其三，吴隐对西泠印社基地建筑发展功绩巨大。西泠印社创建之初，资金缺乏，吴隐全力以赴，多方筹措出资最多。1914 年，吴隐与海上题襟馆书画会同人共同捐资，在印社社址孤山之巅建"隐闲楼"一幢，作为沪上金石家来杭参加印社活动栖止所用。1957 年辟为吴昌硕纪念馆。1915 年，吴隐在孤山丁氏所捐社址旁购置了一块地皮，陆续建造了"遁庵"、"潜泉"。1918 年由吴隐筹划，由族孙吴善庆出资，在"遁庵"上方建造了"岁青岩"，为纪念其祖吴岁青公，祖孙共同撰记一篇，印社社长吴昌硕书写镌刻于崖壁。1923 年吴隐之子吴熊捐资，于"遁庵"左侧建"阿弥陀经幢"一座，同时建造释迦牟尼石像一尊，高一尺一寸。从孙吴善庆在孤山独资修建了"观乐楼"、"还朴精庐"、"鉴亭"等建筑，并全数捐给印社。这些建筑与以上吴隐父子所有建筑连在一起，使西泠印社社址顿成规模，作出了重要贡献。

其四，集吴氏全家之力，光大、传承西泠印社事业。除吴隐外，吴隐继室夫人孙锦，字织云，山阴人，工篆刻，善诗画，西泠印社社员，曾与吴隐一起研制"潜泉"印泥。吴隐的两个儿子：长子吴熊

（1903—1971），原名熊生，字德光，号持华，能刻印善镌碑；次子吴珑（1907—1979），原名锦生，字振平，号和庵。工画山水，能篆刻，喜弹琴，得虞山派指法；侄孙吴朴，字厚庵，号朴堂，为王禔入室弟子，精篆刻。三人都是西泠印社社员，侄孙吴善庆则是"赞助社友"。

吴隐卒于1922年，年仅56岁，创社元老之一丁仁在《咏西泠印社同仁诗》中有咏吴隐，诗云：

绝技刀藏圬数公，阿谁双眼辨真龙。
风流更有吴公子，钿阁尤传铁笔工。

此诗可谓是对吴隐在金石、篆刻、治印等方面成就的客观公正的评价。创社元老之一叶铭为其撰《吴公石潜小传》，也称扬先生道艺与笃行。

第九节　近现代著名企业家、慈善家吴善庆

吴善庆（1872—1922），字善卿，山阴州山吴氏第二支二分十九世孙。曾祖称"岁青吴公"，祖父咏章，父鉴亭，从事染业。善庆幼年因家贫无力就学，14岁去沪谋生，在咸康公司外人所办礼和洋行为学徒。由于勤劳好学，深得中外老板的赏识和信任。清光绪三十年（1904）自办公和来公司，专门经营染料，由于经营得法，生意蒸蒸日上。民国元年（1912）吴善庆东渡日本考察染织之术。有关配方、化验、使用，各方面皆细心咨询学习，一一记之于簿册。回国后于沪南创立振兴染织厂，后又与人在郑州等处设立纺织公司、棉纱厂、油漆厂、花边厂等，效益显著，利润丰厚，遂成为沪上巨商，声誉也日益显豁。民国三年（1914）为发展民族棉纺织业，吴善庆与上海工商界名流穆藕初、聂云台、郁屏翰等诸公，联合发起成立了"中国植棉改良社"，大力推广棉花良种，鼓励棉农种植优质棉花。民国九年（1920）一月，在上海正式成立了全国工商协会，吴善庆被推选为副

会长。其后，又在沪创办原生、豫丰、华丰、正泰等纱厂。为了发展浙江省工商业，亲赴三门湾考察，拟议开发三门，终因事务繁忙，积劳成疾，不幸于民国十一年（1922）二月病逝于上海。

吴善庆先生一生成就，不仅表现在身体力行实业救国，艰苦创业，发展我国的民族工商业，同时也力行"教育救国"、"文化救国"。他在经营民族工商业致富后，慷慨办学，资助文化事业。民国三年（1914）出资10万银元，在故里州山村创办了"私立善庆学校"，校址占地20亩，校舍建筑面积3000余平方米，凡族姓及邻里子弟来学者，全部免除学费。经过四年建设，于民国六年（1917）落成，开学典礼上，"和平老人"邵力子先生亲临致辞，清帝师翁同龢亲书"造福乡里，功盖桑梓"条幅；蔡元培先生书赠"爱国心长"横批；校额"善庆学校"四个大字由晚清状元张謇所书。善庆学校制有校歌："我于越，十年教育，历史最有名。到如今，国耻深，我辈应惊醒。要勤实，要整要健，教训记在心。备将来，农工商，堪于世界争。"立志高远，情词激切感人，富有深远教育意义。学校聘请晚清举人胡博平为首任校长，著名教育家经亨颐为顾问，延揽优秀师资，重视农桑实践教学，当时以一流校舍与教育质量饮誉于省内外。

吴善庆还与西泠印社结缘，慷慨资助西泠印社基础建设。由吴善庆出资在孤山西泠印社社址建筑的有"岁青岩"、"还朴精庐"、"鉴亭"、"观乐楼"等。

除以上赞助外，吴善庆还为州山村及邻村修桥铺路，桥名以父名"鉴亭"命名。还有建祠、修谱、赈灾、平籴、施医舍药，派人掩埋荒野之尸骨，先后所费不下巨万。

吴善庆为人善良，忠于爱情。原配胡氏婚后患有精神疾病，无生育希望，尤不能侍奉父母，他不忍心以律法处之。父母以无后为大戒之，后遵命娶厉氏，相夫治理家政，但仍精心养赡胡氏，不使缺衣少食，尽其天年。

建于民国六年的克俭克勤台门系善庆胞兄吴善保住所

善庆学校精美的欧式建筑

吴善庆为纪念其父而建的州山鉴亭桥

第十节　现代著名女作家吴似鸿

吴似鸿（1907—1990），女，笔名湘秋、苏虹、吴峰等，绍兴县州山乡人。出生于一个农村家庭，父亲是当铺里的小朝奉，母亲是家庭妇女。从小与农村孩子一起游走于田头地角，9岁入私塾，11岁进本乡进修小学，毕业后成为乡里一名凤毛麟角的"女秀才"。父母心想，把她找一个富裕家庭嫁了——走乡下女人生儿育女的传统老路，但她却不甘心就这样平平淡淡度过一生。在当时州山进修小学校长的大力支持下，考进了绍兴女子师范学校读书，毕业后在母校附属小学任音乐教员。她能歌善舞，工书爱画，曾在《棠棣之花》戏剧演出中扮演过刺客。1926年冬，北伐军进驻绍兴，她带领师生上街欢迎，出任绍兴自治会会长和绍兴妇女协会会长。1928年，吴似鸿不顾家庭的竭力反对，只身一人奔赴上海，考入新华艺术大学学习美术，并加入由革命剧作家田汉倡导成立的南国戏剧社，经常向《新女性》等进步刊物投稿。第二年，参加左翼美术家联盟。她以自身经历为题材，写了《吉卜赛日记》，在《南国》月刊上发表。接着，又发表了第一部小说《毛姑娘》

和散文《还乡记》。以后又在《申报》副刊上陆续发表了许多抨击时政、主张妇女自由解放的杂感、散文和画稿。1929 年冬，经田汉介绍，吴似鸿与蒋光慈结成伴侣。蒋光慈病逝后，她参与沈兹九编辑的《申报》副刊《妇女》园地的工作，并继续以写作为生。鲁迅先生在与田汉谈话中曾提起她写的短篇小说《丁先生》说："她写的那篇《丁先生》写得不错，她把一个穷教员写活了。"

1932 年 8 月，吴似鸿与陈卓坤、野夫、陈学书等人成立了"野风画会"，从事以表现工人和城市贫民生活为题材的美术创作。1933 年，现代书局出版了她的《流浪少女日记》，受到了文坛瞩目。抗战初期，她参加了由上海左翼电影工作者组织的上海妇女儿童前线慰问团，奔赴绥远慰劳，并参与了演出。此后，又到中国香港、桂林、重庆等地参加抗日文艺宣传活动。在《新华日报》、《妇女生活》等报刊上发表了宣传抗日的小说、散文、短剧等作品，《北上劳军日记》便是这一时期的代表作。1946 年在中华文艺界联合会重庆分会从事专业创作。

中华人民共和国成立后，在中共中央宣传部和西南文学联合会任职，1951 年从重庆调任浙江省文联工作，任创作员，主要从事戏剧创作。1954 年冬，以创作员身份，回绍兴县州山老家体验生活，发表了《开荒歌》等作品，60 年代初，在绍兴县文化馆工作，"文化大革命"期间曾受到歧视与迫害，仍创作了《懒惰人变勤劳人》的散文集。十一届三中全会后年已古稀，但青春焕发，先后在《西湖杂志》发表了《忆念郁达夫先生》、《萧红印象记》、《缅怀南国社导师田汉》、《记许地山先生》等文章，长篇回忆录《浪迹文坛艺海间》和散文、杂记、小说合集《苦藤集》也由浙江人民出版社出版。从 20 世纪 50 年代到去世，她在江南乡野一隅的绍兴县州山，整整生活了 37 年，晚年，她曾担任过州山乡人民代表、绍兴县政协委员、绍兴市文联委员、浙江省文联委员、浙江省作家协会会员、浙江省鲁迅研究学会会员等。去世后，她的另一部回忆录《我与蒋光慈》也于 1999 年由广西教育出版社出版。

可以说，吴似鸿的一生是紧跟中国共产党革命的一生，也是创作不辍的一生。

第三章 山阴（绍兴县）州山吴氏家族与亲朋的交游

第一节 吴兑与高拱、张居正、方逢时、徐渭的交游

一 与高拱的交往

高拱（1513—1578），字肃卿、号中玄，祖籍山西洪洞县，出生于河南新郑。嘉靖二十年（1541）进士。历任编修、侍讲，嘉靖三十一年（1552）为裕王府讲官，迁侍讲学士，太常侍卿三品兼掌国子监祭酒。其间，即嘉靖三十七年（1558）主京兆乡试，吴兑登京兆榜，出高拱门。嘉靖四十一年擢礼部左侍郎，进礼部尚书，四十五年拜文渊阁大学士。穆宗即位，进少保兼太子太保。因屡与徐阶对抗，吏科给事中胡应泰、辛自修、御史陈联芳等弹劾高拱滥用职权，压制言论等罪名，于隆庆元年（1567）五月罢相归家，吴兑独自送其至潞河（在山西潞城县北），曾遭到弹劾，幸赖时任吏部尚书的杨营而免责。隆庆三年（1569）冬，穆宗召拱以大学士兼掌吏部事。拱具经国之大才，当时北方边事紧张，高拱主张增置兵部侍郎，以储备总督人员，认为军事是一门专门之学，不是经常从事的人不可担当此职。培养军事人才应当从兵部机关开始，从下属中谨慎挑选有才干智谋、通晓行军打仗的人才，让其长久担任军职，轻易不要调动，以后边疆兵备督抚之职的人选，从中挑选。吴兑曾任兵部主事，蓟州兵备副使，性晓兵事，有智谋，正符合其要求，又是其门生，并互有深厚感情，为此于隆庆五年（1571）秋擢为右副都御使，巡抚宣府，

"释褐十三年得节钺"、"前此未有也"。① 隆庆五年，明朝与鞑靼俺答部落实行封贡互市，北方边境除了小规模的纠葛外，进入了一个渐趋和平安定的新阶段。作为宣府巡抚的吴兑忠实地推行封贡互市的举措，与当朝执政者高拱、张居正等报告虏情，提出应对措施，请示有关策略。高拱充分信任并积极支持吴兑的工作，他们书信往返，《高文襄公集》卷6《与宣府吴巡抚》："君素负弘猷，宣镇特以借重，盖贡市方始，须得豪杰之才为之经略，乃可以善其后，故特用君尔。又虑君镇此一方，必得同心之人，乃可济事。其兵备等官不知皆可用否？到日细察密示，如不可，即换之。边地严寒，兵务重大，苦想可知，然大丈夫乘时报主，茂扬伟烈，亦自不负平生，劳逸苦乐正不足计也。"② 又云："执事一到地方，便得肯綮来谕，亹亹正中机宜，将来建勋之伟可卜也。为之喜而不寐。吴少参已面谕，前意用此人者，端为助推事耳。温兵宪深科旧抚，虚其难处，特为升迁，即当遴一人往，然尚未得。""封贡一节，仆朝夕在念，正如公意，得来谕为之跃然。大抵此事必有利而无害，而时人见之者鲜发言，盈廷有如鼎沸，陈说利害，恐动上下，使非仆力为主持，几何其不坏也。且又动以宋人讲和为比。嗟呼！天下之事，以己求人，其机在人；以人求己，其机在己。宋人不得已而求和于虏，其机在虏，故曰讲和；今虏求贡于我，则其机在我，直许之而已，赏之而已。譬之犬然，当其摇尾乞怜直豢之而已，何以谓之和哉？又先帝禁马市者，谓如庚戌后，官与之市者也；今所云：开市不过如辽东故事，与民互市耳，又何以谓马市哉！事理有在，机会可惜，鉴川毅然请决，可谓雄杰，得公此说，益为有助。而公为国之忠，谋国之者，皆可具见，岂不亦雄杰也哉。"对吴兑充满信任之情。

对吴兑上报的虏情，认真分析，仔细说理："来谕虏情十二端，其中可从者六，不可从者六。以愚计之，其所谓可从者有一，难行有一，还当审处。盖贡使入京，端不可开此难行者也。抚赏穷夷，宜稍

---

① 《明史·吴兑传》列传第110，中华书局1984年版。
② 《续修四库全书》集部第108册，上海古籍出版社1996年版。

从优厚，如遂开报人数，议明赏格，则彼初尚知恩，以后遂为定例，持券以索，亦只视为故事，诚不如且为活法。有无多寡，视彼恭顺何如，随时处之，则或伸或缩，机常在我，恩且不测，甚可以运，吾鼓舞之权，似为得也。然惟在公则可，若他日无善处之人，不能酌酌，非袭吾惠，必失虏心，事有乖张，弊且百出，则又不如议为赏格之可常，此当审处者也。其四，则公之议皆是矣。其所谓不可从者有一，亦通得盖锅釜彼所必用，严禁为难；若如前议，量如广锅，究竟无甚利害，不惟以遂虏人之望，而亦以止中朝之纷纷，此也通得者也。其五，则公之议皆是矣。忙甚不得细说，只此奉答，大意而已。吴少参却金事甚可取，已为记录，并移咨贵院奖之矣。"给予吴兑具体的指导。对贡市的一些细节，如锅市的种类、印章，吴兑也一一请示，可谓考虑非常周到细密。"承示防虏事宜，委曲详悉，具见留心之密。锅市一节，部议与以铜锅，既用其利，而不可以为兵，似亦通得。抚赏穷夷，宜有定数，以后不得加损为当。印章则直给与之可也。惟是虏使之入，还须议处停当，该部即覆本矣。老把都之妇既有异心，任其扬去，彼如不贡，吾亦不市，以示绝之之意，却只加厚诸酋。而于吉能之丧，恩礼周备，直待彼自求我，乃始容之，斯为得策；若恐其不来，遂加委曲，则不惟为老妇所轻，而诸酋皆轻我矣。况诸酋皆顺，而此妇独何能为？仆已将此意告之鉴川，不知近日事体果何如也？"高拱也一一给予指导回复。

"承谕夷情燎然明白，车夷原不系甚轻重，去者亦不多，人而则为张大，盖不惟武弁好妄报，而监察者亦好甚言。然又不惟监察者好甚言，而本兵亦好支吾了事，天下事何由济也。仆已与本兵言，只着督抚议处，既覆得旨矣。虏之贪得如犬之逐臭，只委之以利，无不可饵而制之者，正不必拘拘于毫末之间也。此意也每与司农及言官道之，此后当亦不为苦计。前又曾与鉴川书，言开市时须禁吾军民不得欺，虏而多得其利，如此，则不惟虏获利多，而又见我以一家人待之，其感又当倍也。大抵见小利惜小费，必不能济大事。今也照公意为之，仆当力主于内，必不至为人所挠也。"全力支持吴兑行动。

以上诸信足见高拱对吴兑的信任，对于吴兑提出的举措和建议充分肯定大力支持，同时又能给予具体的指导，创造便利的条件。

高拱辞职归里后，吴兑仍关心他的生活，每逢节日，派人送上物品，询问健康，直至高拱去世。

二　与张居正的交往

张居正（1525—1582），字叔大，号太岳，湖北江陵人。嘉靖二十六年（1547）进士，得徐阶器重，授翰林院编修。嘉靖三十九年（1560）升任右春坊右中允，兼国子监司业。四十三年（1564）升为右春坊右谕德，担任裕王的讲官。隆庆元年（1567）任礼部右侍郎，兼翰林院学士，旋进吏部左侍郎兼内阁大学士，参赞机务，二年加少保，太子太保，隆庆六年，代高拱成为首辅。张居正整顿军备，加强防御力量，重新调配北方九镇的将领，任用王崇古、方逢时、吴兑协守宣府大同，在长城沿线修筑空心敌台等防御工事；改善蒙汉关系，缔订以"封贡互市"为内容的和好盟约，使蒙汉边境得以安定，长城沿线城乡经济都有所发展。张居正在用人问题上也与高拱持同样的观点，高拱于隆庆六年（1572）十月被赶下台后，张居正并未因为吴兑与高拱走得很近而怀疑疏远，仍然一如既往地信任支持。

自隆庆五年至万历九年（1571—1581）的整整十年时间里，他们之间书信往来，仅张居正写给吴兑的书信就有三十余件，如写于隆庆五年的《答宣大巡抚吴环洲策黄酋》，既肯定了吴兑对当时边境"今所宜措画者，一一中的"。同时又提出了希望"但愿审度时宜，虑定而动"。并对如何对待鞑靼俺答首领黄台吉和史夷的策略提出了自己的见解：黄酋"终当归吾羁绁。"他已非昔时俺答的长子，此人贪财任性少计谋，最后一定被我们所控制。此人已经失去了当日倔强的气势，可用计谋制服他，多施行间谍计使其怀疑，有时也可运用物质为诱饵，满足他的私欲，或者安抚、优恤其妻和家人，认为这些都是制驭黄台吉的好办法。又如写于隆庆六年夏天的《答宣府巡抚吴环洲》："酋妇素悍，右其少子，情似为真。彼若请封乞贡，宜令顺义为之代请。如其执迷不反，则宜姑置之度外，不必苦要之。量此孤虏，亦能何为？况其母子异心，亦终当归吾羁绁也。"为正确处理边事指明了方向。

万历元年（1573），针对俺答弟昆都加哈秘儿子青台吉阴持两端，拥兵到塞，多所要挟的举动，谕以祸福，示以武力，最后黄台吉畏惧，乃贡如初。张居正在《答督抚吴环洲》信中极力赞赏，"柔服者把都一事，俱见公之雄略，慰甚"。对吴兑的决策和做法给予充分肯定，同时又指出："议者咸谓今日虏情，尚可数年无事，然朝廷建安攘长策，非苟阅旦夕之安而已。"体现了他的深谋远虑，并表示"此意惟公可谓，亦惟公能为之"。对吴兑充满信任寄予厚望。

当时驻守边地的将吏盛行以谎报军情以求赏赐的腐败、堕落之风气。万历三年，辽东报警，谣传鞑靼率二十万骑兵犯边，朝廷震惊，张居正向吴兑询问虚实，吴兑当即以"虏酋假虚声以要赏，边将信讹传以希功"二语上报。张居正当即回信："今人可与筹边者，独公与金湖公而已，与他人言，颇似说梦，虽识或不达，亦有呆衷撒奸者。"给予高度评价。

吴兑非常重视属下将吏的功赏问题，以期鼓励士气，但往往受到朝廷的掣肘，为此他毫不讳言向朝廷反映。张居正在《答督抚吴环洲言敬事后食议》一文中认为"有功必叙，有劳必酬"，这是朝廷坚持的政策，但"若铢铢两两，计功程劳，以责望于上，似非所谓怀仁义以事君者矣"。并以自己忠心效力朝廷的事例，表明应该树立正确对待君臣之间恩赏的态度。在处理蒙汉封贡互市和处置鞑靼俺答诸酋的问题上，吴兑承受了多方面的压力：朝廷攻讦他的人很多，俺答的子侄又经常闹事干扰，但张居正始终信任支持他，帮他排除干扰，同时又要求吴兑"夫疆场之间，小小破绽，未能全无，要之于大计未损。若遇有事，即行处置一番，于大计反为无益"。着眼大局，处理好两族之间关系，不要被眼前的具体小事蒙蔽。并以方逢时来信中所说"耐烦二字"应写在束在衣外的大带上，作为座右铭，时刻不能忘记，告诫并与吴兑共勉。吴兑从隆庆五年以右佥都御史担任宣府巡抚，勤勤恳恳，任劳任怨，坚决执行朝廷封贡互市，维护北方边境的和平安宁的决策。万历二年（1574）春，推款贡功，加兑左副都御史。贡市毕，加兵部右侍郎兼右佥都御史。万历五年（1577）夏，代方逢时总督宣、大、山西军务,……七年秋,以左侍郎召还部,寻加右都御史,仍佐部事。九年夏,复以本官总督蓟、辽、保定军务兼巡抚顺天。……十年,诏进兑兵部尚书仍兼右都御史,寻进太子少保,乃拜兵部尚书。[①] 上述功绩的取得,与张居正的信任、支持是分不开的。在明代,一个人的前程不完全取决于自己的才能,在很大程度上要取决于有后台的强有力的支持。俗话说,"朝中有人好做官",就是这个意思。万历十年,张居正去世,"御使魏允贞劾兑历附高拱、张居正,且馈冯保金千两,封识具存",当即遭到罢官的命运。可见,吴兑与张居正是同一条船上的人,他们一荣俱荣,一损俱损。

三 与方逢时的交往

方逢时(1523-1596),字行之,号金湖,别号樗野散人,明代湖北嘉鱼人,嘉靖二十年(1541)进士,隆庆三年(1569)十二月由山西参政擢右佥都御史巡抚辽东,四年正月与大同巡抚李秋调换。万历元年(1573)接替王崇古升任宣、大、山西总督。著有《大隐楼集》。吴兑,隆庆五年(1571)八月由山东按察副使巡抚宣府,万历五年(1577)四月接任方逢时之职,升任宣、大、山西等处总督,至七年八月再升任兵部左侍郎。吴兑与方逢时七年相处,共同守卫西北边疆,其中三年为同事,近四年方逢时为其上级。他们相处甚是融洽和谐,在共同落实并处理朝廷与鞑靼俺答部封贡互市的重大决策,积极支持当朝执政者高拱、张居正实行封贡互市的举措,及时报告虏情,提出应对措施,请示有关方略,深得高拱与张居正的信任,在共同落实封贡互市、防守西北边疆的战斗中建立了深厚的友谊。

万历二年(1574)秋天,时任宣、大、山西总督的方逢时设宴邀集宣府巡抚吴兑和手下将佐,于山西阳和城的浴日亭。明朝边境将军驻扎惯例,大同巡抚驻镇大同,而总督府即军门驻镇阳和城。方逢时于宴后写有《浴日亭延飨将佐纪事和督府吴公韵》,随后又写有《太

---

① 《明史》卷22《张居正传》,中华书局1984年版。

平宴感述和督府吴公韵》两首五言古诗。

现录《太平宴感述和督府吴公韵》五古诗如下：

> 秋风生日南，花非有余菲。王师罢东征，战士歌裳衣。
> 折冲心独劳，勘定愿无违。壮猷屈群策，深计冒众非。
> 推毂蒙帝力，秉钺扬天威。苍茫岭海间，倏忽巇崄夷。
> 有客笑满堂，无人泣向隅。百蛮同赘贡，万姓起颠痍。
> 献捷驰羽书，饮至罗尊彝。鱼丽赋在藻，鸿义渐于逵。
> 初筵礼乐备，三锡恩宠殊。燕喜昼方永，言旋夜何其。
> 儒冠多激烈，赓歌咏勤劬。

万历二年（1574），辽东巡抚张学颜，总兵李成梁大败王杲进犯之众，杀敌一千余人，取得了重大胜利。朝廷赏功之典，极其隆厚，守边将官也设宴祝贺以鼓舞士气，宴会上武将文士纷纷写诗表示庆贺。这里两诗的吴公即指吴兑，时任宣大巡抚。吴兑没有诗文集流传下来，从方逢时此两首诗来看，吴兑在两次宴会中曾写有诗作，而且写的很可能是五言古诗。

万历三年（1575），方逢时又写有《饮至天关书院次督府吴公韵》、《镇海楼燕诸大夫次督府吴公韵》和《大中丞上谷环州吴公、云中松崖申公会宴阳和，喜有赋》共七律四首，现录第一首如下：

> 炎荒残暑尚如焚，燕喜筵开傍水濆。
> 指顾风云生百粤，笑谈尊俎息三军。
> 层层碧树笼秋色，滚滚沧波逗夕曛。
> 平定已看收薄伐，怀来正尔事修文。

方逢时作为宣、大、山西总督，经常召集宣府、大同巡抚及有关将佐议事，也经常设宴犒劳他们。前两首作为"次督府吴公韵"，也都说明吴兑在宴后也曾写过七律诗，而且写得很有深意，引起总督有兴味和诗。

方逢时在总督任上，还写有《与宣府巡抚吴环洲论处市马书》一封，此信认为，朝廷与蒙古俺答部封贡互市虽然是"贡市原系国家不得已之举，卫边境而救民命，贤于十万师远矣"。明朝中后期，西北边境经常受到俺答侵扰，军民不安。隆庆五年（1571）朝廷封俺答为顺义王，建立了封贡互市关系，从此结束了长期动荡不安的局面，使西北边境出现和平安宁的景象。针对"今当事者执意见而分彼此，不复有同心为国主张，而好为危言臆说，以或乱众听"。朝廷大臣"对封贡互市"意见不一，有的坚决反对，认为不能向俺答互市；有的持观望态度，只有高拱、张居正等极少数人坚持；从蒙古俺答部诸酋而言，俺答的子侄经常闹事，从中干扰破坏。方逢时与吴兑竭力支持当政者高拱、张居正的重大决策，全力落实并维护"封贡互市"这一来之不易的大好机会。为了朝廷的大局，边境百姓和军队的人身和财产安全，"今在内惟执政，在外惟公与不才二人，静言思之，可为寒心"。他们宁愿承受巨大的压力。为此，张居正对方逢时与吴兑也给予很高的评价，他在万历三年回复吴兑的信中曾明确这样写道："今人可与筹边事者，独公与金湖公而已。与他人言，颇似说梦，虽识或不达，亦有呆衷撒奸者。"① 方逢时对吴兑非常赞赏，张居正在万历二年写给《答宣府吴抚院》的信中也说："近方公有书，亟称公之忠荩，冠于三镇，诚为确认，鄙惊不胜幸甚。"② 吴兑在任职处理封贡互市中攻讦他的人颇多，方逢时始终支持他，为他说话："督抚方公闻有南疏，急使人来留公甚恳，公亦宜作一书谢之。"③

四 与徐渭的交往

徐渭（1521—1593），字文长，号天池，青藤道人，与吴兑同是绍兴府山阴人，又是同学，徐渭年长吴兑四岁。嘉靖三十四年（1555）某月某日，徐渭同吴兑从稽山书院出来，在市中遇见四个军

---

① 张舜徽主编《张居正集·书牍》，荆楚书社1994年版。
② 同上。
③ 同上。

汉，他们身穿红色锦衣，脚着皮靴，腰剑袖锥，高大威武，横眉怒目地站在街上。这几个军汉经常在商铺前要吃要喝，不给一文钱，而且经常调戏妇女，吴兑与徐渭见了十分愤怒，准备要教训他们一顿。两人商量后认为要利用民气，以多胜少，而且要有组织。于是两人分头约了七八个年轻人，吴兑暗中讲明，进攻要避开上身，专门攻击军汉的下身要害处，并约束围观的市民，切勿参加打斗，只管从旁高声呼喊助威。众人到齐后，同时出击，果然打得四个兵痞趴倒在地。众人剥下他们的锦衣，脱掉他们的皮靴，四个人只是叩头求饶，有理有节地教训了兵痞，最后归还了他们衣物。这一行动博得了市民称快，也让徐渭不得不称许这位比自己年少四岁的同学："生平知公操笔而摇髯，诚不知用胆略乃如是。"吴兑鼓颔微笑说："使他日试目以兵，亦犹是也。"

　　二十二年以后，即万历四年（1576）的夏天，徐渭应昔日的老同学、时任宣大巡抚的吴兑之邀，由绍兴至北国宣府（今河北省张家口一带）。吴兑知道老同学经历坎坷，刚刚出狱，生活拮据，便邀徐渭至宣府，委以公务，半是倚重，半是救助，也是让他解闷。徐渭到达宣府后，吴兑安排隆重的接待规格，朝廷有关大臣各路总兵都参与会见。宣府镇是明代九边之一，吴兑上任时，正是蒙汉实行互市的和平共处时期。徐渭不仅游历了周围的名胜，也与吴兑属下的将军交游，甚至认识了俺答的妻子三娘子。在此期间，他心情十分舒畅，写下了许多反映北方边塞形胜和歌颂吴兑统率军队的士气，以及与吴兑属下将军交游的诗篇：如《边词廿六首》、《上谷歌九首》、《宣府教场歌》、《上谷边词》、《宣府槐龙篇（有序）》、《胡市》、《上谷中秋十三夜，袁户部、雷麻两总戎，许口北诸公邀集朝观》、《赠雷总兵序》、《观宣府车战、用炮以制虏，夜归小饮寺中，老僧用芦笙吹海青搏鹅曲》、《答许口北兵宪》、《与王口北兵宪》、《答吴宣镇》等两百余首诗，俨然可以编成一部诗集。

　　徐渭在宣府坚持不住巡抚衙门，而住在寺院里，这样可以自由行动。他除了作诗外，还作书作画，他以草书送吴兑，并"希勿吝指瑕也"。又为吴兑画竹题诗，"即令小节无些用，也自成林一壑中"。有时也以书画送友。徐渭在宣府,主要任务是为吴兑捉笔。宣大总督方逢时是吴兑的上级,在实施蒙汉封贡互市问题上政见一致,是志同道合的朋友,于是徐渭作了《赠方公序》、《代宣大诸大吏邀宴开府方公启二首》,序中写道:"吾友吴镇公方友人,抚役从公后,亦因公幸在秩典中,恩有以效于公也。"说出了吴兑未说的话,其目的也是为吴兑巩固与方逢时的友谊。徐渭在宣府时,适逢张居正之母七十一岁寿辰,吴兑请人绘王母图,请他作寿序,徐渭写了《代边帅寿张相公母夫人序》。除了捉笔外,徐渭还参观了教场练兵、车战、马市,看边民贸易。游历了边塞名胜如龙门山、黄杨山、苦迷湾、银洞岭、盘石岭、黑石堡等。

万历五年春节,徐渭在吴兑幕中度过。宣府戟门高挂着他亲自撰写的春联:"开关市,通贸迁,东道往来,任数千里赤子龙蛇之寄;拱宸京,控沙漠,北门锁钥,当第一重青天剑戟之雄。"联语雄浑贴切,书法更是劲拔;这两项皆是他拿手特长,见者无不赞叹。他又为宣府大堂亲书对联,表现了他对这位老同学当今的吴巡抚劳苦功高、谋国忠勤的赞扬:

> 鸣鼓升堂,正参宾僚之会,则有扣长策,谢请谈,自西溯寅,以握咨询而先劳无倦;建牙开府,非张边幅之资,要在斥虚文,破旧套,推心置腹,忠信笃敬而蛮陌可行。

幕中传说,宣大总督方逢时可能拜兵部尚书之职,吴兑以俺答贡市成功已晋兵部右侍郎,如今考满,不但加赠荫子,方氏荣迁后,宣大总督一职非吴兑莫属。为此,新春贺岁之际,徐渭格外为同窗好友高兴,《赠吴宣府序》一文,畅忆昔日共同教训四名兵痞横行不法、扰民的往事,并寄予无限厚望。二三月之交,徐渭带着吴兑的赠金和兵宪许希孟、王象乾等赠送的貂帽及各种珍贵土产,踏上归途,可谓是满载而归。因为行囊颇多,吴兑派了兵丁护送。

徐渭从宣府回绍途中,在京城留住了半年时间,吴兑有些应酬文字,还需要他在京办理。农历四月二十一日是吴兑五十三岁的生日,徐渭写了《寿吴宣府》一诗"报与江南春信道，题诗寄处陇梅开"，《答吴宣镇》称"寿作"不敢自以为是，故欲进而复止。唯"高朋裁酌"。吴兑正式升任总督时，山西、大同等地有关部将在京，他们知道徐渭与吴兑的关系，也请他作《代请吴总督启》，酬金自然不会少给他。徐渭接连写了《吴宣府新膺总督（环洲）》、《寄吴宣镇》两诗："天地安危真足仗，照前修短也难凭。最怜投辖相知客，不得随车负此情。"对吴兑荣升总督表示衷心祝贺，又感慨自己年老，体力难胜塞上寒冷，不能追随左右，所以也就只有辜负此情了。

万历五年（1577）九月，张居正父丧，本应守制，却怕一旦离开朝廷后失去权柄，因而制造舆论以冀夺情起复继续为相，升任宣大总督未及的吴兑，也不愿失去这位有力的靠山，仍请徐渭代草书启。徐渭在《代贺张相公启》中，把夺情起复的原因归之于皇帝和两宫太后的倚重，苍生社稷之期望，这也正中张居正之怀，将吴兑引为知音，同时也帮吴兑巩固了与张居正之间的感情。直至九月末徐渭才回到绍兴。

第二节　吴兴祚与吴梅村、龚鼎孳、屈大均等众多文士的交游

一　与吴梅村的交往

吴兴祚，字伯成、号留村，汉军正红旗籍。祖父大圭、大伯父景忠皆死于辽东，父执忠，曾为礼亲王代善幕僚，授头等护卫，福建布政使参议、湖广粮储道布政使司参政。在清初，朝廷多重用汉旗人的情况下，于康熙二年至康熙十五年期间，因生母孟氏和父亲执忠去世在家守制外，皆在无锡知县任上。值此期间，吴伟业在家闲居，常作山水游，曾三至无锡：一是康熙四年（1665）吴梅村五十七岁。吴兴祚在无锡县令任上，于惠山新建二泉亭，亭成邀请当时名人与游，吴梅村作《惠山二泉亭为无锡吴邑侯赋》诗云：

第三章 山阴（绍兴县）州山吴氏家族与亲朋的交游

九龙山半二泉亭，水递名标陆羽经。
寺外流觞何处访，公余飞舄偶来听。
丹凝高阁空潭紫，翠湿层峦万树青。
治行吴公称第一，此泉应足胜中泠。

首颔颈三联描写了二泉亭所处位置和周围景色，尾联称颂吴兴祚爱民的政绩。

康熙七年九月，吴兴祚于无锡新建云起楼，邀请吴梅村为之作记，吴梅村再至无锡谒吴兴祚，十七日为作《云起楼记》。《梅村家藏稿》卷40《云起楼记》云："无锡吴侯为治之三年，政成化浃，始用事于惠泉山亭。……既成，侯亲题其颜曰'云起'，而张具以落之。其明年，余以家人来谒，谐都人士之萃止者登焉。"其间又曾应吴兴祚之请，为其亡母作《诰封吴母孟恭人墓表》，称扬"吴母孟恭人其事大有关于民生国故"。吴兴祚之母孟氏（1600—1665），为辽东东宁卫世袭指挥使孟德春之女，贤惠能干，助夫教子有方，既是家中的贤内助，又是其父的好参谋。吴执中任福州参议守漳州时，曾参与军中犒士，见其部下俘获沿海百姓达万余，孟氏立即向丈夫说情，并建议："沿海之人皆为贼盗所胁迫，你们军队打击贼寇解救百姓，应该请求上级放归他们，无房子居住的给其房屋，饥饿的给以食物，妻离子散的归还其家人，让其家人团聚。"吴执中听后，立即释放俘获的万余百姓，并让人安排他们的生活。此事在当地曾传为佳话。据此，吴梅村所称扬也是实事，并非像其他"墓表"之作有意为之抬高誉扬。

从无锡返里后，吴伟业又特地作《秋日锡山谒家伯成明府临别酬赠》长诗告别。

吾家司马山阴公，子弟变化风云中。
珊戈带砺周京改，碣石关河禹穴通。
泰伯城头逢季子，登高极目霜枫紫。
七十烟峦笠泽图，三千岁月勾吴史。

遍观易象与春秋，鲁颂唐风费考求。
缟带赠来同白璧，干将铸就胜纯钩。
此中尽说春申涧，草荒幸舍飞凫雁。
珠履何人鲜报恩，蒯缑枉自勤垂盻。
黄初才子好加餐，季重翩翩画省看。
早负盛名游邺下，只今诗酒驻江干。
江干足比梁园胜，追陪衰叟招枚乘。
八斗君堪跨建安，一编我尚惭长庆。
剡山东望故人遥，玉局金吾未寂寥。
汗简旧开都护府，兰台新插侍中貂。
感君意气从君饮，灯火松窗安伏枕。
数枝寒菊映琴心，百斛清泉定茶品。
归家回首本兰舟，钟鼓高城暮霭收。
最是九龙山下水，伴人离抱向东流。

江苏太仓之吴氏，与浙江山阴州山吴氏，"其先本于后稷姬姓，十三世至太王，其子仲雍与兄泰伯让国与其弟季札而封于吴，因以国为氏"。两支吴氏本于一家，而吴兴祚本与山阴州山曾任明万历年间兵部尚书的吴兑同族。所以吴梅村亲昵地称吴兑为"吾家司马山阴公"。"司马"，汉武帝时官职，相当于后世的兵部尚书。此诗前二十八句一气呵成，叙写泰伯吴氏与山阴州山吴氏风云变化，曾经涌现了不少有名的子弟。最后四句，抒发了感谢吴兴祚热情招待与依依惜别之情。

吴兴祚与龚鼎孳交谊甚深，兴祚在无锡知县任上前后经历十三年（1585），与龚鼎孳从中周旋有关，为报恩，他邀请顾修运、陈椒峰为龚鼎孳诗集订正铨次，康熙九年（1670）六月又请吴梅村至无锡为龚诗集作序，吴梅村高兴地应约至无锡，撰写了《龚芝麓诗序》，这是吴梅村第三次至无锡与吴兴祚交往，此前曾请虞山钱谦益为之序，吴兴祚也写了《龚宗伯诗集跋》，并为其出资刊行。

二 与龚鼎孳的交往

龚鼎孳（1615—1673），字孝三，号芝麓，安徽合肥人。崇祯七年（1634）进士，崇祯九年，吴伟业典试湖南乡试，龚鼎孳为分考官，两人相交始于此。龚于崇祯十七年在北京先降李自成，后又迎降清朝，顺治二年（1645）擢太常寺少卿，十一年为户部左侍郎、左都御史，在南方士大夫中有一定威望，康熙初年开始腾达，升任刑、兵、礼部尚书。龚鼎孳在清初以"才华重白下"，而位于新朝中心，浮沉于宦海。他有敏捷之才，适应之弹力，以诗作为"公关"工具，曾经获得士子们的好感与赏识。在其周围的士大夫和读书人，如秦松龄、顾贞观、陆棻、陈大成、陈维崧、严绳孙、吴绮、方文、徐乾学等。吴兴祚出生于汉人旗籍，父亲吴执忠生性豁达，曾任福建布政使司参议，又是万历兵部尚书吴兑同族，崇祯十三年山西道监察御史吴邦臣的父辈。年轻有为，喜与文士交往，为此双方都有交游的需要。从龚鼎孳来说，需要网罗一批年轻有为、具有发展前途的后进，为自己晚年政治和文化生活提供必要的储备；对于吴兴祚而言，也需要有几位有威望的前辈提携揄扬自己，以便拓展自己今后的前程。康熙四年（1665），吴兴祚在无锡县令任上重建"来悦楼，"龚鼎孳曾写《赠锡山令吴伯成使君重建来悦楼二首并序》："吴侯伯成，世系会稽大司马环州先生宗胄，侍御震崆先生诸父行也。先世游学三韩，因少居焉。侯蒐罗博洽，赋诗草檄，名擅鸡林，出宰无锡，多惠政，口碑载路。邑中旧制谯楼，与城外九龙山互映，舆家谓文运所关。百余年来栋宇颓落，侯捐俸重建，焕然复新，名其楼曰'来悦'，高风介节，将与百尺并峙矣，赋此颂之。"诗曰：

（其一）
吴质才名大，梁溪山水清。谈经销案牍，扶杖遍春耕。
人似冰壶洁，天同玉漏明。谯楼高百尺，停屐礼诸生。

（其二）
自公多整暇，开阁对湖山。吏事烟霞上，文心鲍谢间。

帘深花雨落，波定海鸥间，鼓角秋星夜，高寒讵可攀。

序和诗作称扬吴兴祚勤于公事，优游从容地审理案子，处理政务，督察农桑和赋税，同时又热心诚恳地与文士们交往。

吴兴祚在无锡令任上前后经历十三年，遇到麻烦难以周旋之事，龚鼎孳曾经出面为之解围疏通，出力不少。为此，龚鼎孳晚年打算出版诗文集时，吴兴祚不遗余力地组织人力，邀请顾修远、陈椒峰为之订正，编次，并请吴梅村为之撰序，自己亲自作跋，出资为之刊刻。高度称扬其诗作："凡古体、今体、七言、五言，靡不洋洋乎，汎汎乎，力沉以雄，气高以雅，声和而平，意遥而旨，兼众工以归于一冶，而浑然无迹。盖进其德深，故之流于径露；其养厚，故不涉于孤清；其才高，故不沿于往辙；其学富，故不局于轻纤。公之诗，即公之心术；公之道业也。"为此龚鼎孳曾写《寄吴伯成明府》诗明示感谢。诗云：

延陵君子风流甚，心似寒泉湛碧云。
闻说诸生开阁罢，挥琴手自定吾文。

三 与毛奇龄的交往

毛奇龄（1623—1713），一名甡，字大可，以郡望号称西河。明末为诸生，明亡后曾随南明毛有纶部抗清。失败后削发入山，乱后复出，遭"抗命"、"抗试"、"聚人杀营兵"诸罪名指控，曾避清廷缉捕改名王士方，亡命江淮间。其间与山阴州山吴邦辅（1593—1675）、吴卿桢（1615—1675）、吴棠桢（1644—1692）等来往，如《重由南浦达湖至贵溪途中怀徽之、涵之、昌其、宪成、大声、大敬并山阴张五杉、董三继、商大命说、吴二卿祯、姜十七廷梧、姜大兆祯、金二鎏、史大在朋、吕四洪烈》、《饮金十四烺园看草花同姜九廷干、吕四洪烈、罗大坤、吴大棠祯、张二锟即事》等诗可证。后遇赦返乡，捐资为廪生，始与时任无锡县令吴兴祚频繁交往。毛奇龄曾多次出游，经由无锡，受到吴兴祚的盛情款待，如《寄无锡吴明府》

五言排诗云：

> 忆昔游延陵，常登夫椒山。慷慨怀令君，高云相与还。
> 就视获良契，茂茂承欢颜。饮泉知其清，置身东峰间。
> 把弄不忍去，宛若冰雪寒。迄今逾岁月，七见山花丹。
> 相思寡言讯，欲奋无羽翰。揭来返梁苑，延憩从近关。
> 夫君惠化洽，比部能相安。津亭共车乘，垅亩偕盘餐。
> 初为典试召，量轺起追扳。继为负士行，而且卧辙环。
> 翟相制未复，寇公留多端。与民一家人，贤哉居是官。
> 今兹四征起，羽檄纷河干。祇恐念方叔，征犇来啴啴。
> 我本羁旅客，中心恋所欢。临风寄微言，三覆增长叹。

他们一起游延陵，登夫椒山，上东峰，观饮泉，感受到吴兴祚在无锡任上公务繁忙，逋赋烦苛，发奸摘发，解纷理柱，下督农桑，深得百姓爱戴。又如《题无锡县丽谯楼十二韵并呈吴明府》"吴关千里拥神京，犹有层楼倚太清"，"雕楹叠起连虹度，画角重开映汉明"，极写丽谯楼豪华、高耸景象；"但得从君频骋望，汉宫高掌在金茎"，希望跟随吴兴祚左右，常作无锡之游。康熙十三年（1674）毛奇龄再次至无锡，而此时，吴兴祚已迁掌传旨册封之事的行人官职，将要入京，毛又写了《过访无锡县，吴兴祚明府有作，时已迁行人，将次赴都》五言排律诗。康熙十七年（1678）朝廷开博学鸿词科，时吴兴祚已升福建按察使，他深知毛奇龄是位饱学之士，于是与浙江巡抚杨军推荐，后因杨君病故未行。又赖宁绍台道许弘勋力荐于新任浙江巡抚陈秉直和布政使李公，他们从二百余人中筛选了六人，入京参加博学鸿儒科试，终使毛奇龄授官翰林院检讨，入史馆预修《明史》。虽然如此，毛奇龄还是写了《复谢福建吴观察荐举书》："谬荐及某，甚为骇怖。某素乏知交，并鲜故旧，而偏于阁下有生平之欢，致有此役。"又在《自为墓志铭》中提及"时福建布政使吴公兴祚已揭荐首予"，耿耿于怀，深表感激。康熙二十年后，吴兴祚升任两广总督，毛奇龄又写了《寄吴制府广东》诗，诗云：

妙略雄南服，鸿恩赍上京。五年专荣戟，独坐领簪缨。
册授金鳌胜，兵推玉洞平。三门新辟垒，八克旧家声。
重地口口揽，鱼珠岂暗投？避谗违众女，游说及诸侯。
就道时观海，还邻暂首丘。孙阳才一顾，何以慰骅骝。

前八句赞颂吴兴祚在福建按察使和巡抚任上战果卓著，擒朱统锠，恢复金门、厦门、海澄，因而升任两广总督，威震南方。后八句写自己，不愿让老朋友举荐，引来旁人的议论。今后如有机会将会赴两广看望老朋友，感谢伯乐的一顾。毛奇龄还写有《明太子少保兵部尚书吴公传》传中详细记叙了山阴州山第一支八世祖吴兑的平生事迹，特别是担任宣府巡抚，宣大、山西总督期间，全力推行蒙汉贡市的事迹。传中还附有吴兑之子有孚、孙孟明、玄孙邦辅小传。《山阴金司训雪岫墓志铭》中记载了金烺、吕洪烈、吴棠祯三人在两广总督幕府中，作新词相互唱和角逐的动人情景。

康熙二十五年（1686）冬，毛奇龄从明史馆告假南归，从此称病不出。归田以后他继续与吴兴祚及其幕府中人交游。刊刻于康熙二十五年大汕的《离六堂》集中就有毛奇龄和屈大均、吴绮、梁佩兰等十六人写的序。

四 与秦松龄的交往

康熙三十七年（1698）二月十八日吴兴祚去世，生前好友秦松龄应其幼子吴秉权之请，为吴兴祚撰写《副都统前光禄大夫，总督两广军务兵部尚书兼都察院右副都御史，正一品世袭，拜他啦布勒加合番，又一托沙啦哈番留村吴公行状》中称"与公相知三十余年"，其后又为吴兴祚后人编辑的诗稿订正，并作《留村诗钞序》中说："余与先生相知三十余年。"可见，吴兴祚与秦松龄相交于康熙二年（1663）任无锡知县始。

秦松龄（1637—1714），字留仙，号对岩，晚号苍岘山人，江苏无锡人。清顺治十二年（1655）进士，授检讨，因江南缙绅欠粮案受到牵连而削职归籍，至康熙十八年（1679）举博学鸿词复授检讨，二十年充日讲起居官，江西乡试主考官，历左春坊、右谕德，后告归里居。《清史稿》卷484《文苑传》有传，有《苍岘山人集》、《微云词》存世。

吴兴祚于康熙二年（1663）任江南无锡知县，至康熙十五年（1676）升任福建按察使，其间，其中于康熙四年遭遇母忧，康熙十三年父丧在家守制外，皆在无锡县令任上。在此期间，他与江南名士"以诗鸣而喜与诗人游，或眺览山川，或留连觞咏，即席阄韵分题"①相与酬对。如《侯仙蓓招饮亦园即席步秦留仙韵》、《雨中晚眺步留仙韵》、《雾夜泊虎丘同顾云美、秦留仙、乐天即席限韵》、《清明同秦对岩、黄一泓、严苏友、顾勉斋登石门限韵》、《秦留仙斋中限韵》、《秦留仙招饮碧山庄，步张蓬林侍郎韵》、《步秦留仙元夕饮尺木堂》，此外还有《舟泛蠡湖同刘公勇、朱子葆、余淡心、顾修运、秦补念、秦留仙、刘震修、顾天石即席分韵得何字》、《鲍让侯孝廉招饮五里湖同刘公勇、秦留仙、朱子葆、顾文学即席限韵》等，试举两诗：

《雨中晚眺步留仙韵》诗云：

细雨黄昏候，见楼不见天。饥烟恋茅屋，浓雾拂山泉。
帆影丛塘北，笛声过浦前。蓦然思静理，仿佛在潺湲。

此诗清新意远，写了雨中眺望情景，其中颈颔两联对仗工整，用字精确。"饥烟"之"饥"与"恋"两字搭配写出了平民百姓用湿柴炊食，其蕴含的意义十分丰富，引人想象。下联"丛"字写出了塘北帆船密集忙碌的景象，一个"过"字更是形象感人。

又如《秦留仙招饮碧山庄，步张蓬林侍郎韵》诗云：

碧山春尽野花开，此际携尊能几回？
薄暮行云归岭去，斜阳飞燕语波来。

---

① 《留村诗钞序》国家图书馆藏本。

歌喉按谱藏红豆，屐齿探幽破绿苔。

风雅如公推第一，漫将诗兴遍亭台。

此七律诗首联点明暮春季节出游，以感慨起意；颈颔两联描写至薄暮方才兴尽而归。尾联赞赏在众人吟赏中，要数秦留仙为第一风雅。他们抽签按韵写诗作词，边吟咏歌唱，边游览山水探奇觅胜。从吴兴祚所存的《留村诗钞》看，大多是五、七绝、五七律、五古，少见有排律长诗。可能是公务繁忙，即使是闲暇出游，心情放松之时，也不愿写作长篇，正如秦松龄在《留村诗钞序》中所说："先生不屑以诗鸣，而喜与诗人游，或眺览山川，或留连觞咏，即席阄韵分题，钵响还留，烛痕未减，句则先成，一时诗人皆服其敏妙。"其前期是"弱冠负经济才，思有所树立于世"的无锡知县，后期是"开府八闽，总制两粤，时值烽烟乱定，集嗷雁，苏颊鱼，荡涤烦苛，与民休养生息，使瘴乡元气得以渐复"的一方大员。"盖忠君爱国之心溢于肺腑，时从楮墨间流出，不徒作嘲风弄月已也。若乃马革裹尸，顾同新息，一段不可磨灭之志。令人读之犹凛凛有生气者，尤见于出寒诸作。"在任无锡知县期间，吴兴祚曾写有《念奴娇·送秦太史留仙之楚再用前韵》词云：

十年聚首，论心处，风雨山川相共。一旦离群荆楚去，秋尽三湘云冻。君起东山，余淹历下，两地参差梦。临歧凄黯，但言前路尊重。　　多少触斗蛮争，云翻雨复，彼此嗟嘲弄。友道于今已绝矣，良药有谁相送。后会难期，今宵且醉，顺把高怀纵。勉成行矣，定知还尔池凤。

在此期间，秦松龄曾至吴兴祚"听梧轩"社集，写有《初冬集吴伯成明府听梧轩即席即韵》五言古诗，诗云：

农隙多暇豫，群登君子堂。尊罍罗几席，翰墨流清香。
篱边数枝菊，落日相与黄。容膝岂不安，出门见狂澜。

第三章 山阴（绍兴县）州山吴氏家族与亲朋的交游

>取舍虽异趣，故人久相看。衣故莫弃捐，日暮西风寒。
>高树列前除，携手步广榭。凉风飒然至，落叶无高下。
>清欢难为永，徘徊在中夜。今人谁与偕，古人渺难接。
>道奥非所窥，文囿敢云涉。仰视百尺桐，岁晚无枝叶。

康熙十年（1671），秦松龄出游山东沂州，因为吴兴祚曾于康熙二年前曾任山东沂州知州，故感而写《沂州城下口号寄吴伯成明府》七绝，诗云：

>逶郭清流带夕曛，桑麻随地散春云。
>谁传车马江南客，遮道儿童问使君（自注：公前知沂州）

诗人从眼前沂州城山清水秀，城外到处种满了桑麻的美好景色中，感叹沂州人民不忘吴兴祚在沂州任上的治绩。

康熙十五年，吴兴祚任福建按察使离别无锡时，秦松龄写了《满江红·金山别吴伯成明府》，词云：

>数点江山，凭吊里许多陈迹。扁舟共，离情无限，西风萧瑟。碧浪千层雷雨动，嶙峋一柱东南出。读残碑，痛饮妙高台，真豪逸。　十载意，同胶漆，车笠愿，何时毕。各驱驰王事，与君相失。慷慨临行胡足恋，苍茫后会应难必。得重来，携手上金焦，昇平日。

对吴兴祚的离去表达了无限的留恋难以割舍之情。

康熙十七年后，吴兴祚擢右佥都御史、福建巡抚。十八年秦松龄荐举鸿博，授检讨，此时，他与吴兴祚分别已四年了，为此他又写了《怀吴留村中丞》七律组诗，诗云：

>公才端合上云霄，闽海烽烟指顾消。
>棨戟风清传帅鼓，舻艎秋涨失归潮。

军书别部皆倾听,墨绶前年尚挂腰。
幕府风流谁不羡,铙歌声转洛阳桥。
二泉亭外旧烟霞,觞咏追陪乐事赊。
画舫邀游莲浦月,肩舆来看草堂花。
谈诗客到频分俸,听讼人稀早放衙。
今日湖山相忆处,数行青辟墨痕斜。
每见封章达禁闱,知君辛苦为兵机。
春前鸿雁何时到。乱后人民几处归。
尊俎功名才独擅,田园耕凿意多违。
旌麾终望来吴会,小队效坰访钓矶。
带甲当年赴楚军,轻舟送我大江濆。
诗篇客路兼悲喜,烽火兵间熟见闻。
油幕晴开乌石秀,金门老向白衣群。
遥知画戟清香里,独少狂夫坐论文。

组诗回顾了以前两人在无锡的交游之情,对其升任福建巡抚表示由衷祝贺,想象其到任后军务繁忙,又希望有朝一日能来无锡相会,吟诗论文,表现了离别后的复杂思念之情。

五 与吴绮的交往

吴绮(1619—1694),字薗次,字丰南,号听翁,别号红豆词人,江苏江都人。清顺治拔贡,授中书舍人,奉诏谱杨椒山传奇称旨。康熙五年(1666)出守湖州知府,以"三风"(多风力、尚风节、饶风雅)太守称之。任上贻书招倪元璐之子助其葬父,"人莫不高其先生之行谊,为古人中所仅见也"①。康熙八年(1669)被劾罢职家居,九年侨寓苏州,与吴兴祚开始交游,参与"梁溪诗社"结社活动。吴兴祚为诗社提供"铜台一甓",为此吴绮写了《梁溪诗社谢伯成送墨启》,诗社成员陈集生因居宅为兄售于他姓,遂失庇护,吴兴祚为

---

① 王方岐:《吴园次后传》,《碑传集补》卷21,上海古籍出版社1981年版。

其赎回，吴绮又写了《家伯成先生为陈集生赎居启》。康熙十一年（1672）吴兴祚四十寿辰，吴绮为之作《家伯成四十寿序》，称其"余论交一代，求友四方，觅凿齿于坐中，遇伯符于阶下，如家伯成明府者，盖百不一见也"。尤称扬其"喜愠不形于色，荣枯不介其怀，湖海之气益豪，山岳之情弥重，若谢郎之遇变。尤善围棋，譬夏侯之闻雷无嫌破柱。以此言器，器可量乎；以此征神，神斯裕矣"。虚怀若谷的器量和镇定精神。康熙十七年，吴兴祚升任福建按察使，吴绮为此作《送家伯成先生赴闽臬序》"称其有公辅之材信，有社稷之器也"。康熙二十二年，吴绮赴广东端州看望老朋友，撰有［减字木兰花］《家伯成署中》词：

官斋清暇，容我疏狂顷翠罨。晴月如霜，晒破檀梅一萼黄。
烧残画烛，把酒清谈人似玉。来日扬舲，回首龙山眼共青。

抒发了在老朋友署中清闲自由，喝酒闲谈的幽雅情景。其间，曾与陈恭尹、屈大均在七星岩等两广名胜游览酬唱，吴兴祚设宴招待观剧，吴绮有《留村尚书招饮，观家剧，即席即事》、《依韵奉酬家留村制府》等诗，并为与吴兴祚有儿女亲家关系的王孝扬将军《代王孝扬将军祝吴留村制府寿序》。据其后来写的《寄怀家留村司马》律诗中"辞家空负三生月，度岭真逢两岁秋"。其下自注"余以癸亥九日度庾岭，甲子九日出折岭而归"。"癸亥"即指康熙二十二年，两个"九日"之"日"实为"月"之误，九月为秋末，"甲子"则为康熙二十三年。可见，吴绮在广东生活了整整一年时间。在此期间，"交谊如云知我困，臣心似水为人谋。裁桑种秋烦深远，一饱应知未易酬"。为吴兴祚治理两广出谋划策，极尽幕僚之责。吴兴祚与吴绮同姓，虽不是同一近祖，却出于同一"延陵"远祖，故双方皆以"家"人相称。吴兴祚在任无锡知县期间，曾与吴绮有过泛舟酬唱之举，其《冬日家园次泛舟梁溪对韵联句，归后再叠前韵》五律五首，现选二首：

（其一）

蚍蜉嗟朝暮，螻蛄怜春秋。毁誉梦中过，荣枯镜内游。
龙山思往迹，苕水想风流。草木霜前冷，渔樵烟外稠。

（其四）

挥毫聊寄托，把酒共夷犹。事业因此见，声名自古求。
悲歌当逝水，逸响夺高楼。泉石堪题咏，烟霞足运筹。

此诗当写于吴绮与上司不谐遭到罢斥之后，吴绮心灰意冷，情绪低落之时，吴兴祚劝其要看破人生过程中的"毁誉"、"荣枯"之事，因为人的生命短暂，应该朝好的方向想："龙山往迹，苕水风流"看顾，霜前的草木一片清绿，烟外渔樵之人还是那是众多。人生事业兴衰，官运亨通贬抑，不可能一帆风顺，总是有时顺利，有时困顿。我们可以写诗抒发理想，喝酒消除忧虑。表现了对吴绮关心爱护的真挚感情，也反映了吴兴祚对待"荣枯"、"毁誉"的人生观。康熙二十三年秋天，在端州总督府客居了一年的吴绮要回家，吴兴祚又写了《用鲁谦庵韵送家园次东归》一诗为其送行，诗云：

握手端州又一年，归帆晓带百蛮烟
半生虚度南柯梦，百亩何曾栗里田。
潦倒孤怀梁月夜，苍茫诗思雪花天。
途穷虽未逢知己，莫把征衣当酒钱。

其意说：你来端州与我相见又是一年了，如今你将带着南国风光就要回去了。人生的日子过得很快，一个人那里能得到百年的俸禄呢？回去以后，你可能独自面对梁溪之月，苍茫雪花之景而写诗抒怀，在你潦倒穷愁之时，我不能完全像知己一样劝解你、帮助你。但你一定要振作、珍重自己，切不可将行旅之衣换酒喝呀！对老朋友充满了眷恋、希望之情。临行时，吴兴祚曾慷慨地赠以"征衣"钱，据吴绮后来所写的《听翁自传》所载："癸亥游粤东，制府吴留村赠以买山钱。归得粉妆巷赵氏之废园而移居焉，翁于是乎有园。又以钱二百缗得东陵田七十亩,翁于是乎有田。"表现了他们之间深厚的友情。

二十三年八月,吴绮自粤归吴后,写了《寄怀家留村司马》、《书陈椒峰册寄留村》和《寄上大司马公百韵》等诗,"有道门庭广,无媒径路芜。"对吴兴祚广交朋友充满了赞颂,"身因酬遇重,腑为感恩镂",对老朋友的善待,刻骨铭心地感激。

六 与陈维崧的交往

陈维崧(1625—1682),字其年,号迦陵,江南宜兴人。祖父陈于廷东林党魁,父贞慧,复社中坚;老师陈子龙、吴应箕,是当时极有影响的人物。在这些父祖师长的教育影响下,继承了良好的思想品德和文化素养。明亡后,家道中落,生活拮据,不得不离家远游,糊口四方,由于早年父名卓著,各地人士乐与之交往。

陈维崧曾写过《谢吴伯成明府赍酒米并炭启》[①] 此文未标明写作时间。他在康熙八年(1669)写的《梁溪赠吴伯成明府》七古诗云:

我家住傍滆湖水,东踞梁溪一舍耳。
萧晨频作惠山游,兼载惠山山下水。
自从老客嗟转蓬,大河北岸尘蔽空。
绿箬黄柑想像里,红泉白板画图中。
归鞭翚雉西风冽,暂芟茅簷曝冬日。
侧闻邻县有神君,治行吴公今第一。
吴公治冠东诸侯,况复文藻追曹刘。
春蚕食纸响不歇,十吏腕脱何能休。
如今才人天下少,公也读书洞深窅。
如今爱士公卿稀,公与合肥宗伯好。
陈生贫贱三十年,一生肝胆倾豪贤。
只拚沟壑安吾分,敢仗文章对世怜。

---

① 《陈迦陵俪体文集》,《陈维崧集》,上海古籍出版社 2010 年版。

见亦不持子公书，来亦不索仁祖米。
下走余惭孔文举，高名公是李元礼。
谒公一尽平生语，明日摇船载泉去。

此诗写了他与住居在梁溪的吴兴祚只隔三十里，曾经多次到无锡惠山，载上惠山泉水回家。由于战乱家道中落，只能暂居茅屋艰难度日，如今得到了无锡知县——您的帮助，深表感激。赞赏吴兴祚不仅治绩卓越，而且还富有文学才华。我知道你与合肥龚鼎孳先生交情甚好，你也非常珍重读书人。我生来长期生活贫困，却也安贫乐苦，不存奢望；我非常仰慕贤豪，但不敢以自己的文名让他人爱怜。今天我来拜见你，没有带上推荐人的书信，我也不是向你讨要度饥的粮米。你的声名犹如东汉李膺，我也不敢以孔融自比。我来只是向你表白藏在心里的话，明天我就载上惠泉的水走了。

此诗表明，他与吴兴祚相交是经过龚鼎孳介绍的。上文可能写于此诗之后，可见他们相交于康熙八年之后。此后他们之间来往频繁，经常参与"填词社"的活动。陈维崧撰写的［眼儿媚］《冬夜听梧轩举填词第二集，轩在吴伯成先生署中，同集为淡心、园次、修龄、山夫、梁汾、云翎、灵本》，词云：

风剪兰煤夜渐深，泉响答清音。官斋此夜，卢腮斫玉，梅蕊含金。　茂园洒醒刚几日，浮柏又如今。十年红豆，五湖黄叶，费尽行吟。

又如［念奴娇］《冬夜听梧轩题王右丞初冬欲雪图，填词社第三题》，词云：

炎天看此，便阴阴、也觉满林飞雪。何况今宵风正吼，绝塞胶弓都折。冰裂龙堂，凌铺贝阙，万里关河结。长空黯淡，乾坤景色真别。　安得尽敞琼楼，早催滕六，一夜看亲切。玉戏定知应不远，料也无过来月。水墨才皴，月云暗酿，人意先清绝，只愁僵卧，怕他近恁时节。

上述两词皆写于吴兴祚无锡知县衙门的"听梧轩"，第二集与第三集，相隔时间不可能隔年，而是在同一年内的"冬夜"，可见社集的密集频繁。前词可能在初冬，而后词却是"今宵风正吼，绝塞胶弓都折"的隆冬。"填词社"的第三次活动，主题是围绕《王右丞初冬欲雪图》填词。此词上半阕从画面描绘到实写冬雪"冰裂龙堂，凌铺贝阙，万里关河结"的严寒景象，下半阕又转向画图。吴兴祚也参加了此次活动，写有［念奴娇］《题王右丞初冬欲雪图》，词云：

> 辋川余墨，洒轻绡，写作初冬欲雪。满纸烟云渲染处，万木参差如折。村鹊低飞，山鸡僵立，溪水冰初结。阿谁如此，诗魂驴背清绝。　　展向荣幕松窗，萧萧如听，风撼芭蕉叶。竹里诗翁何处也，华子冈头无月。记载村醪，共寻僧舍，此景曾吟阅。笠湖东畔，小山梅放时节。

吴词完全从画图着笔，只是从后半阕的煞尾自然转入"此景曾吟阅，笠湖东畔，小山梅放时节"。由纸上画面转入回忆中的脑海画面情景，两词各有千秋。

惠山云起楼兴筑于康熙七年（1668），吴梅村于康熙七年九月往无锡谒见知县吴兴祚，十七日为作《云起楼记》。陈维崧写的［翠楼吟］《惠山云起楼作》一词，当作于康熙八年以后，其后又有《云起楼歌赠吴伯成先生和园次韵》诗，陈维崧认为吴兴祚是"明公干济古谁及，万事斟量见绳尺。谭笑偏能断剧纷，咄嗟便已流膏泽"。既有才干，又讲原则，给百姓带来恩惠；同时又沉挚地回味"感公召为泛晴湖，竟拟吹嘘到朽株。青山历历陪煎茗，黄叶萧萧看打鱼"。诚恳热情招待，互相快乐交游的情景；并且预言"廷论偏推海岳姿，玺书络绎出龙池。只今借寇欢呼日，恰遇生申燕喜时"。深深祝愿吴兴祚还将风云际会，得到朝廷重用。康熙十三年，陈维崧与吴兴祚交游更为频繁，［高山流水］《即席别吴门诸子，偕园次返梁溪，并呈吴伯成先生》、[沁园春]《留别伯成先生和淡心韵》又[沁园春]《和吴伯成先生和仲震原韵》，又有《送兰溪祝子坚之梁溪兼呈吴伯成先生》、《追和伯成园次两先生泛舟梁溪对酌联句韵》等诗作。康熙十五年，吴兴祚升任福建按察使，陈维崧又写了[水龙吟]《送梁溪明府吴伯成先生新任闽中臬宪》为其送行，词云：

无绪城已销烽，鹍鸠双引熊幡舞。鲛宫浪偃，鲤湖波静，劝腾榕浦。荔支摇丹，石华涨绿，海云佳处。伏九龙仙令、二泉茂宰，洗兵马为霖雨。　　只我离情万缕，逐盈城、攀辕士女。摩空瘦鹘，倚墙病骥，飘零谁诉。落落祢衡，茫茫刘表，此身无主。送千秋鲍叔，红旗掣电，向闽天去。

词作上半阕，极力模拟无锡县城和福州海岛都为欢送或欢迎吴兴祚离任或上任情景，下半阕抒写自己和无锡县城人民对于吴兴祚离去的留恋不舍之情。

七　与万树的交往

万树（1626—1689），字花农，一字红友，自号三野先生，江苏宜兴人。国子监太学生，是明末著名戏曲家吴炳的外甥。康熙十八年（1679）投靠时任福建巡抚吴兴祚为幕僚，深得信任，一切奏议皆出其手。

吴兴祚公余或于节日或于名胜经常设宴聚集幕下名士，赋诗吟词唱和，万树写的[苏幕遮]《新秋，大司马命座中俱和清真原韵》、[风入松]《和吴大司马得月楼韵于闽署》、[明月逐人来]《中秋用芦州韵，制府开宴，吴大司马词先成，是夕先阴后月》、[月中桂]《文来阁灯月词》序云："阁倚制府东南，三累而登，可以揽全端之胜。然两载偶凭眺，未有颜略其夜色者。今年灯夕，大司马将设宴此……"[大酺]《鹿羹，公宴宁远堂，大司马命烹巨鹿佐觞，因属同人赋词，谨献此调》、[望海潮]《八日送大司马巡海》、[莺啼序]《上元赋呈吴大司马》，词尾有注："大司马特制鳌山，设灯宴，是夕奏家乐达曙。"等等，试举［望海潮］《八日送大司马巡海》词云：

> 田横弃岛，刘锳衔璧，东南万里波澄。风撤雁垣，机空虎落，平波土暖沙明。丹奏下瑶京。许雪鏖宵煮，玉粒春耕。天语东来，五云飞到一双星。　　炎荒十载鏖兵。叹鲛人泪尽，龙伯魂惊。谋国孔戣，忧民李勉，屯边计重金城。冲雾驾屏星，喜春真有脚，雨共车行。黎母猺童，会看合浦起歌声。

全词热情赞扬了吴兴祚参与平定沿海战乱，治理福建、两广的丰功伟绩，他以唐宪宗李纯朝时的孔戣，唐肃宗、代宗朝时的李勉两位贤臣比他，确为公允恰当。吴兴祚有时也亲自参加，也有和作，如［苏幕遮］《新秋·用清真韵》、［明月逐人来］《中秋公宴用芦州韵》、［南乡子］《午日，次红友韵》等。

万树在吴兴祚幕府交游甚广，与幕府其他成员皆有词作唱和。其中交往最密切的可能要算吴秉钧（1664—1697），官名彝铭，字子衡，又字琰青，号醒园。他是吴兴祚的长子，曾任直隶定州深泽县知县。吴兴祚升任两广总督后，就把他调到自己身边。吴秉钧与万树交游最密，他对万树的才学十分崇敬，曾参与万树的《词律》修订，经常参与幕府中的词会，有《课鹉词》一卷。万树有［御街行］《琰青约天霁游七星岩》、［最高楼］《琰青新楼落成宴集上巳日》、［无闷］《琰青新葺小斋》、［月中挂］《文来阁灯月词有序》："今年灯夕，大司马将设宴于此，会巡海未果。暨三月，公子琰青庀铉筦觩阁，曰：'聊以是续上巳之游……，'云云。［贺新郎］《六月七日饮琰青台上》，词后注曰："慎庵、琰青、子静、虞尊近结词会，所作甚富。"吴秉钧的《课鹉词》集中也有［满江红］《八月廿六日，偕红友、莫庵、升公、禹金、九锡游七星岩，和红友韵》、［蓦山溪］《文来阁晚眺》、［酹江月］《文来阁玩月》、［戚氏］《登文来阁有感》等词作。吴秉钧深受万树戏曲创作的影响，吴秉钧在为万树写的《风流棒序》云："丙寅（1686）春，饮红蕉花下，客有言某闺词之伪者，余谓此可入剧，作筵前一粲，索山翁填之，不半月而《风流棒》

成。"吴兴祚有家庭戏班,且对演剧有浓厚的兴趣,万树"暇则制曲为新声,甫脱稿,大司马即令家伶捧笙璈,按拍高歌以侑觞"①。每当扮演万树所作剧目时,众人边评边看,一致赞赏。吴秉钧说:"观者神撼色非,相与叫绝。"并称自己得到教益尤深,"由是更进",也操笔作剧,写成《电目书》一种。

万树与吴兴祚之侄吴秉仁(1651—?),字子元,号慎庵,也有词作酬和。吴秉仁由将材随叔父吴兴祚于康熙十七年(1678)克复厦门、金门有功,二十年升为都督。受万树影响学习填词,有《慎庵词》、《摄寒词》各一卷。万树曾作 [满江红]《赠慎庵,时将归江南》二首,[意难忘]《隔帘闻履声,同慎庵作》、[梦横塘]《喜慎庵来端州,去春,归梁溪僦居,今夏来粤,述吴山之游甚畅》、[天仙子]《慎庵见饷水仙》等词,吴秉仁也有 [意难忘]《隔帘闻屦声》等词酬和。

吴棠桢(1644—1692),字伯憩,号雪舫,由邑庠补太学生,为吴兴祚同族曾孙,毛奇龄称其"掞华披藻,艳才绝才"。② 然终不遇,竟以幕宾书记终其身。康熙十八年,吴兴祚时任福建巡抚来到幕府,擅长作词,有《风车词》、《吹香词》各一卷。万树与吴棠桢词作酬和频繁,两人在幕府住居相近,万树的 [明月逐人来]《守斋住西轩,余与雪舫住东阁,每晚必过谈,漏声动则别,约不远送,月中戏占此词》,守斋,即同幕中吕师濂之号,雪舫即吴棠桢之号。还有 [夏云峰]《赋得夏云多奇峰,次雪舫韵》、[同心兰]《药庵斋头盆兰数朵,特八瓣分张,双心连缀,较并头者更胜,守斋雪舫俱赋词志瑞,盖取 [两同心]、[蕙兰芳引] 各半,合填此调云》、[玉簟凉]《红藤簟同雪舫作》等。吴棠桢在曾祖父幕中受到万树影响,经常观剧、写剧。同在幕府中的朋友吕洪烈说他:"先生(指万树)即令雪舫与余亦效之而作,雪舫遂成四种,余不自量,强颜勉作三种,先生

---

① 嘉庆《宜兴县旧志》卷八《人物志·文苑》。
② 《西河集·山阴金司训雪岫墓志铭》,《四库全书》第1320—1321册,上海古籍出版社1984年版。

则又得五种并散数曲，余又不觉失声而叹。"① 吴棠祯创作《赤豆军》、《美人丹》二种；又在［粉蝶儿慢］《樊川谱传奇谱成，喜万鹓洲为余改订，赋此奉谢》词云：

> 嫁蛊蛮村，迎蛇蜒俗，更饲鹦歌藏獐。久栖幕府，厌红毛新酿，底事祛愁呼雪儿。一曲檀喉低唱。戏翻新，谱新来，杜牧参军豪荡。　　自况。痴情蠢状。愧何曾，协调难供清赏。喜经删抹，便有霞思天想，苕子娇鬟和紫云，仿佛笑啼筵上。谢仙翁，笔花多，供人开放。

可见吴棠祯还创作过《樊川谱》传奇，是他以晚唐诗人杜牧的事自况的一个剧作。此剧写成后，经过万树的改订。这里的"万鹓洲"即是万树。

万树还与幕府中的绍兴府山阴人吕师濂，号守斋；金烺，号雪岫；吕洪烈，号药庵；姜垚，号苍崖等，皆有酬作。如［满江红］《次日宴集，守斋亦掷金红，用前调为赠》、［意难忘］《怀朱凝阳德庆州，和守斋》、［子夜歌］《送雪岫游羊城》、［子夜歌］《金雪岫自稽山来，喜赠》、［同心兰］《药庵斋头盆兰数朵》、［探春慢］《姜苍崖归里赋别》等词。

万树还和吴兴祚的同父异母弟吴兴都也有交往，其［春夏两相期］《迟吴香茂不至，大司马令弟，今居山阴》。据道光《山阴州山吴氏族谱》载：吴执忠（1602—1674），字汝荩，号匪躬，娶辽东宁卫指挥使孟德春女，生子一兴祚；妾丁氏生子一兴基；又妾生子一兴都。兴都（1645—1691），字季茂，娶浙江按察使万金女，生子一，女五。

万树在吴兴祚幕中，大约于康熙二十四年春与吴秉钧、吴秉仁一起到过他们的故里山阴州山。万树写有［满庭芳］《山阴道上》、［桂枝香］《中秋前二日自州山至鹫峰寺，寺额右军书，山有晋梅，贺监

---

① 吕洪烈：《念八翻序》。

墓在焉》、［望海潮］《越州至三江观潮时八月十八日》、［沁园春］《登高怀古，越州龙山》等。试举［满庭芳］《山阴道上》词为例：

豆叶留黄，麦苗匀绿，风来阳月偏和。星移小雪，天剩好秋多。信是山阴道上。篮舆在、图画中过。溪流转，农家隐隐，禽语出松萝。　　平坡，穿竹坞，桥亭杂坐，僧担樵柯。见携筐女笑，荷篠人歌。刻句青琅纪胜，知当日，觞泳如何。还凭问，山边道士，肯否换双鹅。

此词写的是春天赴山阴兰亭路上所见所感，清新悦目。

吴秉钧也曾作［昭君怨］《山阴故里》，词曰：

朝往兰亭舒啸，暮返鉴湖垂钓。日落晚霞生，远山平。
月映小舟如鹜，欲向酒家留宿。更喜摘清波，晚菱多。

词作对山阴故居的生活充满了喜悦向往之情，词情清新、流畅。

万树身为幕僚，总督府里起草文书奏议等皆由他承担，公余则集中精力继续进行编纂《词律》的工作。吴兴祚的长子吴秉钧亦有志于声律学，吴兴祚的同族曾孙吴棠祯也喜好词曲，此二人得知万树的计划，便鼎力支持。经过两年的努力，终于在康熙二十六年（1687）把《词律》编成。此书二卷，收调660种，体式1800余种，这年正月十五日，万树为《词律》写了自叙，详述编纂此书经历的艰辛，吴兴祚审阅了书稿，写了《词律序》，赞其"考究精严，无微不著"。并出资为《词律》刊行。万树在幕府任内，还创作了《风流棒》、《念八翻》等多种传奇。

康熙二十八年（1689）冬，吴兴祚因"设炉鼓铸"受到弹劾而降调离任。此时万树病势沉重，既不能在端州继续生活下去，又不能跟随吴兴祚赴任，于是抱病启程，打算终老故乡，不幸于旅途——江西的船上溘然长逝，结束了他坎坷不得志的一生。

八 与屈大均的交往

吴兴祚为人豁达，喜好文学，爱与名士交游，从康熙二年（1663）任江南无锡县知县起，至十五年任福建布政使，其后又任福建巡抚，康熙二十一年至二十八年任两广总督，在近30年的时间里，身边聚集了一大批有名文士，如吴梅村、龚鼎孳、秦松龄、陈维崧、吴绮、屈大均、陈恭尹、梁佩兰、万树等。

屈大均于顺治九年（1652）开始远游，由粤中往来吴越、幽燕、齐鲁、荆楚和秦晋等地，至康熙十九年（1682）归粤定居，此时清政权已基本巩固，一统局面大势已定，屈大均看到恢复已成泡影，于是决定归里侍养老母，从联络抗清转而从事著书立说。

吴兴祚于康熙二十一年（1682）升任两广总督，其时两广总督府设在肇庆（端州）。康熙二十二年（1683）屈大均于广州城南得屋数椽，以为三闾书院，其时老朋友吴绮也于九月启程赴广东端州将加入吴兴祚幕府，十一月至端州，屈大均也如期至端州与之见面，经老朋友推荐介绍，屈大均写了《两粤督府祝嘏词》四首作为见面礼，与吴兴祚开始交游。吴兴祚出生于崇祯壬申（1632）十一月廿日，这年正是他的五十岁生日，受福曰嘏，后来称祝寿为祝嘏。《祝嘏词》曰："亚相宣威五岭来，东南天柱是崧台。和平自得康公寿，文武谁如吉甫才？""棠下人多寿酒献，巡行召伯不辞劳。""斧钺东临屡有处，蛮方人赖衮衣贤。不将南库归京阙，自作长城控海天。"将吴兴祚喻为"亚相"、"尹吉甫"、"长城"，称扬其为平定两广、安抚粤民立下了不朽功业。同时又作《上两广制府》五言排律，此诗首先赞赏吴兴祚"南兵诸侯长，东西节制同。建标蛮越界，开府尉佗宫……文章持正朔，《雅》《颂》论宗工"，"门余鸣剑客，座得浣花翁"的政绩和文武皆备的才能，在此基础上提出了"恭闻三吐德，愿效一言忠。文献悲当世，删修愧在躬。网罗千卷失，箴缕百家通。渊府推吾相，裁成望我空"，建议加强地方文献建设。康熙二十三年十一月又作《寿两广制府》五言律三首，"吉甫兼文武，诗多肆好风"，"孝友期张仲，经营似召公"，"由来大司马，诗冠柏梁台"，"天南开节钺，岭外起经纶"。又作［宝鼎现]《寿制府大司马吴公》词，为其祝寿称颂。

康熙二十四年初，蒋伊迁河南督学，吴兴祚作五律《送蒋莘田视学中州》诗为之送行，诗云："之子衡文去，端溪不复过。荔枝入梦远。杨柳折情多。宦味真同蜡，臣心耻作波。依依客舍外，握手听骊歌。"惜别之情溢于言表。屈大均亦有《奉送蒋少参督学中州》七律诗为之送行。诗云：

旌节翩翩不可留，大河南北望风流。
岁星又复移嵩岳，时雨行将化豫州。
身作人师先岭海，书成《臣览》亦《春秋》。
江干相送难为别，烟树苍苍满驿楼。

二十四年春，王士禛奉使至粤，屈大均陪同游览广州诸名胜。四月七日同至肇庆，九日，吴兴祚招屈大均陪同王士禛饮于端州石室及七星岩，王士禛作《游端州七星岩记》①，屈大均作《吴制府招同诸公游七星岩有作》五律二首，诗云：

峰峰开石室，一一作云根。树有飞梁势，涯多瀑布痕。
花来频送酒，月上更开尊。谢傅风流甚，娱宾有笑言。
乳多晴更滴，处处湿人衣。石气含云冷，花光出水肥。
渔樵元得性，簪组亦忘机。向夕闻笳吹，山公醉未归。

吴兴祚也作了五律《游七星岩》诗云：

几点云根外，苍茫似列星。秋高花鸟健，晓冷露华醒。
壑回风堪御，岩虚月可停。游情曾未足，携手上空亭。

时吴兴祚、王士禛欲疏荐先生于朝，屈大均婉言谢绝说："家有

---

① 《带经堂集》卷76，《王士禛全集》，袁世硕主编，齐鲁书社2007年版。

老母，吾岂能离朝夕之养？况所著《诗外》、《文外》、《文钞》、《广东新语》与所著《易外》、《四书补注》、《广东文选》等诸书未毕，余之笔砚未可辍也。"① 为此，吴兴祚惊叹其奉母之孝，故于康熙二十五年二月将茭塘司的黄女官沙之田 37 亩赠送给屈大均，屈大均为此作五律《大司马吴公惠田赋此奉答》二首，诗云：

> 公怜有乌母，发满白头霜，存耻归薇蕨，无才致稻粱。
> 文章徒卖力，春杵枉辞乡。十亩承嘉惠，从今菽水香。
> 豨来仁者粟，方与养亲宜。更受山田赐，弥惭石父知。
> 自今为黍早，不惜采兰迟，勤动同妻子，长怀粒我私。

对吴兴祚的帮助深表感激。

十一月正逢吴兴祚生日，屈大均又作〔春从天上来〕《寿制府大司马吴公》词为其祝寿，词云：

> 几载炎方，总两粤诸侯，师保堂堂。衮衣开府，彤矢安疆，五星井宿光芒。笑汉时大长，踰百岁，魋结称王。我君公，但南交虎拜，东海鹰扬。　　长随丽空双曜，作守日黄人，出入扶桑。沐浴精华，卿云葩烂，更多俾彼文章。写五臣谟训，和《骚》、《雅》，传于旂常。美群贤，看天衢舆卫，雷雨同行。

王孝扬（？—1704），名永誉，字孝扬，汉军正红旗人。康熙二十年任广东将军，二十七年升任汉军旗都统，其女嫁给吴兴祚第三子秉直（1676—1702），字子浩，号劲轩，时任甘肃环县知县。暮春，王孝扬离任赴新，他既是吴兴祚的下属，又是儿女亲家，与屈大均关系也很密切。屈大均有《赠王将军》、《丙寅春日，承王大将军招同诸公雅集，分韵得箫字，时牡丹盛开》、《王将军府牡丹盛开有赋》多首。吴兴祚有《送王孝扬亲家以将军内擢》七律诗，诗云：

---

① 《诗外·黄廷章序》，《屈大均全集》，人民文学出版社 1996 年版。

崧台春尽柳发烟，握手江干倍黯然。
漫道离情千万绪，云行山口亦缠绵。

屈大均也有《送王将军》五律诗四首，此举一、二两首以见他们之间之交情：

（一）
多年南越地，未觉有将军。士马时相见，笳箫间一闻。
《铙歌》多自作，铜柱不言勋。此日还京邑，承家荷大君。

（二）
鼓吹黄门盛，相迎关下回。定须大司马，诗冠柏梁台。
坐次诸王贵，功高一代才。人思文武甚，吉甫复能来。

康熙二十九年（1690）仲夏，张振六观察官广东驿盐道任满，即将回京，吴兴祚招同屈大均、陈恭尹、茹子苍、张秉政、刘季翼等陪同宴请张观察，为之送行。其时，吴兴祚已于去年六月以"鼓铸浮冒"降官，以副都统使用仍留在肇庆，屈大均作《庚午仲夏承大司马吴公招同诸公奉陪京卿张公燕集城西禅园，次张公元韵四首并以送行》，陈恭尹也写有《大司马留村公招同茹琼山子苍、张惠来时公、刘将军季翼、新安王我占、山阴娄子恩、同里屈翁山奉陪京卿紫阁张公集石公离六堂，即席用张公韵送之》诗四首。

十一月，吴兴祚前往罗浮山游览，屈大均为作《前制府吴公以生日往罗浮山赋此寄寿》，不久，又作［春从天上来］《为前制府大司马吴公寿》。

康熙三十年（1691），吴兴祚离开端州回京待选，屈大均作五律《奉送吴大司马还京》四首为之送行，现录一、四首以见他们之间交情：

（一）
东南悬节钺，文武总英高。客宿归牛女，人流爱凤毛。
三吴元治行，五岭益勋劳，一代明珠谤，扶风奈尔曹？

(四)

画船珠海动，铙吹满离声。百粤壶浆泪，三军乳哺情。
武溪思北发，漓水怨西征。怆别崧台下，从今望玉京。

此诗赞扬吴兴祚治理两广功绩，深得粤地军民爱戴，对其被贬深表同情，对其离开十分惋惜和思念。《屈大均全集》主编欧初、王贵忱在《屈大均年谱》将此诗写作时间定为康熙三十年，又说："盖二十九年始去粤"，前后不一。其实，三十年离粤是正确的。一者，吴兴祚于二十八年六月被劾，降三级以副都统使用，仍在广东任；二者《清史稿》载：三十一年二月，授归化城右翼汉军副都统之职，不可能在京候选达一年之久；更主要的是《留村诗钞》有五律《辛未除夕渡黄河宿旅店》二首，诗云：

(一)

驱车临古道，乃复渡黄河。野雾压崩岸，西风吹怒波。
人生得意少，世事皱眉多。岁尽寒芦店，征鸿次第过。

(二)

回首邯郸梦，苍茫四十年。九迁应愧死，三黜故怡然。
报国心虽切，还山志更坚。韶华何迅速，惆怅夜灯前。

咀含此诗"人生得意少，世事皱眉多"、"回首邯郸梦，苍茫四十年"、"九迁"、"三黜"和"报国心虽切"、"还山志更坚"等句意，正是被黜落官员复杂心境的真实写照。更何况诗题"辛未"指的就是康熙三十年（1691），这就说明吴兴祚于康熙三十年的年末动身回京是正确无误的。

九 与陈恭尹的交往

陈恭尹（1631—1700），字元孝，号半峰，又号独漉子，广东顺德人。十二岁丧母，十五岁补诸生，十七岁其父陈邦彦起兵抗清，一门遇害，独陈恭尹易服得脱。桂王立，以父荫得锦衣签事。明亡流亡江南，顺治十七年（1660）始定居羊城之南，以诗文自娱，与屈大均、梁佩兰齐名，并称为岭南三大家。

康熙二十一年吴兴祚任两广总督，他好交各地文士，经常与陈恭尹、梁佩兰、屈大均等当地名士往来唱酬。陈恭尹《独漉堂诗集》卷四《江村集小序》云："自丙寅以溯丙辰十年之诗为江村集"，这里的"丙辰"即为康熙十五年（1676），"丙寅"即为康熙二十五年（1686），跨度为十年。其集中有《献大司马制府吴公一百韵》五古诗一首，此诗当写于何时尚难确定。据吴绮《林惠堂全集》得知，吴绮于康熙二十二年（1683）到达广东探访两广总督吴兴祚，其间与王孝扬大将军、梁佩兰酬唱，游端州、七星岩，吴兴祚招饮观剧，与释大汕赋诗遣怀，与众人宴集吴兴祚锡祉堂，兼送徐釚还吴门，第二年八月起程返里，其中未见有陈恭尹参与活动的记载。据此推测，陈恭尹与吴兴祚交游可能在康熙二十三年八月之后。那么上诗的写作时间只能是在康熙二十四、二十五两年。此诗称扬吴兴祚：

> 颇公垂恻隐，遂得免鼙呻。数万金钱负，多年薄责频。
> 下车皆遣去，重任畀于身。汤网开穷鸟，庄波借涸鳞。
> 即云于物利，未或以财狥。侠气过朱郭，名流仰乐歈。
> 名期空冀野，争得望车轮。银烛连开宴，瑶阶九列宾。
> 攀留常累月，酬唱动兼旬。

关心百姓生计，为之减免赋税，谦诚接待文士，攀谈酬唱。又赞颂吴兴祚：

> 夫子今豪杰，文章古孟荀。学能全体用，巧不事组训。
> 诗礼趋庭得，风规昔训遵。先公开肇载，大节挺松筠。
> 善述真无忝，仁声美有洵。会吹寒谷律，终解捧心颦。

文武双全，能用仁义之心治理两广。他又在同卷《献祝大司马制府吴公》七律中，称扬吴兴祚"文武兼权是丈夫"，"浙水自来多豪杰，几回封爵属通儒"，"身作东南万里城"，"令如山岳军皆肃，心在冰壶政自清"。文武全才，治军严肃，号令严明，廉政自洁，是东南的万里长城，高度评价吴兴祚治理两广的政绩和为人品格。

陈恭尹还写有《大司马吴留村寿日，有灵州之行，次日还值冬至，补祝之》五律诗四首，诗之"二年归节钺，五岭藉恩威。士忆投醪醉，身从解组肥。马蹄犹角逐，容鬓渐霜飞。未可耽行乐，乾坤尚铁衣。"吴兴祚生于崇祯五年（1632）十一月二十日，这里的寿日，只是普通的生日，不是整十的生日。"二年归节钺"之句，是说吴兴祚任两广总督已是整整两年了，说明此诗是写于康熙二十四年初。

陈恭尹写于"丙寅至戊寅"［指康熙二十五年至康熙三十七年（1686—1698）］的《小禺初集》中有《新篁次吴大司马》，诗云：

汗青犹可俟，茌苒夕阳西。高节含新箨，清风满旧溪。
扫阶林影薄，拂水翠云低。会入伶人采，凭添乐府题。

又有《听莺次吴大司马》诗云：

芳郊行竟日，莺语不曾无。物色春将老，离声鸟亦殊。
绪风吹近远，交影入烟芜。未免萦怀抱，衰颜赖酒扶。

这两首五律是步吴兴祚同题诗韵的。吴兴祚有《新篁》诗云：

一雨初晴后，新篁遍郭西。留云迷新坞，带月画清溪。
影瘦入帘静，声彻拂槛低。萧然君子况，谁为此君题。

《听莺》诗云：

昨日春归去，莺声若有无。始从花外细，渐向柳荫殊。
斗酒诗方健，双柑兴未芜。斜阳移醉影，脉脉倩人扶。

吴兴祚《新篁》诗着笔成长后的新竹，生机蓬勃，遍布郭西，竹影透过窗帘，微风中轻轻抚摸长廊或窗下的栏杆，洒脱可比君子。而陈恭尹《新篁次吴大司马》则着笔于"新籜"即笋壳，这里指笋，写伶人采笋，频添乐趣。吴兴祚的《听莺》诗着笔春已归去，而莺声仍然令人着迷；陈恭尹次韵诗，抒写嬉游芳郊，莺声与物色使人留恋不忘。立意相同，而诗境稍殊。上述两诗的酬唱，约于康熙二十五年（1686）。其后陈恭尹又作《献祝大司马吴公》七古诗，称颂其"尽分月奉归贫士，间采刍言及老农。共颂我公清似水，更歌天保茂如松"。慷慨救济贫士，诚恳听取下层百姓建议。又有《盐梅二律祝吴大司马》，以盐"已于润物瞻全德，更用余波养世人"。以梅"香和清风传五岭，霜笼烟雨下崧台"作比，称颂其政绩和政声。

康熙二十八年（1689），陈恭尹作《登镇海楼赋》，赞扬吴兴祚康熙二十三年"甲子大司马吴公大中丞李公招来旧民，复其宇，乃命有司撤而新之"。重视文化古迹建设。又作《石室颂为留村吴大司马作》："端州北郊积水之外，平野之中，数峰苍然，皆石也。……每当春尽雨深，夏秋荷放，在水中央，盈盈可望。一苇杭之，如行天上。长堤高桥，翠崿华舫，晴日佳晨，尊罍相饷。其平原则讲武之所，恩威攸畅。司马临焉，云麾虎帐，克建元勋，更扬高唱。……所以锺一郡之英华，增幕府之雄壮。以其独立风涛之中，而定山称焉。位于北而数则七，故号于星焉；虚能受而美可居，故石室名焉。"石室，在今广东肇庆市高要县城北，一名定山，又名崧台，七星岩就在石室北面，吴兴祚当年常在石室讲武。

康熙二十八年六月，因吴兴祚拨铜设炉鼓铸，被劾降三级以副都统用。《道光广东通志》卷43《职官表》国朝一"总督……吴兴祚，奉天人（康熙）二十二年任。石琳，奉天人，（康熙）二十八年任"。二十八年后，吴兴祚虽然不在总督任上，但仍在两广境内。

康熙二十九年（1690）冬夜，钱葭湄太常将要入都，吴兴祚设宴，请陈恭尹、周履坦作陪为之饯行。宴中，他们联句酬唱。陈恭尹作《庚午冬夜羊城宴集，联句十二韵》、《又次前韵即事呈吴留村司马、钱葭湄太常》两诗，吴兴祚《留村诗钞》也有《冬夜羊城宴集送钱太常赴都次韵》诗。张振六观察内召赴京，吴兴祚设宴邀集众人作陪，陈恭尹作《大司马留村吴公招同茹琼山子苍、张惠来时公，刘将军季翼、新安王我占、山阴娄子恩、同里屈翁山奉陪，京卿紫阁张公，集石公离六堂，即席次张公韵，送之入都》五古诗，吴兴祚也作《夏日雅集离六堂，送张辰六京卿赴都》五律诗。

康熙三十年（1691），陈恭尹作《吴大司马泊舟三水，予携白菊遗之，适王将军在坐，即事联句十一韵》。三水，位于南海高要二县，属广州府。可见吴兴祚降为副都统后，移驻三水之地。以上两诗宴请朋友之地皆在羊城。

康熙三十年十二月，吴兴祚奉命以副都统镇大同化城右卫，陈恭尹作《江边行献大司马制府吴公》七古诗为之送行。诗云：

> 江边老人为予说，一阳节候宜霜雪。菊花未尽梅花开，
> 今年冬比前年熟。前年米贱酒满篘，今年晚稻才半收。
> 自从督府临端水，五岭年年报有秋。东穷海裔无荒土，
> 西尽猺蛮得风雨。江路防奸有汛兵，人家千里无桴鼓。

诗作通过"自从督府临端水，五岭年年报有秋"的前后对比：

> 颇记旌麾未到时，珠江南岸即天涯。出门一步不可测，
> 不逢太师逢赤眉。黄昏烽火侍郊内，大帅门前多战垒。
> 雇役更番日百钱，入官米价浮三倍。钱多米饱恣咆哮，
> 见贼真成漆与胶。百金莫保中人产，八口真如鹿在庖。

吴兴祚未来之前，两广乱象丛生，物价暴涨，百姓生活艰难不安定；吴兴祚任两广总督以后，战乱平息，人民生活安定，物价平稳，读书人深感心情舒畅。前后对比，歌颂了吴兴祚在两广总督任上的政绩。"铸钱岂为资微利，欲使游民有生事。磨铜堇土活万家，运矿和煤复何訾。下民称便用如泥，岂料翻为幕府忧。"反映了两广人民对吴兴祚"设炉鼓铸"举措的肯定，对朝廷弹劾降职处理的不满，对

吴兴祚的调防"万姓伤心难请留，野老何知多所惧，所惧公行盗乃聚"深感忧虑。"刍荛之言良可思，谁向天庭一述之"。陈恭尹也为草野百姓之言无法述之"天庭"感到遗憾。只有"为写舆情人颂诗"，尽自己的一点心力聊为安慰而已。

吴兴祚离开两广后，约于第二年，陈恭尹又写了《寄吴留村大司马》七律诗，诗云：

> 扁舟相送属清和，别后东风又再过。善病马卿犹宿昔，重临黄霸定如何。
>
> 三江有成今仍肃，万口成碑久更多。遗爱祠边万亩地，年年生日满笙歌。

作者以西汉武宣两朝的治民贤臣阳夏人黄霸，虽遭遇挫折，后来位至丞相；明弘治年间的循吏马卿弹劾内臣刘瑾出守大名府，防御治理盗贼，让民安居乐业事迹，来比拟吴兴祚，勉励吴兴祚再创佳绩。吴兴祚在两广百姓眼中始终是"万口成碑"的，人们年年都会在其生日于遗爱祠里纪念他的。

十　与幕府兼乡友吕洪烈、金烺、吕师濂、吴棠桢之交往

吴兴祚于康熙十七年（1678）升任福建巡抚，二十一年升任两广总督后，其幕府幕僚中人更多了，其中有来自家乡的文人，如吕师濂、吕洪烈叔侄，金烺、吴棠桢等。

先说吕洪烈，据毛奇龄《西河集》卷87《敕授江宁北捕通判吕公墓表》记载，吕洪烈出自山阴世家吕本之后，由太傅文安公吕本——祠部柏阳公吕兖——铨部少参姜山公吕胤昌——茂松吕天成——江宁北捕通判吕师著。吕师著（1599—1664），又名王师，字谪名，容星其号也。原配祝氏生子三：长为钜烈，次为相烈，三为洪烈；续娶龚氏生子曰煌烈。吕师著秉承了其父吕天成善词曲的特长，又"能歌且能言五声、六律、七始、九辨之学，故他著作甚夥，皆屏去，惟以传奇七种行人间"。吕洪烈就是在这样一个文化世家成长的。

又据《西河集》卷105《山阴金司训雪岫墓志铭》记载："越中以词禅世者三人：一吕君弦绩，一吴君伯憩，一雪岫也。雪岫为弦绩馆甥，曾学古今文于弦绩。"可见，吕洪烈字弦绩，金雪岫是其女婿。雪岫"尝游岭表，与弦绩、伯憩三人者为两广都府吴君上客，吴君故善词，而三人者以新词与唱和角逐，四顾无座人。府中优僮充四厢乐部各能歌三人词，教头曳长拍，优僮扮演，而民间效之。凡里巷靡色相窃歌新番院本，啧啧称盛事。时都府以良日请召宾客，呼外厢靡色承应，三人坐上座，都府把金斗约曰：'欲仿乐工唱《凉州词》故事，觇所演谁词，以卜甲乙。及登场，则雪岫《红鞢鞳词》也。都府掷斗，令群优实酒环献，欢谍达内外，左右厢军争引领观叹，以为豪云。'"这是仿唐朝王昌龄、高适等诗人旗亭画壁的故事，而进行的戏曲演出的竞赛。又云："予归田而伯憩死，两人故无恙也。康熙壬午（四十一年，1702）春弦绩又死。予以不得讣不能哭。暨冬，而雪岫即以其年死于官。"从上引大段文字看，吕洪烈、金雪岫、吴伯憩三人皆善作新词（曲词），皆入吴兴祚总督幕府为幕僚，并深得吴兴祚器重。那么，他们三人是何时加入吴兴祚幕府的呢？

吴兴祚《留村诗钞》有《和吕清卿韵》七律一首，《戊辰秋送吕清卿东归》绝句四首，现选录其一、三两首：

（一）
十载相依瞬息过，知君久已恋岩柯。
归途若遇南来使，为报梅花岭人多。

（三）
回首秋空月一钩，遥遥离绪压轻舟。
欲知此后相思梦，常在榕阴百尽楼。

从此诗标题看，"戊辰秋"即康熙二十七年（1688）秋天，吕洪烈从吴兴祚两广总督幕府辞归，绝句"十载相依瞬息过"，如果从整数而言，康熙十七、十八年，吕洪烈已到吴兴祚幕府。"遥遥离绪压轻舟"、"欲知此后相思梦"，可见吴兴祚对吕洪烈的感情很深。从吕洪烈现存的《药庵词》看,在[金菊对芙蓉]《泳弄色芙蓉,步万红友韵》、[望海潮]《吴雪舫订余同归,乃别我先行》、[满江红]《琰青偕红友……六君子游七星岩……》等词,他常与幕中诸友唱和。关于其生年,据《敕授江宁北捕通判吕公墓表》,其父吕师著生于万历二十七年(1599),洪烈为其子位于第三,其生年当在1629年和1630年之间。据其《念八翻序》记载:"先生(指万树)即令雪舫与余亦效之而作。雪舫遂成四种,余自不量力,强颜勉作三种。"可见,他受万树影响,还创作了《念八翻》传奇等三种。据此,整合以上资料,可以小结为:吕洪烈(1630—1702),字弦绩,又字清卿,号药庵,浙江山阴人。出身于文化世家,善词曲,约于清康熙十七八年(1678—1679)与万树等同客闽粤督署中,二十七年辞别归家。著有《药庵词》和《念八翻》等传奇三种。

据《西河集》、《山阴金司训雪岫墓志铭》可知:金烺(1641—1702),字子阆,号雪岫,出生于山阴世家。曾事师吕洪烈,年轻时,尝与越郡中名士结龙山观文大社,与浙东、西及三吴名士交往。与岳父吕洪烈,同邑吴棠祯等入两广总督幕府。清康熙四十一年(1702)以贡生授儒林郎,官湖州府学训导,次年病卒于任所。所著有《绮霞词》及《红鞓鞢》传奇。

金烺是何时加入两广总督幕府的呢?其[风流子]《寄怀妇翁吕弦绩先生客闽,时入吴大司马幕中》,说明其岳父吕洪烈在康熙十七年吴兴祚升为福建巡抚后已入幕府,而金烺尚在家乡。又据其[龙山会]《寄观文堂同里诸子》词前小序:"忆丙午岁,予与诸子有龙山观文堂之订。同学数十人,皆英英时彦也。论文讲艺,饮酒赋诗,风雨晦明不彻。迄今二十年来……同人联翩获隽者不枚举,独予与二、三知己犹然偃蹇篷窗。今春,同子贞岭南之游,入开府署中,晤雪舫……云云。"这里的"丙午岁"即康熙五年(1666),其时,金烺与数十同学于龙山观文堂结社。二十年后的"今春"当指康熙二十四年(1685)春。[千秋岁]词前小序说得更为明确:"乙丑三月十日,为仁和王丹麓五十初度,制[千秋岁]词,属同人和言。余适游粤,时舟次豫章,不及称祝,即響原韵寄之。""乙丑"即为康熙二十四年春，其时才入粤赴幕。

在幕府期间写的［金明池］《上吴大司马伯成公》云："自笑书生无剑术，愧坦腹羁栖，参军记室。"可见在幕府担任的是参军记室。［五福降中天］《上制府吴留村先生》称扬吴兴祚"闽疆作镇屏藩后，复拥海天旄钺。两粤分符，百蛮控制，开府征南时节。经纶黼黻。看戈甲楼船，烽烟歇绝。太帅旗悬，风动翻影摇秋月"。继福建巡抚后又升任两广总督，任内平定沿海战乱，发展生产，安定民心，治理海疆作出了巨大贡献。［南乡子］《五日公宴锡祉堂，同留村先生，药庵家岳，红友、黍字、集之、韩若、雪舫分赋》。在署中公余，他还与其他幕友交酬，如［夜合花］《凌云阁同章集之、吴子衡坐月》，章集之不详何人，吴子衡即吴秉钧，是吴兴祚的长子。［忆旧游］《寓文来阁，喜晤吴雪舫话内》，吴雪舫即吴棠祯，系家乡好友，为吴兴祚的族曾孙。［西河］《开府署中，晤内父吕清卿先生话旧》，吕清卿，即为岳父吕洪烈；［瑶台聚八仙］《同吕仲子登宝月台，为宋包孝肃建。吴制府重修》，吕仲子即为吕师濂；［安公子］《安誉亭观季茂、子衡角射，用陆渭南韵》，季茂即吴兴都，为吴兴祚同父异母弟，子衡即吴秉钧。

金烺受万树戏曲创作的影响，从"初未识，阳关叠。从不解，鹦歌舌。也邯郸学步，自惭痴绝。板错还凭雪舫校（自注：同里吴伯憩），句讹常向鹅笼别。（自注：阳羡万红友）却成来，减字与偷声，《红靺鞨》"①。学习写作戏曲剧本，创作了《红靺鞨》传奇，"靺鞨"宝石名，大如巨粟，为靺鞨所产。红靺鞨，即赤如樱桃的宝石，为宝石中的上品。

金烺有［长相思慢］《久客端州》："举头见明月，又低头思绕家乡，满目凄凉。羞临镜，星星鬓霜。"由于思念家乡，四十余岁的人头发已经花白了。［惜分飞］《别署中诸友》："久客他乡怀故墅，梦里尤思归去。"于幕府期间他曾回过家乡。［江城如画］《复入端州制署》："倦游王粲复归刘，依旧登楼。"为了生计，后来又重新回到两

---

① ［满江红］自制《红靺鞨》传奇题词。

广总督幕府。［望远行］《归里》："经年浪迹，离乡曲，多少酸风辛雨。云开水驿，烟合山村，消受羁人愁绪。回首家园，寂寞篱边松菊。辜负秋容如许。恰归来。又早江城飘絮。　　欢聚。故里琴书无恙，更胜侣，相逢欣晤。红友谈心，青奴息臂，细诉异方风土。入夜灯花细剪，牵衣绕膝，儿女喁喁低语。道从今休再，出门他去。"一年后他终于辞幕回到了家乡。

吴棠祯（1644—1692），字伯憩，号雪舫，绍兴山阴州山吴氏第一支大分第十二世孙。高祖吴兑，明万历间兵部尚书宣大总督；曾祖吴有孚，锦衣卫南镇抚司转山东副总兵；祖父孟明，锦衣卫北镇抚司掌印、堂上佥书，左军都督府同知；父邦臣，崇祯十三年进士，授山西道监察御史，巡视长芦盐课。棠祯兄弟五人中为长，由邑庠补太学生。清顺治末年，尝与魏耕、朱彝尊、屈大均交往，魏耕有《兰亭留别吴棠祯》诗。青年时尝与同邑金烺、方炳、姜垚、张长威、朱晋叔、胡韦君等交游，结"龙山观文堂"之社，论文讲艺，饮酒赋诗。康熙二十年加入族曾祖父两广总督吴兴祚幕府为参军记室，深得曾祖父吴兴祚信任。撰有［望海朝］《八日送家大司马巡海》，与幕府中万树及同乡吕洪烈、金烺、吕师濂、同族祖父辈吴秉仁交游唱和，深受万树戏曲创作影响，尝作［粉蝶儿慢］《樊川谱传奇编成，喜万鹅洲为余改订，赋此奉谢》。此剧以"杜牧参军豪荡，自况"自己一生不遇的境况及抒发一种无奈和自嘲的心情。金烺［汉宫秋］《读吴雪舫新制四种传奇》词云：

小立亭台，见一双么凤，竞啄丹焦。爱着吴郎乐府，直压吴骚。移宫换羽，却新翻，字句推敲。雄壮处，将军铁板，温柔二八妖娆。　　如锦绣心胸，想琅玕劈纸，翡翠妆毫。自有宝簪低画，红豆轻抛。当筵奏伎，听莺呓，响彻檀槽。若更付、雪儿唱去，座中怕不魂销。

认为其四种传奇既有雄壮的风格，也有婉约的风格，其曲词锦心绣口，既婉转又高彻，演出能产生使观众魂飞魄散的效果。今存有

《赤豆军》、《美人丹》、《樊川谱》传奇三种。

吴棠祯现存有《吹香词》、《风车词》共167首，综观全词，大多为歌咏风花雪月和与友人唱和之作，思想境界不高。毛奇龄称其"挼华披藻，艳才绝世"，"世嬗勋爵，志在有为"。然其"生平纡郁，应自有在。"夏聂人评其词曰："吹香善学唐词，故能一语之艳，令人魂绝；一字之工，令人色飞。《风车》能兼草窗、白石之长，不独以写丽揉香，争新竞巧。见其皮毛，庶无能读先生词也。"也可为一家之说。

吕师濂，字黍字，号守斋，浙江山阴人。生卒不详。据徐世昌编《晚晴簃诗话》记载："黍字裔出相家，甲申后散财结客，好谈兵，慕徐文长之为人，遍历九边，游滇南，为幕府上客，后乃去，之粤闽而归，其踪迹颇奇。诗豪迈不羁，时寓沧桑之感。"吕师濂是吕洪烈同宗之叔，与洪烈之父吕师著同辈。顺治末年，魏耕、朱彝尊、屈大均曾至绍兴与祁班孙兄弟、朱士稚等暗中联络，从事复明抗清活动，吕师濂曾与他们交游。魏耕的《雪翁诗集》卷三有《山阴吕师濂宅留题》五律，《送吕八师濂》五言古，其中五古诗云：

贤生丞相家，蹀躞负才华。筑中常置铅，鱼腹隐镆铘。
报仇轻鸿羽，结海遍海涯。陆沉无所属，高仪难自剖。
忽有蓟门行，还醉离亭酒。天寒渡黄河，日暮临汶口。
秋砧落哀雁，边马攸回首。送归指白云，遥岸枫纷纷。
惆怅鸡鸣曲，蹴舞不可闻。计程赴燕古，试忆望诸君。

上段的《晚清簃诗话》文字正是此诗的注脚。朱彝尊《曝书亭集》卷三有《送吕师濂游淮上》、《梅市对雨迟朱士稚不至，同吕师濂、祁理孙、班孙分韵得泥字》等诗。

吕师濂约于康熙十七年与侄吕洪烈一起应邀赴福建巡抚吴兴祚幕，其间曾撰有[瑶台聚八仙]《宝月台落成》，名胜宝月台系"留村吴兴祚创自孝肃（即包拯）而由"元勋慷慨脱俸"即捐俸而建。[明月逐人来]《制府中秋公宴，限用张芦川韵》"多谢尚书高兴，呼童歌吹。投车辖,何人不醉。""车辖"是古代车上的零件,一般用青铜器制成。扁平长方形,上有辖首,插在轴端的孔内,可控制车行。这里是作一种玩具。[齐天乐]《五日宴锡祉堂》描绘了幕府中"雅设琼筵恭待",筵会上的"拌"(通"盘")盛的皆是从未见过的食品:有深海里的"虾菜",还有从"番舶万钱买"来的"香醪"。同时还有文娱演出:"分行左舞,右歌相赛。黑鬼盘跚,红儿窈窕"和"擎犀掷采"的"喜得宾僚无奈",获得振奋人心的效果。这一切都是"延陵谊古"都督吴兴祚的慷慨精心安排。后两词写的是幕府公余,两广总督经常设宴,设乐及投掷游戏等款待幕僚,表现了幕僚余暇的观乐雅兴和对幕主的感激之情。

吕师濂著有《何山草堂诗稿》,诗豪迈不羁,时寓沧桑之感;有《守斋词》一卷,吴绮评曰:"黍字读书破万卷,壮游远万里,而不遇若此。不得已而漫兴堪词,出入秦、柳、辛、陆之间,致况萧瑟,良可哀也。然读其词辞华流丽,铿锵和雅,若出金石,宛然正始之音。吾于是不奇黍字之才,而奇黍字之养矣。"这也是知人论事的确当之言。

十一 与吴兴祚酬唱交游的其余名人

友人或幕客姓名、字、号	生卒年	籍贯	交酬资料
余怀,字淡心,号曼翁,别号鬘持老人	1617—1696	福建甫田	吴兴祚《留村诗钞》有《长歌寄祝余曼翁》《六月十三日夜舟泊高桥,月下同余淡心家彤本限韵》《丙辰元日用余淡心韵二首》《舟泛蠡湖吊古同余谈心、杜于皇、秦留仙、薛国符、马云翎、家彤本限韵》《蓉湖观涨,用余淡心二十韵》。《留村词》[水调歌头]《寿余淡心征君六十,置酒听梧轩,同秦对岩、严苏友、集生称觞》、[水龙吟]《秋夜同余淡心,龚伯通、鲍让侯虎山桥醉月》
李渔,原名仙侣,字谪凡,号湖上笠翁等	1610—1680	浙江兰溪	《资治新书》《吴太翁挽歌》(即吴兴祚之父吴执忠)《李渔全集》第十九册
陆葇,原名世枋,字次友,义山,号雅坪	1630—1699	浙江平湖	著《雅坪词选》:[满江红]《惠山九日,郭正子招同吴伯成、顾梁汾诸公,九日惠山观射次韵》
陈玉璂,字赓明,号椒峰		江苏武进	《留村诗钞》《秋分日同宫百门、许九日、曾庭闻、秦补念、黄玉斋、陈椒峰限韵》

续表

友人或幕客姓名、字、号	生卒年	籍贯	交酬资料
徐乾学，字原一，号健庵	1631—1694	江苏昆山	《留村诗钞》：有《步徐原一韵二首》《锡祉堂雅集即席步韵送徐电发编修还朝》。徐乾学《憺园文集》：《清明日吴伯成明府招饮》、《别伯成》、《伯成坐中即事口占》、《口号示伯成》、《赠吴伯成明府四韵》等
严绳孙，字荪友，号藕渔，别号三藕荡渔人	1623—1702	江苏无锡	《留村诗钞》：《耕方太史招饮青山庄同秦留仙、陈椒峰、严荪友、家紫良即席限韵三首》、《清明同秦对岩、黄一泓、严荪友、顾勉斋登石门限韵》。《留诗词》：[念奴娇]《送严荪友赴北，再用前韵》等
徐釚，字电发，号拙存，又号虹亭，晚号枫江渔父	1636—1708	江苏吴江	《南州草堂集》：《呈制府留村吴公》《秋日制府吴大司马同郑珠江前辈、吴园次太守、宋眉庵大令、鲍子韶参军，吴彤本茂才谦集锡祉堂，即送余东归，同限一东韵》、《再叠前韵াে席间诸公》。吴绮《林蕙堂全集》：《家留村大司马招同诸子宴集锡祉堂兼送电发归里，用其原韵》。徐釚《菊庄词》：[满江红]《过锡山赠吴伯成明府，用宋荔裳观察韵》
方文，又名一来，字尔止，一字明农	1612—1669	安徽桐城	《嵞山集》卷三《赠吴伯成明府》，卷四《吴伯成明府招同秦留仙太史、周子俶，顾修远……》等
陈大成，字集生	1614—1685	江苏无锡	著《树影楼词》：[贺新凉]《上两粤制府留村先生》；吴兴祚《留村诗钞》：《惠山天均堂家吴耕方招同周伯衡……陈集生……二首》
龚胜玉，一名眉望，字节孙		江苏武进	著《仿橘词》：[沁园春]《寄谢闽抚吴伯成大司马》
杜濬，字于皇，号茶村	1611—1687	湖北黄冈	《留村词》：[念奴娇]《寿杜于皇六十》、《留村诗钞》：《舟泛蠡湖吊古同余淡心、杜于皇、秦留仙、薛国符、马云翎、家彤本限韵》
顾贞观，字远平，一字华峰，号梁汾	1637—1714	江苏无锡	著有《弹指集》词集：[金缕曲]《寄吴伯成，喜龙光塔工告竣》，[小重山]《吴伯成明府招宴云起楼，属用前韵，即席赠胡璞崖简诗》、[踏莎美人]《再集吴伯成听梧轩，偕方邝村、秦对岩诸君赋》。吴兴祚《留村诗钞》：《七夕前三日与诸同人夜观龙光塔放灯即席步顾梁汾韵》

续表

友人或幕客姓名、字、号	生卒年	籍贯	交酬资料
马翀，字云翎，号蝶园	1649—1678	江苏无锡	《留村诗钞》：《舟泛蠡湖吊古，有余淡心、杜于皇、秦留仙、薛国符、马云翎、家彤本限韵》
周伯衡，名体观		原籍直隶遵化，后入籍江西	《留村诗钞》：《饯周伯衡观察之楚》、《惠山天均堂家耕方招同周伯衡、诸六在、张登子、秦吉生、薛国符、贺天士、吴柏裳、顾天石、刘震修、邹隧宫、陈集生、邓肯堂、家园次、石叶、彤本分赋二首》
刘震修，字雷恒	1640—1707		《留村诗钞》：《送刘震修之六安幕》、《刘公勇考功招饮惠山，同朱子葆、余淡心、顾修远、秦补念、刘震修、顾天石分韵二首》
叶䜣庵，名方蔼，字子吉，号䜣庵	1629—1682	江苏昆山	《留村诗钞》：《叶䜣庵探花、许九日处士寓寄园以诗索和三首》、《大旱署日得雨，叶䜣庵、许九日、顾露生作喜雨诗索和》
曾畹，原名传灯，字庭闻	1621—1677	江西宁都	《留村诗钞》：《秋分日同宫百门、许九日、曾庭闻、秦补念、黄玉斋、陈椒峰限韵》、《苎萝山诗步曾庭闻韵》
曾灿，字青黎，原名传灿，号止山	1626—1689	江西宁都	《留村诗钞》：《舟泊西定桥，步曾庭闻，兼寄令弟青黎》
易宏，字渭远，号秋河，自号云华子	1650—1722	广东番禺	30多岁游广州海幢寺，题《赠性和尚》诗于壁，后为两广总督所见，招入幕府，为题诗稿，句云："齐驱鲍庾归毫颖，平揖荆高八酒杯。"清康熙二十八年（1689）吴兴祚徙古北口都统，邀易宏同行，得以遍游中原、华北，开阔了视界，作了大量诗作，著有《云华阁诗略》、《坡亭诗钞》。《留村诗钞》：《登阳台山神女祠后八茅店沽饮，同易秋河诸子分韵》
刘体仁，字公勇，号蒲庵	1624—1684	明末颍川卫（今安徽阜阳人）	《留村诗钞》：《听梧轩雅集同刘公勇、朱子葆、余淡心……即席分韵得何字》、《鲍让侯孝廉招饮五里湖同刘公勇、秦留仙、朱子葆、顾文学即席限韵》、《刘公勇考工招饮惠山同朱子葆……即席分韵二首》、《刘公勇从颍上寄诗，即步来韵奉答》《七颂堂集》：《吴伯成明府招集听梧轩分韵》《吴伯成明府招集尺木堂分韵酬诸公送别之作》

续表

友人或幕客姓名、字、号	生卒年	籍贯	交酬资料
归元恭，一名祚明，又名庄，字尔礼，号恒轩	1613—1673	昆山	《留村诗钞》：《寿归元恭六十兼步原韵五首》、《吊昆山归元恭处士次秦留仙韵》
许旭，字九日，号秋水	1620—1689	江苏太仓	《留村诗钞》：《大旱除署日得雨，叶讯庵，许九日，顾露生作喜雨诗索和》《秋分日同宫百门、许九日、曾庭闻、秦补念、黄玉斋、陈椒峰限韵》
稽永仁，字留仙，号抱犊山农	1637—1676	江苏常熟	《留村诗钞》：《题稽留仙册子》
张振六，字云翮，又字紫阁，号曲江		江苏常熟	《留村诗钞》：《夏日雅集离六堂兼送张辰六京卿赴都》；《屈大均全集》：《奉答张观察枉顾沙亭村舍之作用韵》《号张振六观察》
钱葭湄			《留村诗钞》：《冬夜羊城谦集送钱太常赴都次韵》；《独漉堂诗集》：《庚午冬夜羊城宴集联句十二韵》（参与者有吴留村、钱蔚湄等四人）
张远，字超然		福建侯官	《留村诗钞》：《秋夜舟中雅集用张超然韵》
蒋莘田，名伊，字渭公，号莘田		江苏常熟	《留村诗钞》：《送蒋莘田视学中州》
黄汉臣，名家舒	1600—1669	江苏无锡	《留村诗钞》：《寿黄汉臣高士七十》
徐莘叟			《留村诗钞》：《徐莘叟太史歌儿仙、忙儿、雪影索诗三首》、《徐莘叟太史雨中遣怀索和》
姜垚，字汝皋，号苍崖	1638—1698	浙江余姚	《留村诗钞》：《送姜苍岩归越》
鲁超，字文远，号谦庵		浙江会稽	《留村诗钞》：《用鲁谦庵韵送家园次东归》
姜亦载		浙江山阴	《留村诗钞》：《送姜亦载归越》，万树[喜迁莺]《人日送亦载还稽山》
黄与坚，字庭表，号忍庵	1620—1701	江苏太仓	《王士禛全集》：《同庭表、稷园、翁山……游海幢寺，送海珠寺》，陈恭尹《独漉堂诗集》：《同王院亭宫詹、黄忍庵太史……屈翁山两处士五羊访古》
刘谦吉，字讱庵		江苏淮阴	《留村诗钞》：《送刘讱庵典试赴都》
鲍夔生，字子韶	1640—1691	安徽歙县	《屈大均全集》：《送鲍子韶》

续表

友人或幕客姓名、字、号	生卒年	籍贯	交酬资料
吴耕方		江苏常州	《留村诗钞》：《耕方太史招饮青山庄，同秦留仙、陈椒峰、严苏友、家紫良即席限韵三首》
杜臻一，字肇余。顺治十五年（1658）进士，历官礼部、工部尚书，为康熙帝近臣，康熙二十二年（1683）以工部尚书为巡差大臣、巡视粤闽边界。著有《粤闽巡礼纪略》	1633—1703	浙江秀水	《留村诗钞》：《防城道中步杜大司空韵》、《出雷州东门至白鸽寨双溪口阅视海界，步杜大司空韵》、《海口八字山炮台，步杜大司空韵》、《复到龙门天涯亭步杜大司空韵》、《巡视吴川沿海至限门步杜大司空韵》
王世桢，字楚尘	1626—1693	江苏无锡	陈恭尹《独漉堂诗集》：《续王础尘少莱子歌为屈翁山寿》
丁炜，字瞻如，号雁水	1627—1696	福建晋江	《问山文集》卷一：《大司马留村总制诗卷序》，卷五《奉怀留村两粤制府》
顾修远，名宸，号荃宜	1607—1674	江苏无锡	《留村诗钞》：《刘公勇考功招饮惠山同朱子葆、余淡心、顾修远……即席分韵二首》、《听梧轩雅集同刘公勇、朱子葆、余淡心、顾修远……即席分韵得何字》
顾天石，名彩，号补斋，又号梦鹤居士	1650—1718	江苏无锡	《留村诗钞》：《惠山天均堂家耕方招同周伯衡……顾天石……分赋二首》、《听梧轩雅集同刘公勇……顾天石分韵得何字》
朱子葆 字茂舫（为朱彝尊堂叔）		浙江嘉兴	《留村诗钞》：《刘公勇考功招饮惠山同朱子葆……即席公韵二首》、《听梧轩雅集同刘公勇、朱子葆……即席分韵得何字》
鲍鼎铨，字让侯		江苏无锡	《留村诗钞》：《鲍让侯孝廉招饮五里湖同刘公勇……即席限韵》
董以宁，字文友，号宛斋	1629—1669	江苏武进	《留村诗钞》：《董文友以诗索字兼和来韵》
侯杲，字仙蓓，号霓峰	1624—1675	江苏无锡	《留村诗钞》：《侯仙蓓招饮亦园即席步秦留仙韵》《侯比部仙蓓新创亦园索咏十首》
施闰章，字尚白，一字屺云，号愚山	1619—1683	安徽宣城	《留村诗钞》：《步施愚山大参韵》

续表

友人或幕客姓名、字、号	生卒年	籍贯	交酬资料
周原培			《留村诗钞》：《周孝廉原培自澄江以诗索和》、《周原培孝廉饷菊数种兼佐以诗索和》、《送（王加玄）水和尚赴都用周元培韵》
邵二泉			《留村诗钞》：《和邵二泉先生咏龙光塔》
殳丹生，字彤宝，又字山夫，号贯斋	1609—1678	浙江嘉善	《留村诗钞》：《春日郊外步殳山夫、何昭侯韵》、《癸丑初冬朔夜，余淡心、殳山夫……集听梧轩用"黄芦寒夜月，红叶艳深秋"十字为韵即席各赋》
程明然			《留村诗钞》：《步程明然韵》
吴彤本，名寿潜，号西赢		江苏广陵	《留村诗钞》：《六月十三夜舟泊高桥，同余淡心、家彤本限韵》、《舟泛蠡湖吊古，同余淡心……家彤本限韵》
吴玉林			《留村诗钞》：《家玉林奉先影游西湖图索句》
吴芝祯，名紫芬	1654—1692	浙江山阴	吴棠桢［摸鱼儿］《忆紫芬五弟客琼州》
王士禛，字子真，又字贻上，号阮亭，又号渔洋山人	1634—1711	山东新城	王士禛《带经堂集·游端州七星岩记》："乙丑四月初九日，吴留村制府招饮七星岩。……留村与周、屈、黄、严诸子先至。"《屈大均全集》：《吴制府招同诸公游七星岩有作》、《喜王阮亭宫詹至粤即送其行》
茹子苍，名元，字子苍，号琼山		浙江山阴	《独漉堂诗集》：《大司马留村吴公招同茹琼山子苍、张惠来时公、刘将军季翼、新安王占我、山阴娄子恩……奉陪》
娄子恩		浙江山阴	《独漉堂诗集》：《京卿紫阁张公集石公离六堂、即席用张公韵送之》

第三节 吴孟明父子与钱谦益的交游

据钱谦益为吴孟明次子写的《吴金吾小传》所载："司马公先大父同年进士，挥使余兄弟也。"吴孟明之祖父吴兑与钱谦益之祖父为同年进士，钱谦益也与吴孟明同朝为官，且认为任指挥使的吴孟明是他的兄弟。据钱谦益所写的《赠锦衣卫吴公进秩一品序》《吴祖洲八十序》所记：天启五年（1625）钱谦益为詹事府少詹事时，因东林党案受到魏党的迫害，幸亏原任锦衣卫的吴孟明起复原官，为北镇抚司副理刑从中周旋，才以削籍归家了结。不久吴孟明也罢职还家。

崇祯元年（1628），钱谦益由詹事府詹事升任礼部右侍郎兼翰林院侍读学士，时廷推枚卜，遭到温体仁攻讦，后被革职。吴孟明"不肯屈节附丽，时时讼言，为余不平"[1]，仗义为之辩冤。崇祯十年（1637）吴孟明升任都指挥使掌卫事，进秩一品，其时罢官闲居七年的钱谦益，遭到了常熟人陈履谦和县衙书手张又儒的诬告而被捕入狱，由于司礼监太监曹化淳帮助，吴孟明也参与了对陈履谦案的审讯，及时查出了当时内阁首相温体仁背后指使的罪恶阴谋，终于为钱谦益雪了冤。为此钱谦益感恩戴德，对吴孟明充满敬意。

钱谦益与吴孟明次子吴国辅（1594—1668）也有交往。吴国辅，字治成，号期生。后过继给二叔孟益。以邑庠生考中天启七年（1627）广东武解元，崇祯三年（1630）覃恩授锦衣卫镇抚正千户，掌衣左所千户印，后改授指挥佥事，崇祯五年，兵部以浙直募练荐升南镇抚司佥事。期生少年为金吾之子，任侠好士，好交结名士，高谈阔论，请缨说剑，父亲怕他受不好影响，严加约束，让其参加赈饥赈灾工作，曾救活数十万人，遂由指挥使加三级。崇祯七年（1634）为定南抚民监军都督同知，荐加太子太保左都督。

顺治十年（1653），其父吴孟明年届八十，国辅亦近六十岁，为此，他至钱谦益家请求为父和自己作文以传，钱谦益为此作《吴祖洲八十序》《吴金吾小传》和《吴期生金吾生日诗二首》；诗曰：

绕膝才称八十觞，长筵罗列又成行。先朝第宅尚书坞，
小弟班联御史床。甲子趋庭随绛县，庚申侍寝值丹房。
樵阳屡趣登真会，定在兰亭禹庙旁。
锦衣阙下靖行时，秘册家传玉帐奇。马沃市场余首蓿，
婢膏北妇剩燕支。剑花芒吐耶溪晓，箭竹风生射的知。

---

[1] 钱谦益：《牧斋集》卷34，《赠锦衣卫吴公进秩一品序》。

春酒酌来成一笑,黄龙曾约醉深卮。

称扬吴氏家族簪缨袭世家业烜赫的状况。

第四节 山阴州山吴氏与魏耕、朱彝尊等反清复明活动的关系

明末清初,这里的确切指向,是清顺治初年至顺治末年的十几年时间。顺治初年,清朝统治者凶残滥杀和剃发令的颁行,激起了全国特别是江南人民的抗清斗争高潮。顺治十年(1653)秋,鲁监国所部张名振、张煌言,积极联络各地的复明势力。参与密谋的还有西南永历朝廷和东南海上水师之间牵线的主要策划人,原弘光朝廷礼部尚书钱谦益,鲁监国所封仁武伯的钱塘人姚志卓。张名振与张煌言统率的南明鲁监国水军于次年正月十七日乘海舟三次进入长江:第一次进抵镇江、瓜州;第二次进至仪真;第三次直逼南京。在一年多的时间里积极活动于长江下游及入海口。由于没有得到西南孙可望和福建郑成功的抗清主力的配合,长江之役未能取得预想的效果。尽管如此,但其作用也不容低估:(1)震慑并打击了长江下游清朝统治力量,暴露了清军防务上的弱点;(2)以堂堂正正的南明水师直入长江数百里,振奋了大江南北复明抗清斗争的斗志;(3)客观上配合了李定国进军广东,牵制了大江南北清军驰援广东的行动;(4)取得了深入长江作战的经验,为后来郑成功、张煌言水军再进入长江作了准备。顺治十五年,清军分三路进军西南,永历小朝廷十分危急,郑成功、张煌言认为这是展开长江之役的极好机会,于是分兵率领主力乘舟北上。十六年一度占领了瓜州、镇江,兵临南京城下,由于郑成功骄傲轻敌,指挥失当,导致了第二次长江之役以失败而告终。

作为在清统治区内参加复明抗清斗争的魏耕、朱彝尊、屈大均等,就是在策应张煌言长江之役的形势下再次进入绍兴的。他选择了在江南具有一定号召力又有一定经济实力的已故明朝高官祁彪佳的山阴祁氏寓园,和在明万历、天启、崇祯三朝皆任高官的山阴州山吴氏

为据点。祁彪佳之子祁理孙、祁班孙兄弟与魏耕志同道合，性格相投，加之在祁氏、吴氏周围已经聚集了一批复明抗清的志士；山阴梅墅寓园，山阴州山吴氏住宅皆位于水陆交通便利之处，又具有隐蔽撤退的条件，作为复明反清联络据点是最理想的地方。

吴邦玮（1600—1671），字韦玉，号北图，绍兴府山阴州山人。明大司寇吴兑之曾孙，父孟登，曾任云南司郎中、永昌知府。邦玮为邑庠生，授锦衣卫镇抚之职，清初在家闲居。弟邦璇（1606—1646），字睿玉，号乾则。少自学孙吴兵法，甲申后为朱大典参将，顺治三年（1646）协同朱大典坚守金华，城陷以火药自焚殉节。

吴国辅（1594—1668），字治城，号期生，邑庠生。天启七年（1627）广东武解元，崇祯七年覃恩授锦衣卫镇抚，升正千户掌印，指挥佥事加三级，升南镇抚司佥书，都督同知，荐加太子太保左都督，清初隐居州山。

吴卿祯（1615—1675），字云章，恩贡生，吴兑之玄孙，祖父孟明，父邦辅，字元相，号玄素，娶吏部尚书商周祚之季女，与祁彪佳、徐咸清为连襟。卿祯由邑庠生袭祖锦衣卫正千户，累官至指挥使同知。清初家居。

吴懿祯（1631—1694），字德章，号樵青，父邦璿。后由贡生授锦衣卫，选东宫侍卫领班。

吴理祯（1642—1659），字治文，父国辅，为邑庠生。

吴棠祯（1644—1692），字伯懋，号雪舫，由邑庠补太学生。父邦臣。

吴邦玮、吴邦璇、吴国辅和吴卿祯、吴懿祯、吴理祯、吴棠祯皆为明万历初年兵部尚书吴兑的曾孙、玄孙，可以说世代承受明朝恩典，皆在明朝做官，受传统思想影响，对明朝诸皇帝有极深的感情，为此，在清初江南动乱时期，虽然他们自己没有出头露面加入反清复明活动，但暗中却同情积极支持当时的民族志士的反清活动。他们与山阴梅墅的祁彪佳儿子弟祁理孙、祁班孙，山阴城中的朱赓裔孙朱士稚、朱骍元，明万历年间曾任贵、湖、川、云、广五省巡抚的山阴白洋的朱燮元子孙朱兆宪、朱用砺、朱用调等来往密切。

魏耕，从顺治十一年起事至顺治十八年（1654—1661）被捕，前后整整八年时间，来往穿梭于山阴祁氏寓园和山阴州山吴氏宅，以结社为幌子，暗中组织扩展力量，传递信息，联络抗清志士并参与了郑成功、张煌言长江之役。在山阴期间，他在《客吴卿祯园斋最久，酒中为长句，奉别兼示令弟理祯》一诗中叙述了他们相见于四五月里，吴氏叔侄兄弟并不因为他是"失路者"、"蹉跎人"而怠慢，相反盛情招待："歌舞筵中邀我去"，"金花腊酒盏对把"，"池塘为句昔所标"喝酒赋诗。他们相聚甚欢，或游览鉴湖：《同诸公游鉴湖还，吴六理祯复邀入郡城留别作》；或游兰亭：《同吴二邦玮及其令阮卿祯、懿祯游王右军所题鹫峰寺》；或在吴家堂屋、园亭赏画看戏：《吴锦衣宅观陈章侯丹青图引》《饮吴二金吾园亭观妓》，还有《宿州山吴二卿祯宅却赠》《留赠吴六理祯》等诗。

朱彝尊（1629—1709），字锡鬯，号竹垞，浙江嘉兴梅会（今嘉兴王店镇）人。他曾于顺治十二年探访时任绍兴府学训导的岳父冯镇鼎的机会，与山阴梅墅祁彪佳之子祁理孙、祁班孙兄弟交游，其后又于顺治十六年、十八年穿梭于山阴梅墅祁氏寓园和山阴州山吴氏，与魏耕和应约前来的屈大均会见。其间，与吴国辅、吴理祯、吴卿祯曾有密切交往。其《曝书亭集》中有《偕谢晋、吴卿祯登倪尚书衣云阁》《显皇帝大阅图为吴金吾国辅赋并序》《饮吴生理祯宅》等诗。

第五节　吴璜与蒋士铨、程晋芳的交往

一　吴璜与蒋士铨的交往

蒋士铨（1725—1785），字心馀，号清蓉，晚号定甫，江西铅山人。二十三岁举于乡，十年后中进士，授庶吉士，编修。乾隆三十年（1765）应浙江巡抚熊应鹏之邀主讲蕺山书院，三十一年初夏到任，直至乾隆三十七年（1772）二月赴扬州安定书院山长止，前后担任蕺山书院山长长达六年之久，为绍兴府的教育、人才培养作出了贡献。

乾隆三十四年（1769）末，吴璜父亲去世于赴湖南澧州任途中。三十六年，吴璜扶父柩归绍兴山阴州山安葬，在此期间，他与蒋士铨一见如故，多次促膝畅谈，双方感情甚洽。吴璜之舅商盘于元江任上受命进剿缅甸负责督运粮草，后因感染瘴疫，不幸病卒于乾隆三十二年（1767），其父又病卒于其赴任途中，由于当时经济拮据，未能邀请知友为舅、为父写点纪念的文字，如今遇上了好友蒋士铨，他就毫不客气地提出请求，蒋士铨也毫不犹豫地接受了邀请，为其撰写了《宝意先生传》、《朴庭先生传》。在前传中，他赞扬商盘"为官三十年，身佩十三印，列戟专城，不废觞咏，有承平士大夫之风"；为人"好贤爱士，天性真挚，见人擅其才，若已有之"；为政"在事有方，人思其政，从容驯致，不尚刻深，是以士女昌逸，闾井讴谣"。所著《质园诗》题材广阔，"宦迹所历，方幅殆遍，凡冠裳礼让，戎马战争之区，风花莺月，般乐嬉游之地，以及蛮乡瘴海，鬼国神皋，奇诡荒怪之境，莫不遐瞩旷览，倾液漱润，一发于诗"。风格"清新无穷，垂老不竭，为一代有数作者"。可谓评价中肯精到。在后传中，他赞扬吴燸文"敦信义，与人交历患不移；高才博学，诲人不倦，嗜山水，苦吟咏，穷达通显，弗扰于心，而酒酣把笔，气力不可一世"的品格和爱好。又为其终生"竟无所遇，是可悲已"而感慨。

乾隆三十七年（1772）二月，蒋士铨任绍兴蕺山书院山长，期满，随即赴任扬州安定书院山长，吴璜于"越王台"设宴为蒋士铨送别。三月，吴璜服除，随即赴京师候选。路经扬州时，吴璜特地停留与好友见面叙谈，临别，蒋士铨作《再晤吴鉴南刺史有怀程鱼门》诗云：

越王台畔别匆匆，远梦新愁一笑空。十里珠帘花影外，
二分明月酒杯中。东流水健山如马，北向帆轻客似鸿。
惆怅竹西芳草路，笙歌不见紫髯翁。
烟花三月雨溟溟，醉煞扬州酒不醒。江左文章诸老尽，
淮南钟鼓两人听。玉箫呜咽桥难倚，金气消磨鹤尚停。
收取春光入行箧，来朝七十五长亭。

吴璥也作《壬辰寒食喜晤蒋定甫编修邗上，即次赠别原韵二律》，诗云：

> 漫道离筵太遽匆，绿尊重对不教空。曾吟菰叶横塘里，
> 忽忆琼花旧观中。投社暂依南去燕，过关遥指北征鸿。
> 平山堂冷休回首，好士今无六一翁。
> 楼台烟雨望空冥，酒贳红桥未肯醒。小月邗沟箫外堕，
> 疏钟法海梦回听。题襟旧侣须成集，转毂韶华不暂停。
> 记取天涯作寒食，饧箫吹处即旗亭。

两人共抒一年多来的交往友谊，眼前于扬州见面话别的难舍和别后思念的百感交集之情。

乾隆三十八年（1773）三月，吴璥简发四川，恰逢大金川索诺木反，定边将军温福命吴璥随征金川。吴璥匆忙赶往登春兵营，交战中炮石飞击战马，不幸人马坠深溪中而卒，同坠亡者四千余人。噩耗传到扬州，蒋士铨深感悲痛，痛定，随即为之作《入祀昭忠祠鉴南吴公传》："呜呼！予在越州与公交游且一载，或目为诗人，至此而公之论定矣。予盖闻，公平日所志者大也，然而报国仅止于此乎？予又怒焉垂涕已。"为吴璥的不幸遭遇既愤慨又难过。

乾隆四十四年（1779）二月，蒋士铨时居北京，于旧友施学濂处得见《题吴鉴南苏门听泉图》，此时老朋友吴璥已去世七年了，睹物思人，不禁思绪万千，感而又作《题吴鉴南苏门听泉旧图即当挽歌》，诗云：

> 未许将身刺澧州，麻衣讲学小淹留。归寻戢岭欣同调，
> 迹指苏门述纪游。听水君曾身入画，披图我忽涕横流。
> 须眉犹是挑灯夕，至乐无因语髑髅。生前忠孝发孤吟，
> 死遂文章报国心。徼外未容词客葬，旄头也逐将星沉。
> 据鞍枉自看长剑，敛骨焉能得正衾。杀贼从军有人在，
> 可怜天意促陈琳。终老行窝计未非，书生忽漫看戎衣。

花云子已邀余荫，共伯妻难免半饥。恤后遍传风义古，
招魂应感啸声微。嵩云飞尽山泉寂，谁见中原蜀魄归？

再次抒发了对亡友的思念和哀伤感情。

二 吴璜与程晋芳的交往

程晋芳（1718—1784），清代经学家，诗人，初名廷璜，字鱼门。束发时，读刘宗周《人谱》，心慕之，遂以藏园为号。安徽歙县人，后徙江苏江都。家世业盐于淮扬，殷富，购书五万卷，名为"桂宦"藏书楼，召集辍学之士于家共同探讨。好施与，广交名士，与当时学者官员袁枚、赵翼、毕沅、商宝意、吴璜、大学士钱载、刑部郎中王昶皆过从甚密，相交甚欢。吴璜于乾隆二十五年（1760）中京兆乡试，次年中进士，除户部云南司主事，乾隆二十八年（1763）正月因事至江都，拜访程晋芳，程热情接待，事后写下了七律《次吴鉴南元夕过访二首》，诗云：

日下重来溯旧闻，剪灯闲话漏初分。芳柑惜来传觞底，
园月刚宜照帽裙。弦外清音咀宫徵，洛中名士对机云。
艺林驰骤惭精鉴，巢睫居安不见蚊。

乱掷缠头舞榭中，十三年忆酒杯同。翠眉诗癖看犹昨，烧尾官筵赏已终。人羡刘琨如郭奕，（自注：鉴南为宝意先生外甥），我知坡老继欧公（自注：出兰泉前辈之门）

林檎花下销长画，摇笔看君选句工。

乾隆三十六年（1771），程晋芳中进士，担任内阁中书。此前，三十四年，吴璜因授澧州知州，父与其同赴任所至河南尉氏病卒，贫不能归，时知卫辉朱政为吴璜同榜进士，延公掌书院。三十七年服阙，赴京师待选，分开多年的老朋友再次见面，程晋芳写下了《和吴鉴南冬日移居即次原韵四首》，现选其一，诗曰：

风乌不定选寒林，踪迹由来任陆沉。
三尺古琴随转毂，一囊蠹册抵储金。
屋租难禁迎年索，纸价偏增刻意吟。
稳放毡帘窨花朵，从教冰霰洒堂阴。

对吴璜艰难的困境十分同情，对其酷嗜写诗、搜集诗集深表敬佩。

乾隆三十八年（1773）吴璜遇难，程晋芳为之作传，对其苦心写诗，作诗十分赞赏："父子又舅氏商太史宝意也以诗名。君聪慧善听受，故幼而能，长而工，遇名流得一字一句，讽诵不休，或录而藏之，人笑而为诗癖。庚辰成进士，授户部主事，贫益甚，作诗益勤苦，手抄近人诗数十册，犹以为未足。……壬辰复待选来京师，诗笔益遒健，兼治古文，骎骎乎成集矣。"对其生平艰辛"鑑南生平皆逃债苦吟之境，惟庚寅辛卯（指乾隆三十五年，三十六年）间教授百泉山差为平适耳"①，不幸的命运十分同情和惋惜。

第六节　吴似鸿与她四任丈夫的婚姻

吴似鸿一生经历了四次婚姻，对于她来说，幸福是短暂的，遗憾却是绵长的。

吴似鸿的第一任丈夫是现代著名作家蒋光慈（1901—1931），原名侠僧，笔名光赤，安徽省金寨人。"五四"时期参加芜湖地区学生运动，1921年赴苏联莫斯科东方大学学习，次年参加中国共产党，回国后从事文学活动，曾任上海大学教授。1927年与阿英、孟超等人组织"太阳社"，编辑《太阳月刊》、《时代文艺》、《新流》、《拓荒者》等文学杂志，宣传革命文学。著有诗集《新梦》、《哀中国》，小说《少年漂泊者》、《野祭》、《冲出重围的月亮》等。

蒋光慈追求文学创新，开一代诗风，领一代小说"模式"之先，

---

① 程晋芳：《勉行堂诗集》，《续修四库全书》第1433册。

但他的作品不仅遭到国民党反动派的查禁,而且也遭到志同道合文人的"围骂";他追求爱情,却留下了深深的痛苦。他与第一任妻子王书英的婚姻时间是以"天"计算的,前后不过十来天;他与第二任妻子宋若瑜的婚姻是以"月"计算的,前后不过四个多月;他与第三任妻子吴似鸿的婚姻时间,有幸可以以"年"计算,但满打满算,前后只有二十一个月。① 1929 年,宋若瑜病逝后,蒋光慈患上了肺结核,他难耐寂寞的个人生活,竟望得到正常人感情上的滋润和生活上的照顾,1930 年初,经好友田汉介绍,和他小近 10 岁的南国剧社演员吴似鸿认识并同居了。结婚后,蒋光慈抓紧时间写作小说《咆哮土地》,当时既无钱也无暇医治病,因为他是国民党反动派政府通缉的主要对象,上海各书局不敢出版他的著作,完全断绝了他靠稿费生活的经济来源。1931 年 7 月,熬不过病痛折磨的蒋光慈终于在吴似鸿的劝说下,借钱住院治疗。可是他的肺结核和肠结核已进入了二期,本来还可以通过外科手术治疗,可是此时他已病得骨瘦如柴,已经不能再开刀了。收到病危通知后,蒋光慈叮嘱朋友,立下遗嘱,将自己的版税收入一半给父母,一半给妻子。1931 年 8 月 31 日凌晨他在医院去世,享年仅 30 岁。

蒋光慈去世后,吴似鸿年仅 24 岁,孤身独处,贫苦无依。因为年轻多梦,寄情未来,自然会寻觅自己的爱情和婚姻。

第二任丈夫黄日东:1932 年年初,吴似鸿化名为苏虹,参加左翼美术联盟,与在"美联"任职不久的黄日东认识。黄日东祖籍广东,出生于山东,父母早亡,比吴似鸿小四岁,当时是上海美专的学生,经济上全靠两个哥哥的资助。此年暑假,黄日东回山东老家,当时两人均患上了肺结核病,他约吴似鸿一同去山东青岛养病,两人同居半个月,过着相亲相爱的甜蜜生活。

后来回到上海后,吴似鸿参加了鲁迅辅导的野风画会和大地画会,仍与在上海美专读书的黄日东保持亲密关系。1933 年 7 月,吴似鸿生下了她与黄日东的孩子。此时黄日东在日本留学,1935 年当

---

① 徐航、吴腾凰:《明月为君侣——蒋光慈的情感历程》,重庆出版社 2008 年版。

孩子刚能咿呀学语时，黄日东却因肺病死于日本。孩子在动荡的岁月中跟随母亲在艰难困苦中长大，新中国成立后参加了中国人民解放军。

第三任丈夫"老曾"：黄日东去世后，吴似鸿带着孩子，在既空虚又悲哀的环境下，认识了失学青年"老曾"。"老曾"姓曾，名不详，父亲是福建人，母亲是菲律宾人。他的母亲原是一个渔民的女儿，长得非常漂亮，他父亲到菲律宾做生意，认识并娶了他母亲，生了"老曾"以后，母亲却被父亲抛弃了。他从小给人擦皮鞋，拾高尔夫球，直到母亲去世后，父亲才把他送到菲律宾大学读书。老曾因不满菲律宾的殖民主义教育，转学到上海读大学，在学校参加革命活动，父亲知道后断绝了经济上的资助，他当时失学又失业。在这样的环境下，他们相识，虽然老曾不能在经济上帮助吴似鸿，但是在情感上却能给她温暖和勇气，增加她克服困难的信心。不久，吴似鸿担任《妇女生活》月刊的编辑，老曾到一所中学教英文，生活日渐好转。1936年春天，吴似鸿生下了她和老曾的孩子。12月"西安事变"之后，吴似鸿参加了由著名演员陈波儿为团长的"北上慰问团"，由上海转天津、北京，到当时绥远省的百灵庙，慰问当时以傅作义将军统率的抗日将士，慰问演出结束回到上海后，吴似鸿发现老曾不赞成"国共合作抗日"，原来他参加了托派组织。此后，吴似鸿与他多次发生争执，劝他立刻退出托派组织，但老曾态度非常坚决，不愿退出。1938年春天，老曾任教的学校知道了他托派的身份后，就辞退了他。老曾在上海无法生活只好单身跑到香港，投奔他的叔父去了。后来，吴似鸿曾应"老曾"的邀请两次去了香港，但由于政治观点上的分歧，他们的婚姻也就彻底结束了。他们所生的孩子也因肺炎死于香港。

第四任丈夫李葳：1947年冬，白色恐怖笼罩重庆，当时吴似鸿在"文协"工作，原中央大学教授李葳因在校公开宣传马列思想被学校除名，暂时到"文协"工作，吴似鸿开始与他交往，发觉他神经有些不正常，后来李葳去西南学院教英文，彼此就分手了。1948年春，吴似鸿经介绍到四川江津县农村佩风中学任教，秋天又到海棠溪的辅仁中学任教，寒假，因为收留了从南京来的一对熟人夫妻，被校长骂为"盗用校舍"而除名。就在她和第一个孩子在社会漂泊无依之时，正在化龙桥立人中学教英文的李葳来了，并劝她母子以他的"家眷"身份进入立人中学。吴似鸿进立人中学后，上至校长下至工友都以为他是李葳的家属，事实上，他们分居于三间房子，没有同居。在这段时间里，李葳的脾气稍有改变，有时还帮着吴似鸿誊抄稿件。时间长了，李葳提出要与她同居，开始，吴似鸿因他个性不好没有同意，一直拖到了她三十八岁还没有结婚。两人相处的这段时间里，吴似鸿照顾他的生活，两人之间争吵没有了，李葳再次提出同居的要求，吴似鸿还是不肯答应。后来艾芜劝她说："李葳追你已经两年了，和他结婚吧！"不少朋友也劝她，吴似鸿觉得朋友们说的也有道理，终于同意与他同居。谁知同居后，李葳的男子主义本性全都暴露了。他不许吴似鸿与外界接触，怕她爱上别的男人。吴似鸿十分痛苦，精神郁闷。1949年11月重庆解放，接着重庆军管会派诗人田间将吴似鸿一家接到重庆，当天她见到了军管会的最高首长刘伯承、邓小平。1950年3月，吴似鸿生下了她与李葳的儿子。吴似鸿在西南文联当了几个月的供给制干部，非常想念上海和家乡绍兴的母亲，便向西南文联负责人沙汀要求，回到了上海工作。可是她与李葳之间矛盾加深了，他不仅限制吴似鸿的人身自由，还不许她写作，几乎每天都要争吵，在此情况下，吴似鸿一气之下抱着孩子，转到杭州浙江省文联工作。李葳仍在上海，脾气越来越坏，一次竟然打伤了上海作家负责人之一的某人，犯了刑事罪，被判刑十年，送到安徽白湖农场服刑，此时吴似鸿与他正式办了离婚手续。李葳刑满后，回到了东北老家，"文革"期间跳海自杀了。

第四章 山阴（绍兴县）州山吴氏家族上行流动的基本途径

家族的社会流动是本书的考察对象，综观山阴州山吴氏家族上行流动的基本途径主要有：一、业儒仕进；二、从军荫袭；三、入幕、关榷、经商；四、从事财政、文教、手工、科技。

第一节 业儒仕进；上行流动的艰难之道

科举制度进入明清时代日趋完备，以致烂熟而衰敝。明朝科举的施行，在建国之前的吴元年（1367）朱元璋下令设文武科取士，明朝建立后，洪武三年（1370）颁布《开科取士诏》，强调科举应"务求实效，毋事虚文"，应录取那些"经行明修、博古通今、文质得中、名实相符者"者，"使中外文臣者由科举而选，非科举者，毋得与官"①。第二年正月，命令各行省连试三年，以后三年一举，以期"贤才众多而官足任使"。② 并在这年乡试后不久，鉴于天下初定，官员奇缺，朱元璋又命令本年度乡试取中的举人全部免除会试，赴京授职③，后发现所选拔的多是少年书生，他们只能做文章，缺乏实际工作能力。洪武六年（1373）下诏停止科举，直到十七年才重新恢复。洪武十七年，礼部颁行《科举成式》，明代科举制度形成，使人才的选拔走上了规范化、标准化的轨道。

在科举制度的时兴时废过程中，荐举制度出现了短暂的繁荣，在

---

① （清）张廷玉：《明太祖实录》卷52《明史》，中华书局1984年版。
② （清）张廷玉：《明太祖实录》卷60《明史》，中华书局1984年版。
③ （清）张廷玉：《明太祖实录》卷70《明史》，中华书局1984年版。

罢行科举的 12 年间，荐举盛行，"中外大小臣工皆得推举"，被荐的人还可以"转荐"。① 据记载，仅洪武十五年九月一次便引荐 3700 余人。洪武二十六年，擢监生刘政、龙镡等 64 人为行省布政、按察两使，及参政、参议、副使、佥事等官，这些国子监生大量直接委以重任，在历史上是罕见的。永乐以后，"科举日重，荐举日轻，能文之士率由场屋进以为荣"②。此后，监生做官的出路每况愈下，因为科举考试定期举行，每三年为国家提供 100—300 名进士，500—1300 名举人，直至明朝灭亡，官员选拔主用科举一途。除荐举外，学校在明代的选官制度中扮演了非常重要的角色。建国之初，朱元璋强调"治国之要，教化为先。教化之道，学校为本"③，下令从中央到地方皆设立学校教育子民。

人才的培养在于学校，明朝的学校，在京师者称为国子学、国子监，或称太学。明太祖定都金陵，置国子学；明成祖以燕王入据正统，永乐元年（1403）以北平府学为北京国子监。迨成祖于永乐十八年迁都北京，即以金陵为南京，原在南京的国子监改称为南京国子监，于是明代国子学遂有南监与北监之分。清代裁南京国子监为江宁府学，南监废，以北监为太学。

国子学的学生有监生、有贡生。通称国子监生或太学生。因为出身不同，所以监生的名目也不同，有举监、贡监、荫监和例监之区别：举人会试下第，择优送监读书，以俟下科，是曰举监；地方生员，选其学行优者，送监就学，是曰贡监；荫监则为荫子入监之称；例监是庶民以纳资入监。贡监又有岁贡、选贡（清称"拔贡"）、恩贡与纳贡的区别。岁贡是府、州、县学每年按定额贡士于京，入国子学肄业。英宗正统六年（1441）定为府学每年 1 人，州学三年 2 人，县学二年 1 人，以后成为定例。府、州、县学一般以食廪年深者出贡，所以岁贡生多是年老衰颓之士。岁贡为常贡，选贡则每三年或五

---

① （清）张廷玉：《明史·选举志》卷71《明史》，中华书局1984年版。

② 同上。

③ （清）张廷玉：《明太祖实录》卷46《明史》，中华书局1984年版。

年于各地生员中考选学行兼优，年富力强，累试优等者充贡。恩贡是国家有庆典或新君登位，于是年考选应出贡的岁贡充当。纳贡则为生员纳资入监者的称呼。纳贡与例监的区别，是纳贡为生员纳资入监者，而例监则为读书人纳资入监者之称。荫监有官生与恩生之别，文官三品以上，得荫一子入监读书，是为荫监生。恩监生则出自皇帝特恩，凡文武官员有功或死难者，不限官品，得荫一子入监。清国子监管下还有八旗官学、琉球官学与算学，八旗官学以教八旗子弟，琉球官学以教来京受业的琉球国陪臣子弟，算学之设以旗籍子弟为主。

地方学即府、州、县（尉）学。府、州、县（尉）学的学生，称"生员"，亦称秀才、庠生。未入学者，不论其年岁长幼，通称童生或儒生。童生入学，必须经县试、府试、岁试几个阶段。县试，由知县主持，取中的考生参加由知府主持的府试，府试取中的考生再参加岁试，岁试由提督学政的官员主持，提学官在每逢三年大比之前举行两次考试，一为岁考或岁试，岁试的对象是已经通过县试的童生和府、州、县学的在籍生员。考中以后称为生员，俗称秀才或庠生。初入学的生员只能为附学生员。府、州、县学的生员以成绩评定为六等，凡考一等的，视廪膳生有缺，依次补廪，其次补增广生。考一、二等皆有奖；三等如常；四等挞责；五等则廪、增递附一等，附生降为青衣，发归社学；六等黜革。科试是在岁试之外，在大比之前举行的考试，以此选拔府、州、县学的生员参加乡试，参加对象是岁试列为一、二等的生员。考试成绩分为六等，列为一、二等的生员才能取得乡试的资格，称为科举生员。

除府、州、县学外，闾里有社学，有师施教，受有司督察。社学学生须经学官考取，方可进入府、州、县学。书院多属地方省司或士绅私办，为学者讲学之所，不属学校科举的系统。

明开国后，洪武三年（1370）设科取士。十七年颁行科举程式，定每年大比，子、午、卯、西年乡试，在八月举行，亦称秋闱。府、州、县学生在本省应试，中试者称为举人。国子学生或回原籍或在顺天府，或应天府应试。乡试中榜称乙榜，也叫乙科，乡试录取名额在不同时期有不同的规定。大抵为三十比一。科举人数增加，举人中额也相应增加。举人已是一种正式的科名和资格,即使会试未能中进士,也可以通过吏部铨选而做官。明代举人一般担任地位比较低的地方官吏和地方官学的教官,如府通判,推官、知州、县丞、主簿、典史或府、州学教授、县学教谕、训导等职。生员在学,上者应乡试中举人,以应会试;次者为出贡,或按食廪年资充岁贡或获选拔为选贡。累试不第者,年逾五十,愿退休者,可出学,给予冠带,仍如在学时免差徭。监生得应乡试,但府、州学学生入国子监者,即可以此得官,所以国子监也是入仕的一条途径,因为监生出身不一,所以考选官职的机会也有差别。大抵贡监、举监可选为府的佐贰,如府丞、同知、通判及州县官,与府、州、县学官;荫监能选部、院、府(詹事府),寺(太常寺)、司(通政司)等处的小京职。例监则只得选为州县的佐贰,如州同、州判、县丞、主簿,布、按、府的首领官如典史之类。

会试定在乡试的次年,即丑、辰、未、戌年的二月举行,参加的对象是各省中式的举人,包括前一年乡试中试者和以前历届的下第者,由礼部主试,故称春闱或礼闱。会试中试者为贡士,是未来的进士,有资格参加殿试,第一名称会元,由于殿试没有黜落,只是确定考生的等甲名次,因而考中贡士者即获得进士出身。会试的落第者通常有担任官学教授,入国子监读书和返回原籍进学三种出路。殿试又称廷试,由皇帝主持。殿试发榜为三甲,一甲只有三名,为状元、榜眼、探花,称三鼎甲,赐进士及第;二甲若干名,赐进士出身,第一名称传胪;三甲若干名,赐同进士出身。一、二、三甲都称进士。明代重进士,进士出身为甲科、甲榜。一甲三人即授官,状元授翰林院修撰(六品官),榜眼、探花授翰林院编修(七品官);二、三甲得参加翰林院的庶吉士考试,称为"馆选",录取者入翰林院庶吉馆学习。庶吉士的学习年限一般为三年,优者留翰林院编修检讨,次者为给事、御史,谓之散馆,其升迁比一般进士快。

文举历来是科举考试制度的主体,除此之外,还有武举。明清武科考试在程式上与文科一样,每三年举行一次,分为武童试、武乡试、武会试、武殿试四级。武举的乡、会试与文举同年举行,时间晚于文举，分别为10月和9月，考试内容主要是骑射如骑箭、弓、刀、石之武术与策略，清代比较重视武艺和体力。武乡、会试录取的名额也有一定限制，实行分省录取。武殿试于会试同年10月举行，皆由兵部主持，录取名称与文举一样，一甲三名，二、三甲若干名。一甲进士授副将、参将、游击、都司；二、三甲进士授守备、署守备。

俗话说："衣食足然后知荣辱。"只有解决了吃饭穿衣的基本生活问题以后，才能谈得上重视读书仕进。山阴州山吴氏家族经过了从明洪武初年到成化年间，四世约百余年的辛勤创业，才步入了小康之家的行列。在经济收入较为稳定和宽裕的情况下，耕读传家就必然成为这个家族繁衍的目标。

第一支大房四世孙吴琢（1449—1494），字文器，号石邱。他天资聪颖，自幼博览群书，年轻时多次参与县试，成为庠生后，居乡好义，素有长者之风，然壮年得疾，遂不以科举入仕为念，转以全力教子成名。妻司马氏秉性端良，治家勤俭，相夫教子。生子四，长子蕣（1468—1504），字子华，号细山，生而颖悟，好读书，凡诗书、古文词无不涉猎贯通。成化二十二年（1486）年仅十九岁，就中了浙江乡试第73名举人，主司、父母、兄弟、师友皆为称赏勉励。当时父亲抱病终年躺卧床榻，吴蕣不忍心离开，不赴礼部试，一边端汤煎药，一边读书准备。又三年，在众亲友劝说，父亲严词督促下，"扬名显亲是你最大的孝行，况且身边有你几位弟弟可以侍候，你尽管放心前去，不要记挂我的病"。不得已，吴蕣才辞父入都参加礼部试。由于长时间在家侍候生病的父亲，耽误了读书，初试没有经验，深感压力和紧张，结果未中。父亲见状，命其在京城就读国子监，经过三年刻苦力学，终于弘治六年（1493）考中了进士，选授翰林院庶吉士。吴蕣的刻苦努力，父母兄弟师友的督促、勉励，使州山吴氏家族出现了第一位进士，这不仅是吴蕣本人的荣耀，也是州山吴氏家族的荣耀。第一支大房五世孙吴源（1453—1534），字宗本，号恭肃，自号一得翁。自小喜读书，爱与名人交游，曾感叹说："国之无良臣，家之无良子弟，由教之不早教也。"为此，他聚集族中子弟，延请读书人中有道德有渊博知识的人为家塾塾师，启发教育诸子弟。经过了数年的努力，堂弟吴蕣、儿子吴便相继考中进士。《中国人名大辞典》有载："吴骠，明浙江山阴人，字文英，工为古文辞，时李东阳称文章宗匠，曾为之作《绍兴先达传序》。"这里所说的吴骠，即是吴源，是同一人。自此，吴氏家族都以吴源、吴蕣为榜样，悉力扶植族内子弟业儒，并将这种强烈的教育追求作为宗族规范，书之于族规家训之中，张贴于祠堂墙壁之上。《吴氏谱家教三十则》中写道："子孙习举业者，定限赴祠会考，平时弗烦以执事，祭日则充宗礼。凡子孙会考，父兄轮流送中饭，不必过丰。若无子孙与考，而肯送饭或点茶者，贤父兄也，听。凡子孙学业有成，考试未利者，宜加优厚；若有缺乏薪水之类，以祠中公费之余量为资之。"很显然，这是为了便于本族子弟在科场上的竞争，使其能努力发奋进入封建官僚阶层，成为统治阶级的一员。如果这些子弟一旦仕途得志，又会为本族增添荣耀和提供政治经济上的保障，从而提升整个家族的地位。

吴便（1471—1553），字廷言，号乌石，中弘治二年（1489）浙江乡试59名，十五年（1502）会试216名，殿试二甲95名，授南京刑部广东清吏司主事，历本部员外郎，云南府知府，云南按察司副使，临安兵备副使等职。不久吴源之孙吴彦（1491—1568），字士美，号州东，中正德十四年（1519）乡试29名，嘉靖二年（1523）进士，授行人，历南京江西道御史，累官至广东道兵备佥事等职。此后中举、中进士者不绝，吴氏日显。人有称善教者，必曰吴源；闻者皆谓公知大义，可谓善教。

自八世至十一世，吴氏家族人丁兴旺，各支皆有子弟出仕者，诸支中以第一支的晖大房和第二支中的昱三房、昇四房，最为显豁。吴氏家族日后的科甲蝉联，显宦林立，大多出自这二支。据道光二十年间刊行的《山阴州山吴氏宗谱》记载统计：第一支从五世至十七世出现了文武进士15名，将军36名，文武举人48名，庠生94名，国学生64名，第二支从七世起至十七世有文武进士26名，将军42名，文武举人32人，庠生65名，国学生57名。

业儒就像一座桥梁，学业有成的子弟就可走进另一个世界，从事受人仰慕的职业。然而"业儒之桥"是狭窄的，行进是艰难和漫长的。十年寒窗苦读仅仅是入门功夫，皓首穷经而屡试不第者亦比比皆是。在子弟业儒的过程中，必须取得家族的全方位的资助，一般说只有富户、大族才能够负担如此长时间的持久的支出。如吴舜能在十九岁考中举人已是子弟中之佼佼者，且不说此前的十几年苦读的经济上的支出；此后六年，尤其是国子监的三年的就读，两次参加会试的盘缠生活用费都是一笔巨大的支出。贫穷家族的子弟是很难具有跨越这座桥梁的机会的。业儒之桥的确是一条狭窄的通道，这里仅就经济而言，此外还有子弟的学识和韧力等方面。一旦中第，朝廷即会授予其令世人艳羡的职权和待遇。业儒的过程是艰苦的，而结果是甜蜜的。因而成为人们期望和关注的焦点。许多家族都尽力把子弟送进学校，盼望子弟一朝能取得官位，提升整个家族的社会地位，所谓"巨室强宗之所以绍隆而不绝者，有世禄尔"[①]，"遍海寓皆以知诵经文以起家科第为贤。父兄以是教其子弟，子弟以是事其父兄。匪是则为愚、为不肖、为弱、不能振其宗。盖自穷乡下邑已然，而两浙为盛。浙之东宁绍为盛，绍之余姚又为盛。彬彬乎盖十室而五六矣。"[②] 其后，州山吴氏家族不断有人跨越这座"狭窄之桥"，进入进士之列，如一支大分第八世孙吴兑考中嘉靖三十八年（1559）丁士美榜，累官至兵部尚书，太子少保蓟辽总督；二支三分九世孙吴从鲁考中万历四十四年（1616）钱士升榜，官至四川布政使左参议通政使；二支四分九世孙吴之芳考中崇祯四年（1631）陈于泰榜，任翰林院编修，崇祯十年（1637）纂修《六朝实录》；同支同分九世孙吴从义，考中崇祯十三年（1640）魏德藻榜，官至长安县知县，赠太仆寺卿，谥节愍；一支大分十二世孙吴邦臣，中崇祯十三年（1640）魏德藻榜，官至江西监督御史；二支三分十世孙吴孝登，康熙五十二年（1713）王敬铭榜，任翰林院侍读；一支大分十三世孙吴璜，乾隆二十五年（1760）毕沅榜，官至湖南澧州知州；一支大分十五世孙吴寿昌，乾隆三十四年（1769）陈初哲榜，官至翰林院编修、侍讲、贵州学政

---

① （宋）胡寅：《斐然集》卷20《企疏堂记》，《四库全书》，第1137册，第570页。
② 陆深：《俨山文集》卷77《东石毛府君墓表》。

等职；一支二分十七世孙吴成廉同治十三年（1874）陆润庠榜，官至国子监司业，翰林院侍读、侍讲，顺天乡试大总裁等职。

第二节　从军荫袭：上行的快速通道

据道光二十年（1840）刊行的《山阴州山吴氏族谱》记载统计，吴氏最为显赫的第一支、第二支中就出现了武进士28名，武举54名，将军（包括）参将近60名，义烈之士20余名，且这些将军、武进士、武举人和武学生皆出现于明隆庆以后至清同治年间，其中明万历至清乾隆的近二百年间出现最多。

明朝嘉靖时期统治危机日益严重，内忧外患，大批倭寇在东南沿海地区肆虐横行，嘉靖年间是明代倭寇危害最严重的时期。另外北方地区蒙古鞑靼又频频南下，因此国内急需大量的军事人才，明世宗登基以后就开武科取士，随后又不断增加录取人数，"国初武科本无定制，间尝举行，后以六年为率，士之登进者，众不过三十二人，寡不过二十人，盖取这不广，故习者少也。自陛下定制，以三年一试，取或五六十人，士皆思奋。"① 由于扩大了录取人数，调动了习武之人参加武科考试的积极性，促进了民间习武风气的兴盛。由于嘉靖后期军事上的急切需求，武科录取人数不断扩大，嘉靖二十年（1541）"定武会试进士额以百名为率"②。这是世宗以前武科取士不曾有过的兴盛局面。从嘉靖开始，武举征召人数都一直保持在一个较高的趋势上。由于当时边患加重，边地军官将材匮乏，为了能获得更多优秀的武科人才，使他们都能发挥自己的才干，在武举录取除官人数的分配上也作了调整。嘉靖二十一年起，录取分边方、腹里，并按"边三腹二"的比例录取。所谓边方，是指昌平、辽东、宣府等，而腹里则是指两京、京卫、浙江、江西、福建等地。这样做主要是增加边疆地区的录取名额和军官配备。

---

① 《明世宗实录》卷234。
② 申明行：《明会典》卷135《兵部十八·武举》。

到了万历年间,明朝频繁用兵,先是平定哱拜叛乱,播州杨令龙叛乱及援朝抗倭。对东北地区的控制也出现了危机,建州女真首领努尔哈赤乘时而起,仅用30余年的时间便统一了女真各部,万历四十三年(1615)建立了后金国,四十六年四月努尔哈赤率师偷袭抚顺,第二年击退了明军13万人进攻,取得了萨尔浒大捷,天启元年(1621)攻占了沈阳,辽阳及辽河以东70余城堡,接着将都城迁至辽阳,次年兵渡辽河,攻破西平,占领了广宁,进而威胁明朝的安全。天启七年,清皇太极出兵征服了朝鲜,崇祯二年(1629)皇太极巧设反间计,朝廷将袁崇焕下狱杀死,崇祯九年(1636)皇太极于沈阳登基称帝,国号大清,主动出击明军,又于崇祯十五年二月取得了关键性的宁锦大捷。在此同时,李自成、张献忠的农民起义军,在山西、陕西、河北、湖北、四川一带以星火燎原之势迅速攻占了北方大半个中国。就在上述各种叛乱与反叛乱,进攻与反进攻,起义与镇压起义的战争动乱中,为一些家族的子弟提供了发挥自己武艺的建功立业,取得官阶、迅速向上流动的机会,从而使他们的家族脱离贫民,骤然走向富贵荣华,且余庆流衍泽及后代子孙。

从武弃文还与投考文举、文进士艰难有关。明代中叶以后,全国生员数量急剧增加,既有廪膳生,又有增广生员,附设生员。正如沈鲤在《新设商丘县学记》中所言:"成、弘以后,人文日胜。……咕哗咿唔者遍东西,家青衿济济,登贤书、第南宫者累累辈出。"[1]绍兴府山阴县是个大县,明末,县试童子不下一两千人,三年岁科两试新生60余名,岁入新生60余名,两项相加,仅有120余名,以县试童子2000人作为考察对象,排除其间新生之盈缩不计,大体可知儒童入学率仅为5.5%左右。明代生员中举比例多为三十取一,其中举率大约为3.3%,这一比例为科举生员之中举率,并非所有在学生员中举之比例。原因是所有在学生员在经过科考以后,只有一部分生员才有幸参加乡试。据明人记载,在不同地区或同一地区不同的县,科举生员占生员总数的比例颇有不同,显示出某种差异性。一般而言,

---

[1] 见黄宗羲《明文海》卷365,《四库全书》上海古籍出版社1984年版,第3754页。

明代科举生员数占在学生员总数的比例，在8%—16%。进学易，出身难，儒童中生员远远要比生员中举容易得多，于是生员这一层次成了进身之阶中的瓶颈。一方面，生员数在无限地增加，另一方面则中举率有限额，获出身十分不易。生员本是一种暂时性的身份，读书人获取这种身份，其目的的无非是中举人、进士，释褐通籍。当然，确有一部分生员过不了几年，即能中举人，甚至第二年也能联捷中进士，但这种情况毕竟为数很少。由于中举率太低，三年一科能中举者毕竟只是属于少数的幸运儿，大部分人十几年甚至几十年仍无望中举，只好一直保留生员的身份，无奈者只得放弃科举，以衣巾或冠带终身。这种情况使得一些家长或少年人早早地主张改习武学，转由武科，或者参与招募从军，冀图获得一官半职。

第一支大分八世孙吴兑（1525—1596），字君泽，号环州，身材修长魁梧，自幼有胆识，遇事沉着，有决断。当他还是秀才的时候，一次倭寇进犯州山，乡人闻信争相逃跑躲藏，只有他出来组织宗族青壮年，在交通要道设置路障，同时精选青壮年持器械把守村口，并告诉他们遇到倭寇千万不要出击，只要使勤呐喊，声音越响越好。事后，倭寇果真未敢进州山，等到府县官兵到了，吴兑还带人抓了几名迷路掉队的倭寇。他参加两次乡试不中，更加倾心研读兵书，常常侃侃而谈有关兵事的战略战术思想，言谈剀切，不落俗套，以此抒发自己的思想抱负。嘉靖三十七年（1558）中顺天乡试四十五名，主持顺天乡试的是时任国子监祭酒的高拱。吴兑登门拜谢，高拱亲自接见交谈，知道他不是一个治理经学的读书人，而是一个具有胆识武韬的干才。吴兑在第二年会试中35名，殿试成二甲进士。嘉靖四十年（1561）授予兵部职方主事，为他以后从事武功镇守讨伐奠定了良好基础。其后历任职方车驾员外郎，武选司郎中，湖广参议分守长沙、宝庆、河南督理京诸，山东按祭副使兼霸州兵备副使，右佥都御史、宣府巡抚，副都御史、兵部右侍郎，宣大山西总督兼右侍郎，蓟辽、昌平、保定总督，兵部尚书加太子少保等职务及爵禄，在其于嘉靖四十年（1561）授予兵部职方主事至于万历九年（1581）任吏部尚书加太子少保的20年中，由于吴兑的屡建军功，不仅使其本人的职务不断提升，也使其家族恩荣不绝，不断得到封赠，子孙得以荫袭。如隆庆元年，吴兑夫人骆氏诰封为宜人；隆庆五年，吴兑父亲吴意诰赠为中宪大夫、都察院右佥都御史，母亲周宜人诰赠为恭人；万历元年，夫人骆宜人诰封为恭人；祖父吴便诰赠为通议大夫、兵部右侍郎，祖母茹安人、杜安人诰赠俱加淑人；万历五年，父亲吴意诰赠为通议大夫、兵部右侍郎，母亲周恭人加淑人，同年夫人骆恭人诰赠加淑人。这里的"诰"是皇帝赐爵或授官的诏令，明清制度，一品至五品以诰命授予。活着的人称为"封"，死去的人称为"赠"。万历六年荫一子入监，长子有孚承父荫入国子监；万历九年获荫一子锦衣卫袭百户。长子有孚（1554—?），字达卿，号禹门，承父荫。万历十年先荫伊男有孚锦衣卫升一级为千户；祖父吴便诰赠加资政大夫、太子少保兵部尚书，祖母茹淑人，杜淑人诰赠俱加夫人；父亲吴意诰赠加资政大夫、太子少保兵部尚书，母亲周淑人诰赠加夫人，妻子骆淑人诰赠加夫人。兄吴悦长子有豸（1555—1594），字直卿，号璧阳，承叔父吴兑荫恩生，授河间府住密云管饷通判，其后吴兑弟充次子有端（1558—?），字章甫，号怀堂，以伯父荫授锦衣卫镇抚；吴兑之长孙吴孟明中武举，袭祖荫锦衣卫正千户，考选北镇抚司理刑，累官至左军都督府督同知。次孙吴孟登（1575—1625），字子高，号履泰，由官生授左军都督府都事，累官至刑部云南司郎中，永昌府知府；四孙吴孟文（1586—?），字汝周，号宗州，授锦衣卫百户；五孙吴孟仁，字季仁，授锦衣卫总旗；六孙吴孟诰（1613—?），字浩然，中崇祯十三年（1640）进士，授锦衣卫正千户。吴兑长孙吴孟明有四子：长子吴邦辅（1593—1675），字元相，号玄素，由邑庠生袭祖荫锦衣卫正千户，掌衣后所千户印，考选北镇抚司理刑，奏功升指挥同知，任本卫堂上金书，管北镇抚司事；次子邦臣（1601—1663），字道墟，号震崆，由郡庠中崇祯十二年（1639）顺天乡试十七名，十三年中进士，特恩授山西监察御名巡视长芦盐课；三子吴邦定（1609—1694），字子正，号素觐，由廪监考授南京兵备武选司主司；四子吴邦奇（1619—1649），字法易，崇祯十二年（1639）为顺天副榜，恩贡，选授东宫侍卫领班官。

次孙吴孟登三子：长子吴邦玮（1600—1671），字韦玉，号北图，授锦衣卫镇抚，以子吴廷贵赠荣禄大夫左都督等职；次子吴邦璇（1606—1646），字睿玉，号乾则，素谙韬略，受知少师朱大典，崇祯十七年（1644）秋，招为义勇师赵南都，荐授参将加俸三级，顺治二年（1645）任金华总兵前军都督府都府同知，三年六月清军攻婺，城陷，以火药自焚殉节，夫人投缳而死。

三孙吴孟益继子吴国辅（1594—1668），字治成，号期生，邑庠生，中天启七年（1627）广东武解元，崇祯元年覃恩授锦衣卫镇抚，升正千户掌衣左所千户印，改授指挥佥事加三级，荐升南镇抚司佥书，奏功升都督同知，荐加太子太保左都督，妻章氏赠宜人，胡氏封一品夫人。族孙吴浚哲之子吴樫（1657—1707），字起士，号樗宁，别号岸青，国学生，由军功议叙授泰安州同知，升济宁州知州，内选部曹，诰授奉直大夫。由读书穷经中秀才，中举人，考进士道路漫长而又狭窄，且很少有人能够跨越；依靠从军速成的功绩而不断得以提升，仰仗战功使家族获得赠爵位，两途比较，似乎后者显得容易快速。吴兑给族人的影响是巨大的。从八世孙吴兑之后，就不断有人效法，吴兑之侄吴有闻（1578—?），字行之，号念堂，自幼改习武学，万历三十二年（1604）京卫武举，担任东宫侍卫，泰昌登极（1620）覃恩授锦衣卫镇抚，累升本卫指挥佥事。堂侄吴有临（1577—?），字位卿、号敬庵，自幼习武，中武举，授羽林左卫中所镇抚，管杭州西大营中军事。族侄吴应龙（1604—?），字允敬，号玄洲，自幼习武，后中武举，授云南腾越州领兵千总，天启二年征蛮阵亡。堂叔吴遴（1545—?），字廷用，号瑞津，授金吾卫正千户；堂孙吴灿（1582—1622），字纶之，号心观，由京卫武学授京营把总；堂孙吴明臣（1600—1677），字名宰，号君卿，由京卫武学授运粮守备，堂孙吴崇俊（1593—?），字稚隆，号道园，由卫武学中武举授锦衣卫镇抚；堂孙吴崇果（1603—1631），官名孟璘，字稚龄，号异仙，由武举任山东登州东江守备。

同支三分八世孙吴泰征（1592—1642），字与交，中万历四十三年（1615）顺天武魁，四十五年会举，四十七年进士，授锦衣卫所镇抚，推大同平远守备，升河南开封府参将，崇祯十五年（1642）九月，李自成起义军围攻开封城，城陷战死。九世孙吴之章（1603—1672），字仁政，京卫武学生，以武举升保定府新城守备；吴之英（1610—?），字祥征，以武举授保定府右营钦依守备。十世孙吴家相（1590—1644），字和寓，以武举授黔改守备，升蓟辽部院中军，以平苗功升授江西南湖营都司，山东沂州、郜州、襄阳参将，阶明威将军。一支四分七世孙吴琏（1581—?），字汝器，号舜华，中万历四十年（1612）京卫武举，四十五年会举，四十七年进士，授锦衣卫所镇抚，推漕院坐营都司，升直隶扬州游击。八世孙吴从周（1601—?），字士元，京卫武学生，以武举任延绥抚标右营都司，升山西水泉营参将。

一支二分九世孙吴士昇（1604—?），字昇如，号朝侯，崇祯二年（1629）京卫会魁，授锦衣卫百户，掌旌节司印。一支三分八世孙吴允师（1572—1629），字师古，号雁池，父吴文慎，生四子，允师为长子，中万历四十三年（1615）京卫武举，四十五年会举，授龙骧卫所千户，升都司佥事；其弟添允大（1588—1641），字与可，呈鹿池，中天启七年京卫武举，历任山西行都指挥使司掌印，署都指挥佥事。

二支大分十世孙吴孟璋（1591—1670），中天启元年（1621）、四年二科京卫武举，历任吴淞守备。二支二分八世孙吴咸宜（1561—1631），字俊吾，以武举授镇抚。九世孙吴璘（1580—1645），原名恒敬，字润甫，号完瑜，中万历四十三年（1615）、天启元年、四年武举，任浙江抚院中军，升昌国卫都司，以孙吴鸿业贵赠都匀府参将；弟吴恒爱（1583—?），字仁卿，号完赤，中万历四十六年（1618）天启元年京卫武举，崇祯四年（1631）进士，任广西都司，升游击将军。九世孙吴琦（16012—?），原名廷玠，号完真，以武举题授守备，随征战死；弟吴维新（1605—1651），原名琨，字灿然，中崇祯十三年（1640）武举，十六年进士，授锦衣卫千户；弟吴维宁（1610—1665），原名珮，字静止，中崇祯十二年武举，十三年进士，殿试二甲第八名，授锦衣卫千户。十一世孙吴鸿业（1642—

1708），字虞功，号远仪，以军功授都督同知，任江南提标营游击，升贵州都司府参将，升陕西总督府中军，汉中府副总兵，覃恩进阶荣禄大夫。

二支四分八世孙吴友仕（1591—1644），原名孟华，字章甫，号西屏，父元道。中万历四十三年（1615）顺天武举，四十五年会举推凤阳瓦埠镇钦依把总，天启七年（1627）保定府解元，崇祯元年（1628）进士，授绍兴卫所镇抚，推河南领班都司，崇祯十七年三月守昌平，李自成进抵居庸关，占领昌平，吴友仕力战而死。吴贞明（1571—?），改名有宾，字起元，号朝暑，父光祖。由庠生补国学生，中天启七年（1627）武举，崇祯元年（1628）进士，授绍兴卫所镇抚，升温州道中军守备。九世孙吴选（1583—1644），字其昌，号扶同，父吴可学。中万历四十六年（1618）京卫武举，天启二年进士，授绍兴卫所镇抚，升常镇道中军守备，湖广留守都司，万全掌印都司。弟吴之葵（1586—1652），字其庸，号葵同。中天启元年（1621）京卫武举，二年进士，授绍兴卫所镇抚，推广东南诏守备加都司金书。吴国伟（1600—1662），改名之兰，字生甫，父思学。中崇祯三年（1630）京卫武举，授金华道中军，升嘉兴乍浦守备。吴之深（1593—?），号定夫，父显明，中崇祯九年（1636）浙江武举，十三年会副，授倒马关中军守备，卒于松江府。十世孙吴廷璜（1617—1673），原名之曹，字梅梁，父朝允。授广东广海参将。十一世孙吴良骏（1639—?），字士龙，号遇皋，父振先。中清顺治十七年（1660）京卫武举，康熙元年（1662）进士，推浙江提标中营守备，升宁协营右营都司，黄岩镇标右营游击，康熙二十年敕授阶怀远将军，历参将、宣府副总兵，妻叶氏封淑人。四支大分七世孙吴中起（1553—?），字士进，号敬铭，父宗文。中万历七年（1579）、十三年、十七年三科京卫武举，为锦衣卫驯象所力士，授京营钦依把总。八世孙吴瑞龙（1590—?），字中汉，中崇祯九年（1636）京卫武魁。四支二分六世孙吴育（1534—?），中嘉靖三十四年（1555）浙江武举；吴晋（1531—?），号长谷，中嘉靖四十年、隆庆元年、四年浙江武举。

第二支三分子孙习武从军之风更盛。七世孙吴歧（1507—1589），字士迁，号盛山，嘉靖年间连中浙江武举三科，为军门冠带赞画；弟吴进（1513—?），原名岗，号凤山，郡庠生，因屡举不第，遂改由武科，中隆庆四年（1570）江西武举。吴养垣（1528—?），字道冲，号石门，中嘉靖四十三年（1564）浙江武科。吴大章（1528—1564），中嘉靖三十七年（1558）、四十年浙江武举，四十一年（1562）会试副榜；弟大学（1539—1591），字叔行，号近洲。父吴谘，为邑庠名儒，幼年得父指导习举子业，好《左氏春秋》，研精索隐，为文高古，不欲循俗。然数次考试皆失败，曾拊髀叹曰："丈夫难道能随古书萤虫淹没吗？"于是改就武业。中嘉靖四十年（1561）、四十三年、隆庆元年（1567）浙江三科武举。父亲去世后，哀痛及家事拖累了多年，万历五年（1577）成进士，授绍兴卫右所镇抚，不久升任宁波昌国钦依把总。吴大武（1538—1599），字叔文，号巨川。幼习举子业，为文甚工，但多次参加诸生考试皆未为学使所录取，于是迁业武科。经过苦学苦练。考中了嘉靖三十七年（1558）浙江武举，四十年（1561）又中苏州武举，四十一年登进士，授苏州卫嘉兴守御所镇抚，备倭江阴。后升任蓟镇榆木岭提调署指挥佥事，为戚继光军前出谋划策。

明代万历年间，在东北地区明军与后金军队频繁的战事，吸引了州山吴氏家族的一批弃文从武的子弟。据族谱记载，二支四分六世孙吴晔（1520—1603），字济夫，号云衢，父沛，生三子，晔为第三。原为邑庠生，约于嘉靖中后期进入辽阳为辽阳卫廪生，贡授蔚州儒学训导，升山东济南府教授。二支三分七世孙吴大斌（1556—1632），字叔和，号晴川。兄弟三人大斌为长。大斌自幼聪颖好胜，博闻强记，他参加了一次诸生考试未取，就果断地抛弃举子业，改学兵法律例之学。十五岁父亲去世后，家庭生活重担就落在了他的身上。结婚后，他曾独自叹息说："家里这么穷，自己找不到什么出路，怎么能让母亲高兴呢？"于是毅然留下二弟大益在家里照顾母亲，自己带着比自己小九岁的弟弟大圭闯荡东北，寻找机遇，他在辽东地方定居，开始从事私塾讲学，人称大斌为"辽东教授"。在站稳脚跟并有一定影响后，州山族中有四方志向的青年人纷纷聚集到他的帐下，辽东当地的名士把登吴大斌之门称为"登龙门"。辽东总兵宁远将军李成梁邀为上宾，遇到军国大事与他一起商议，并授他为辽东东宁镇抚之职。万历四十四年（1616）辽东失守。大斌渡海到达登州，登州巡抚孙元化向他求教守城方略。崇祯元年（1628）袁崇焕以兵部尚书督师蓟辽，袭杀毛文龙，毛之部将孔有德、耿忠明投奔登州巡抚孙元化。崇祯四年，清皇太极进攻大凌河城，孔有德、耿忠明叛变，攻陷登州，孔、耿要挟吴大斌随军效力。大斌以绝食相拒绝，死前，他召集子侄，把他的棺材抬出城外，你们借机就可以回家了。大斌坚持民族气节，决不跟随叛明投清的孔有德、耿忠明，并以自己的一死教育拯救了他的子侄。留在家乡的二弟大益所生四子，应伯父吴大斌之邀，先后奔赴辽东：长子宗汉（1574—?），字秋阳，为辽东自在州庠生；次子成忠（1577—?），字汝烈，号立吾，为辽东自在州庠生，后以子兴宗贵赠奉直大夫、道州知州；三子存忠（1583—?），字汝赤，号锦吾，为辽东自在州庠生；四子廷忠（1591—1660），字汝谔，号癸赤，为清河卫庠生，旋补廪生，以所学教授生徒，后题授参赞山东巡抚军务，清顺治初年归里。其弟大圭（1565—?），字叔晋，号越川。曾为领兵千总随征关白，升清河卫守备，盖州城守尉。后与其长子吴景忠（1575—?）先后战死。可以说，吴大斌不仅是改变二支三分子弟命运的人物，而且也是改变州山吴氏家族命运的人物。由于他的决策，才使得其弟大益、大圭和堂弟大邦、大武、大壮等房子弟在明末清初改朝换代的动荡中，使吴氏家族得以以武功继续保持兴盛。

此后，二支四分七世孙吴元恩（1545—?），后迁居辽东辽阳，其弟元思（1549—?）也迁居辽东辽阳，两人子孙皆未入谱，且卒年不清，可见兄弟两家都死于战事。吴大受（1533—?），原名云，字际卿，迁居辽东辽阳；吴大定（1530—?），字大佐，永平府昌黎县廪生，八世孙吴朝聘及吴朝相所生四子皆于辽东战事中牺牲。吴朝楫（1593—1625），号济川，授守备，随征卢沟桥阵亡。

二支三分八世孙吴显忠（1546—1615），字汝良，号云州。父吴嵩感慨自己未能遂父志，乃把希望寄托在儿子身上，自幼课以举子业甚严。至十二岁，显忠则能写清雅之文，人皆视其为伟器，然三试于宗师皆不利，父亲焦急责备他说："你不能以文而扬名显亲，何不试之弓马韬略，娴熟一举而魁天下呀！"于是格外刻苦读书操练，遂于隆庆元年（1567）中浙江武魁，二年登进士第六名，授绍兴中所镇抚，升江西万安守备、云南都司佥书、湖广都司掌印、金山参将，万历十九年（1591）补广东游击，升贵州清浪参将、广西浔梧参将、云南永腾参将，加俸一级。二十九年（1601）以平顺大功升副总兵，三十年以平埃堵十三寨功召用，病辞。吴友忠（1552—?），字汝贞，号登州。中隆庆四年（1570）浙江武举，万历四年（1576）湖广武魁，授蓟镇东路中军事。吴杨忠（1553—1590），字吾礼，号禹州，邑庠生，中万历十三年（1585）十六年浙江武举，登十七年进士，授绍兴卫镇抚。吴致忠（1547—1594），号汉泉，中隆庆四年（1570）江西武举。吴宪文（1538—?），字汝严，号慕溪，中隆庆元年浙江武举，四年中江西武举。弟吴俊（1541—?），字汝严，号纯毅，中万历四年（1576）湖广武魁，后以子有熙贵赠昭勇将军，都指挥佥事。吴宗道（1553—?），号西楼，中万历十三年（1585）辽东武举，二十七年（1599）以征倭钦依守备管两浙水师，三十年论功世袭绍兴卫中所百户，三十一年补辽东盖州守备，升镇江城宗游击。吴用宣（1574—1615），原名立忠，字念倩。中万历三十四年（1606）京闱武举，三十七年京闱武魁，登三十八进士第二，授锦衣卫所镇抚，推南赣坐营都司。

万历末年明军在与后金军事对抗中，一部分武将失败后，受到后金政权的招抚和重用，如吴大圭次子吴执忠（1602—1674），字汝茂，号匪躬，万历四十三年（1615）辽阳清卫河卫庠生，娶辽东东宁卫指挥使孟德春女为妻，生子吴兴祚。清太祖武皇帝攻克清河，吴执忠因长得器宇明敏，胆识过人，太祖见之色喜，命侍亲藩，佐理庶务。[①] 清顺治二年（1645）以贡士授丰润县知县，历任山东东道监察御史，外转福建漳南道布政使司参议，十四年（1657）升怀隆兵备

---

① 《山阴州山吴氏族谱》、《中大夫湖广粮储道布政司右参政匪躬吴公墓志铭》，1924年木活字本。

道山东按察使司副使,十六年升湖广粮储道布政使司右参政。吴景桂(1561—1615),字汝芳,号心宇,父大邦。景桂兄弟二人,应伯父大斌之召,前往辽东,考中了万历二十五年(1597)、二十八年、三十一年辽东武魁,授镇抚,管抚院中军事,万历四十一年(1613)闰八月,鞑靼布色图子济农部在河套要求明王朝封王不成,于是纠集套中诸部大举入侵。吴景桂跟随副将孙洪谟于大柏油(神木西南)阻击,突遇伏兵,孙洪谟被俘,吴景桂在后撤中遇袭阵亡。事闻赠都指挥佥事,其子吴永新荫袭绍兴卫中所百户。弟吴震(1569—1629),字宁侯,号雷垣,中万历二十八年(1600)三十一年浙江武魁,四十一年(1613)进士,授绍兴卫所镇抚,南直隶南汇守备。吴友义(1600—1642),原名成材,字际宇。父大武,生子二,长禹道,次成材,后过继叔父大壮为继子。崇祯年间流寓锦州南之松山城,为松山总兵吴三桂部下参将。崇祯十四年八月,总督蓟辽军备的洪承畴率军于松山坚守,清皇太极亲自率军围攻松山。由于援兵不至,粮草断绝,松山副将夏承德秘密降清,接应清兵登城,崇祯十五年正月十九日城陷,洪承畴被俘,吴友义不满屈辱,自刎而死。二支三分九世孙吴仲道(1593—1631),改名烶,字永修,号占苍,父显忠。中万历四十三年(1615)四十六年浙江武魁,任浙江台州镇标钦依千总。吴煃(1558—?),号新吾,中万历二十五年(1597)浙江武举。吴有熙(1585—1637),原名文萃,字廷杰,号圣里。中天启元年(1621)京闱武魁,二年中进士,授绍兴卫所镇抚,推绍、台道中军守备,升浙江操捕都司佥书,升天津拱河营游击将军。吴从质(1578—1635),字如素,号同生,中万历四十年(1612)山东武解元,四十一年中进士第二,授绍兴卫所镇抚,推金盘钦依把总,河南佥书都司,福建掌印都司,直隶永生州参将。吴从鹏(1589—1642),号象生,父希文。中天启四年(1624)山东武魁,授绍宁道中军守备,改山东兖州营中军守备,崇祯十四年十一月兖州城陷死难。吴襄琦(1594—?),号如玉,父希周。中万历四十三年(1615)山东武魁,四十四年中进士,授绍兴卫所镇抚,推洪山口提调,改福建六鳌守备。吴用宜(1586—?),原名鲲,字时化,号南滇,父文道。连中万历四十三年（1615）、四十五年、天启元年（1621）顺天武举，推浙江军门东前营钦依把总，崇祯某年海战阵亡，赠指挥佥事，荫子百户。吴有成（1585—1627），字振玉，号集庵，父仕忠。中万历四十六年（1618）顺天武魁，四十七年进士，授锦衣卫所镇抚，推河南南阳守备，河南陈州都司，河南领班都司佥事。吴周镐（1589—1658），号宗海，父有炜。中万历四十六年（1618）、天启元年浙江武魁，推授浙江南关钦依把总。吴之林（1601—1643），号儛观，父向忠。京卫武学生，中崇祯二年（1629）将材科武举。二支四分七世孙吴来臣（1549—1593），字士进，吴晔之子。明万历二十一年（1593）随李如松援朝阵亡，荫子绍兴卫百户。八世孙吴懋忠（1578—1626）和吴朝楫（1613—1644），字济中，与从子一元俱以武生效用京营，官守备，崇祯朝同守卢沟桥，十七年（1644）三月，李自成进攻京城，父子力战阵亡，失报未恤。吴从明（1591—1654），原名光寰，号筠庵，父曰明。邑庠补国子生，中崇祯三年（1630）武举，四年进士，殿试二甲十一名，授应州守备，升湖广都司佥书、永生州参将。吴有学（1583—1649），字原大，号士庵，为吴集道次子。中万历四十五年会举，授安徽池太道中军，升广东白鸽门守备。吴维屏（1581—？），改名大试，号天隅，父集锦。中万历四十七年（1619）进士，授绍兴卫所镇抚，升福建建宁道中军守备。吴教（1546—1597），号省私，父元吉。少年好孙吴之学，中万历四年（1576）、十年、十三年浙江三科武举，授镇鲁营千总，二十五年随经略杨镐援朝阵亡。吴从明（1575—？），字子远，号心弦，因父吴来臣援朝阵亡，荫袭绍兴卫后所百户，中万历四十三年（1615）、四十六年京卫武举，天启二年（1622）进士，授本所千户，京营所用，推广东总兵中营中军。弟用名（1583—？），原名从周，号孟公，中天启七年（1627）京卫武魁，授锦衣卫千户。

该支名声最为显赫，对家族影响最大的还是数九世孙吴兴祚（1632—1698），字伯成，号留村，因祖父大圭，父执忠之庇荫，顺治七年（1650）以贡士授江西萍乡县知县，补山西大宁县知县，十八年升山东沂州知州，康熙二年（1663）升江南无锡知县，在任十三年有政绩，十五年升任福建提刑按察使，十七年五月升都察院右佥都御史，巡抚福建提督军务，十二月以军功加副都御史，十八年以军功加兵部尚书晋秩一品，十九年（1680）正月奉旨收复海坛、厦门等处有功，升兵部尚书擢两广总督。二十八年因设炉鼓铸受到了弹劾，降三级调用，三十一年以副都统镇大同右卫。三十四年（1695）六月又降三级调用，三十六年复原官，不久，病逝。

吴兴祚在康熙十七年（1678）担任福建巡抚提督军务，其后在收复海坛、金厦二门战役和两广总督期间，直接投靠其门下，参与海战立功和间接受其影响而擢升军职的吴氏子弟多人，其中如：二支三分十世孙吴三锡（1628—1684），字纶章，父康德。由将材于康熙十九年（1680）跟随堂叔大司马留村公南征攻克海坛等处有功，钦授左都督。吴尔躬（1648—1692），字子逮，父元遇。康熙十九年以将材跟随堂叔大司马留村公南征，克复海坛、崇武、厦门等处立功，二十年钦授左都督，仍带余功一次，二十二年选陕西宁夏洪广营游击。升延绥宜君营参将，遇恩封荣禄大夫。吴秉仁（1651—?），字子元，号慎庵，父应昌。康熙十七年以将材随叔父大司马留村公克复福建永春、德化二县有功，十八年奉旨授为千总，十九年又随叔父克复福建、厦门、金门等处有功。二十年奉旨钦授左都督，仍带余功四次。吴兴祚任两广总督期间，秉仁跟随左右，著有词集《慎庵词》。一支大分十世孙吴浚哲（1638—1715），字孝升，号瑶圃，别号葆亭，父必用。由仁和县庠生中康熙十一年（1672）浙江乡试19名，授内阁撰文中书舍人，后佐理族叔大司马留村公巡抚福建，立军功加27级，遇恩进阶光禄大夫，妻子殷氏赠一品夫人，金氏封一品夫人，荫一子。二支二分十世孙吴亭士（1634—?），原名鸣凤，字羽圣，号孰庵，为吴从龙长子。由山东济南府廪生补国学，随征四川，补陕西凤翔府通判，康熙十七年随族叔南征福建，克复厦金二门等处军功，加20级，授河南彰德府通判，升开封府知府。一支大分十一世孙吴廷龙（1650—1717），字宫云，吴邦玮次子。康熙十七年随族祖攻复金门、厦门立军功，特授左都督，贵州大定镇中营游击，升独石参将，湖州府副总兵，阶荣禄大夫，妻茅氏赠一品夫人。该支三分十一世孙吴赞乾（1648—1717），字子健，父三材。康熙十九年，以将材跟随族祖大司马留村公南征，克服海坛、金门、厦门等处有功，二十年钦授左军都督，仍带余功一次。二十二年选陕西秦州营游击，直隶河间府副总兵，遇恩封荣禄大夫，妻张氏封一品夫人。弟吴赞良（1660—1725）康熙十九年以将材随族祖大司马留村公南征，克服海坛、金门、厦门等处有功，二十年钦授都督，仍带余功一次。二支二分十一世孙吴待用（1652—1714），字仲升，于康熙十九年以将材随族叔祖大司马留村公南征，克服海坛等处有功，授左都督。一支三分十世孙吴祖毓（1653—1712），原名祖泽，字昭兹，由将材于康熙十九年随族叔大司马留村公南征，克服海坛等处建功，授左都督之职。

第三节 入幕、关榷、经商：上行流动的辅助之道

这里指的"幕"是一个比较宽泛的概念。原指"幕府"，古代军队出征在旷野上临时搭起帐篷，这种帐篷也称"幄幕"。汉朝时统师率军出征，有权自行招聘，选任文职僚属，设置府署，帮助处理军政事务，当时称为"开府"，这类府署设于幄幕之中，所以又称"幕府"，统帅下属的僚属也就被称为"幕僚"、"幕宾"、"幕友"、"幕职"等。幕僚是指地方军政大吏幕府中的参谋、书记之类的僚属，它的种类繁多，有相当于近代参谋长，统掌司令部工作的"长史"；有参议军机，帮助指挥军事行动的"参军"；也有类似于近代副官、秘书，管理文书及各类档案的"主簿"、"记室"等。到了三国两晋南北朝时期，战乱频仍，到处皆为战区，各地都实行"军管"，地方长官由武官兼任，将军左右的僚属从军官转变为辅佐将军"上马管军、下马管民"的文武兼任的官职了，而且文职的比重往往要超过武职。这一建制传到唐宋时代，唐代地方最高行政长官"州府衙门"都设有长史、参军、录事等官职，号称幕僚；宋代诸州也专设"幕职官"。不过这些官职已与军事行动无关，也不供称于严格意义上的幕府。

到了明清朝代，严格意义上的幕僚仍指服务于军事机构的文职官

员,简而言之,幕僚的主要特点是指主要供职于与军事有关,或由军事机关转化而来的政府机构的人员,他们的职责主要是为长官提出建议,顾问咨询。帮助处理文书档案,管理文职行政事务;他们与长官的关系较为密切,和长官一起进退,即使不是由长官自行任命,其人事调动或升迁至少要征求长官的意见;尤其重要的是他们具有政府官员的身份,享用政府发放的俸禄。

明清时代幕僚除了上述具有政府官员身份、享用政府发放的俸禄之外,还有一种可以称为"无幕之幕"的幕僚,他们并不具有公职,很多人不仅没有官员的身份,甚至没有"功名",算不上绅士,他们的报酬不是由政府发放薪俸,而是由聘请他们的官员从私人筹集的经费中开支。明清总督及各省巡抚衙门,有时也称为"幕府",不过清代督抚衙门与前代幕府不同,其衙署并没有正式的常设僚属,一般有文案处,营务处等机构,长官由督抚奏调,临时委派。其报酬也由督抚从某项政务的专用经费中开销。督抚常常从没有官职的读书人中选才入幕,习惯上凡办理军务、赈灾、河工、漕运之类事务的称为"幕僚",而凡办理平常的行政司法事务的称为"幕友",也称"师爷"。一般而言,从事前者专项政务的幕僚,很容易委以官职步入仕途;而办理后者行政司法事务的幕友,则很少有机会上升为官。尽管幕友既不是官,也不是吏,他们只是被官员聘请来当私人顾问的专家,他们却是清代司法审判、赋税征收、公文批阅、考试选才等政务的实际操作者。

幕友的作用不仅体现在明清总督及各省巡抚衙门之中,更主要的还遍布于各州县官衙中。明清时期州县官员有品级的不过两三人而已。就编制而言,一县之中,县官即知县(正七品)一人,佐贰官有县丞(正八品)、主簿(正九品)、教谕或训导(从九品)、巡检(从九品),典史,仓大使驿丞(皆未入流),县官以下的这些官总称"佐杂",实际上并不满员配备。

明清时期的制度要求州县官是全能型人才,无论司法、行政、教育、军事指挥都能拿得起放得下,可是为这一全能型职位所准备的训练实在有限,所以这种全能型的人才也绝无仅有。《钦颁州县事宜》

中说：州县官"刀笔簿书既未习于平日，刑名钱谷岂能谙于临时？全赖将伯助兹鞅掌"。幕友佐治之风起于明代，大盛于清代。《清史稿·循吏传序》称："清初以武功定天下，日不暇给。世祖亲政，始课吏治。"顺治八年（1651）闰二月丙辰上谕中提到不少州县官为"不识文义之人，益不胜任，文移招详，全凭幕友代笔"。可见当时州县官员素质之一斑。后虽经甄别淘汰，仍无根本改变，十几年后大批"正途"官员补充州县位置，他们既不习惯，也不屑于刀笔之事，应循旧例，仍请幕友佐治，于是此风牢不可破，最终形成"无幕不成衙"的定局。

据《山阴州山吴氏族谱》三十部《晴川公小传》载：吴大斌（1556—1632），字叔和，号晴川。"婚娶毕……留仲弟镇川公（名大益）事母，偕季弟越川公（名大圭）遨游海内，以冀其遇。至辽左，遂寓居焉。凡族人有志四方者多往归之。公尚经术，重然诺，凡辽左知名之士被其容接，如登龙门云。初谒宁远伯李公（名成梁）。抵掌而谈天下，旁若无人。宁远公遇之如上宾。诸当事莫不欲延公为幕，莫可得也。"后加入李成梁幕，授予辽东东宁镇抚之职，为其参赞筹划军国大事。万历四十四年（1616）辽东失守，大斌渡海到达登州，登州巡抚孙元化延其为幕僚，为之筹划，井井有序，无不切中时弊，惜不能用。崇祯四年（1631）清皇太极率军攻打大凌河城，登州步兵左营参将孔有德和中军参将的耿忠明叛变，暗中投靠皇太极，城陷，孔耿要挟吴大斌随军效力，大斌以绝食拒之而死。

同支八世孙吴禹道（1595—1632），字雨全，父大武。曾为山东抚军幕宾，所入馆俸常常接济贫乏子姓，亲戚知友也曾接受他的帮助。宗祀祭产曾被族人构讼荡尽，禹道捐资赎回，本支庙食赖以复振。二支三分十世孙吴楚材（1655—1719），名乘权，字子舆，号楚材。自幼勤奋好学，十六岁患足疾，一病数年，病中手不释卷，攻读经史，打下了坚实的历史古代文学和文字学的基础。病愈之后，在家设馆授徒，撰成《小学初筵》二卷。曾多次参与乡试未中。康熙十七年（1678）投奔时任福建巡抚的族伯吴兴祚幕府，担任公文书记之职，还为其子秉均伴读，康熙二十八年（1689）吴兴祚因拨铜设炉鼓铸受到弹劾，吴楚材离开幕府归家。康熙五十年（1711），吴楚材曾有幸在族伯幕府时认识的范时崇（字自牧，号苍严）担任浙闽总督。此时吴楚材已到垂暮之年，范时崇慕名将其延入幕府。据同时人张麟锡撰写的《太学生楚材公、子立公合传》记载：吴楚材至范幕府后，范时崇，"与谈天下事，如决江河而东注，无不洞中机宜。每独据一案，羽檄倥偬，目下十数行，手握管点注，笔削可否，言论应对益精敏。凌杂琐细，无一事一言，不罗列胸中。"① 这一次，吴楚材在范氏幕府只逗留了几个月，后来因为旧病复发，便去职返回故里。康熙五十四年（1715）十一月，范时崇升授左副都御史离开江南回到北京，康熙五十六年四月，又升迁兵部尚书。听到这一消息后，在家数年身体好转，但已是垂暮老人的吴楚材，毅然离乡背井北游京都，投奔往日的幕主和相好范时崇。但是，世态炎凉，时过境迁，以致"无所遇，卒于京邸"。弥留之际，只有他的弟弟吴乘业守候在身旁。一生"与人慈爱，慷慨仗义"的吴楚材，落得如此结局，这不仅是他个人，也是时代的悲剧。

其弟吴乘业（1669—1736），字子立。《太学生楚材公子立公会传》载："年三十余奔走燕、齐、秦、晋、豫章数千里，交天下豪士数十辈，然其意念以宗党姻戚为拳拳，为幕府二十余年，所得馆谷大半以周宗戚，凡所散给计三千余金。"有人劝他应将馆俸置买田产房屋，乘业严厉斥责说："吾馆俸不多，已经无法庇护宗族子弟亲戚。他们生活朝不保夕的人很多，等待我有赢余再接济，他们早已饿死了。"因为有病，于六十多岁才回到家乡。冬天寒冷时，子立内穿露絮的破衣，外面罩着一件完好的衣衫，其妻胡氏拿着他往年散发银钱的簿册，无奈地笑着对他说："如果不是将太多的金钱散给宗党，你就不会这样穿戴难堪了！"晚年在江西为幕时所寄银钱散给宗族若干家，他都登记在簿册上，乘业看到后大怒说："钱已散发了，还留着这本簿册干什么！"举火全烧之。

二支四分十世孙吴汝宏（1625—1706），字能之，号寄碧。父仕

---

① 《山阴州山吴氏族谱》第30部，1924年木活字本。

明，江西进贤县丞迁福建镇海卫参军，生三子，汝宏为长。自少好读书有谋略，成年后始游京师。堂叔吴之艾（1600—？），原名遇麒，任高淳县县丞，知其才能，携之官所。未几叔卒，贫不能归旅榇，汝宏拜谒上官和僚友，获资助得归叔榇及其妻儿。清顺治六年（1649）族叔吴兴祚任山西萍乡知县，汝宏正追捕粤中，便道拜见时年18岁的吴兴祚，汝宏19岁，两人相见甚欢，遂留署中为幕僚。叔侄两人经常讨论兵器、驰射、左氏、司马法、攻服制胜之略。其后吴兴祚以福建巡抚出师平海，汝宏内参筹略，外管粮草、兵器、橐鞬，跟随出征白鸽岭，解泉州围，克复永春、海坛、金门、厦门等，在吴兴祚幕府共30余年。康熙二十年（1681）吴兴祚晋升两广总督，吴汝宏以军功加二十级授霍州通判，赐秩正一品。霍州位于陕西四川两省之要道，当时清军与反清武装斗争还在继续，军需物品必须经过此地，吴汝宏由刺史王云凤、太守梁缵祖、河东副使张大本推荐，经管闻喜、浮山两邑，使农安于野，商安于市。少宰张士甄、宗伯杜臻过境，皆称吴汝宏廉能，将荐大用时，恰逢吴汝宏以足疾乞求退休。去官之日，百姓号泣。为人慷慨，居官俸金周济宗戚、赈乏困。从兄吴汝德早卒，其子吴成龙贫无所依，养育之，为之娶妇。成龙卒，恤其孤寡。

一支大分十二世孙吴棠祯（1644—1692），字伯憩，号雪舫，吴兑之曾孙。兄弟五人棠祯为大。由邑庠补太学生。清顺治十六年（1659）至康熙元年（1662）期间，魏耕、朱彝尊、屈大均曾到山阴州山，以结社为幌子，暗中联络抗清志士，配合郑成功、张煌言的反清复明活动，吴棠祯曾与他们交游。青年时尝与同邑金烺、方炳、姜垚等人结"龙山观文堂"之社，论文讲艺，饮酒赋诗。康熙二十年（1681）加入族曾祖父两广总督吴兴祚幕府，为参军记室，深得曾祖父的信任。撰有［望海潮］《八日送家大司马巡海》等词作，与幕府中万树及同乡吕洪烈、金烺、吕师濂，族祖父吴秉仁等唱和。

同支十二世孙吴爋文（1706—1769），字璞存，3岁起随父至玉山知县、直隶安肃知县任所，10岁就补庠生。不久，父母相继去世，回到家乡闭门苦读7年，经史子集无不涉猎，吟诗作文，一挥而就，名震府县，然屡赴乡试不中，乾隆二年（1737）妻兄商盘改授镇江郡丞，吴燽文前往投靠，后随妻兄历经海州牧、南昌县令、南康太守任。乾隆七年（1742）再游京师，入资太学，九年京兆乡试未中。于是入望都知县严海珊幕，既为其子老师又兼代笔。后又入清河道朱一蜚幕，主持编纂《冀州府志》及所属五县志；朱一蜚任太原知府，吴燽文又随至太原，主讲三立书院，并编纂《太原府志》；朱一蜚为直隶顺德知府，又随到顺德，编纂《顺德府志》。方观承为直隶布政使，后又升为总督，皆聘其为幕友。恰逢乾隆东游五台山，围猎赵北口，吴燽文作《重幸五台赋》、《猎赵北口赋》二赋献，上命其随辇驻跸，面试诗赋，却因皇长子得疾回京，只得珍币之赏赐。幕主朱一蜚、方观承两人皆出全力奖掖誉扬，吴燽文竟然不遇。

二支四分十四世孙吴起凤（1698—1751），字丹山，号山庄。父吴国斌（1679—1721），字允瞻，任广西永福县，思恩县典史。起凤司举子业，年十七入都，补大兴诸生，时严禁冒籍，凡入学必细查口音，起凤怒而出，说："既然不能以他籍参加科举，也是没办法的事。"于是随侍父亲至广西永福县，后又至思恩县，以诗文自娱，并熟读《易》及宋儒理学诸书，书法、篆刻、水墨小景无不精妙。在当地名公巨卿中很有声誉。康熙六十年（1721）父死，吴起凤奉母扶柩长途归葬，父所积俸银用尽，家贫困，生活无着落，不得已，只得重新返回粤西。吴起凤一到广西思恩县，当地达官贵人争相聘为幕友，请其教子或为书记代笔。浙江钱塘人雷海太守王某助其盐荚之筹，数年经营遂为富人。雷海原是烟瘴之地，外地人在此谋生的大多病死。吴起凤慷慨相助，或代为经纪丧事，或捐资助其归葬，或助其妻子回归故土。数年后至西宁，西宁县令江西南昌人刘斯组与其一见成为至交。吴起凤因家贫母亲年老，每年都得定期回家探亲，探亲期间，对于乡党之困、朋友之急，莫不殚尽心力，尽心帮助。住一段时间后，又回到西宁，最后竟然卒于西宁。晚年游幕益久，诗文日富，然由于平时不珍惜，散失颇多，只汇录诗文若干卷、杂著若干卷藏于家。子吴元林，候选县府，亦能诗。

入幕不仅仅是解决了读书人的就业和家庭的生计，也扩大了吴氏家族成员在社会上的影响，同时也为本家族贫困之人提供了救援资金。

"关权"一词的意思，一是指设关征税，二是指海关。关权是明清政府对商业进行控制和管理的主要手段，也是王朝财政的重要支柱。钞关是明代权关中最主要的一种，它主要设置于运河、长江这两条国内最重要的商道要冲之处，钞关的课设对象主要集中在行商身上，成为对流通商品进行课税的专门机构。清代的权关即后世所说的常关，有户部关、工部关之分。清代的户部关源于明代钞关，工部关源于明代的工部抽分。明清关税收入在明清国家财政中占有重要地位，仅次于田赋盐税的第三大财政收入。

清代权关的主要管理者可分两类：一是专差，如各关监督。在前期，《中国税制史》书中称"权关"由"总督、巡抚、将军依中央政府之命监督之，于其下置道台监督、知府监督、同知监督、知州监督、知县监督，令管理之"。二是兼差，如督抚兼管，福州将军兼管等。无论是专差或兼差，其属下皆临时雇用一批人具体负责关税的收取，佐理关权在当时也成为一种职业，一种生活来源。

一支四分十二世孙吴绍夔（1755—1814），字美章，号青玉，曾祖父吴从魁，祖父吴邦宪，父吴承基，皆以儒业发家。后家道衰落，以务农为业，但心犹不甘，曾弃而从商，从商不利，又入县衙为吏，治理钱谷井然有序，为有司信任。后又辞县吏，从事关权，先后于浙江温州、乍浦、宁波海关轮值为襄理。其子吴衍庆（1785—1839），原名国柱，官名衍庆，字象中，号砥亭，别号流影，自少喜读书，然屡举不第，遂弃举子业，从父游宁波佐理关权，观察陈心畲非常器重，尽将权务交给他经营。当时关禁废弛，恶霸包占海商，非法盈利，偷税漏税者甚多，衍庆全力打击铲除之，商民称快。几年后辞归，遵例授职州同加二级，奉直大夫，封二代如其官。

一支三分十三世孙吴如川（1752—1825），字印浦，父元章（1716—1790）。自幼聪慧，读书不屑为章句之学。国子生，屡试不第，慨然弃举子业，以从事海关权务为生计，渐致家庭富裕。

财富和社会地位有一定的关系，在中国的社会等级传统文化中，士居首位，农其次，工再次，而商居末。但是商人有金钱的力量，绝不会真正处于社会等级的底层，尤其是在商品经济繁荣的明代，作为商人，尤其是富商是有一定地位的。明代中后期，传统的抑商政策和贱商的观念受到了越来越严重的冲击，明朝政府长期的财政危机和失败破产的农业政策，更加导致对商人重税盘剥和依赖，在政策上体现了一方面摧残、盘剥商人阶层，以期引导百姓仍归于重农一途；另一方面，又因商人势力的增长和其拥有的可观财力，又使政府视为利薮，不敢明确加以限制。张居正的改革，采用重新丈量土地，实行一条鞭法，在赋役征银的总政策下，既承认了商品经济发展的新形势，也顺应白银货币广泛流通的新情况，在直接促进一般商业经济进一步发展的同时，也促进了农业经济领域的商品化，使商人阶层更加壮大。此后，朝廷的财政对商税的依赖程度更大，商人阶层成了国家财政结构中的重要组成部分。当时，推行改革的张居正就认为"古之为国者，使商通有无，农力本穑。商不得通有无以利农，则农病。农不得力本穑以资商，则商病。故商农之势常若权衡然，至于病，乃无以济也"①。明显主张商并不病农，而有与农互相发展，互相促进的农商二者的关系。但他同时又认为对商人应以征税限制："摧抑浮淫，驱之南亩"，既承认商人的重要，又要摧抑限制，反映了在当时社会结构发生变化中的统治者的矛盾心态。

明代中后期，商品经济的发展带来了商人社会地位的不断跃升，一向被视为"末业"的商业开始受到社会的重视。"工商之子不当仕"的古训已被否定，商人和其子弟不仅可以业儒入仕，通过科举改变自己的身份地位。清代学者沈垚曾说："仕者既与小民争利，未仕者又必先有农桑之业方得给朝夕，以专事进取。于是货殖之事益急，商贾之事益重。非父兄先经营事业于前，子弟即无由独树以致身通显。"②可见，家族子弟仕进之途的畅通与壅塞，取决于家族财富积

---

① 《江陵张居正文忠公文集》卷34《看详户部进呈揭贴疏》，见《张居正集》湖北人民出版社1994年版。

② （清）沈垚：《落帆楼文集》卷25《费席山先生七十双寿序》，吴兴嘉业堂刊本。

累的多寡。而富裕的经商家族则可凭借其优势,在科场上一搏身手。又有一些商人凭借自身的丰厚资财变相地买官鬻爵,他们以捐助、捐输、助赈等形式博取士绅地位。《明史》记载:"或遇岁荒,或因边警,或大兴工作,率援往例行之。"[1] 这一政策为有钱商人步入仕途大开方便之门。还有很多商人和富户通过"纳粟入监的方式入仕"。所谓"纳粟入监",就是向国家交纳一定的钱粮,取得监生的资格入国子监读书。明代中后期,"纳粟入监"极为普遍,或谓达到滥捐的程度。

随着商品经济日益发展,社会风气也发生巨大的变化。一些未能进入仕途的读书人,他们既渴求厕身仕途,对科举欲罢不能;同时又羡慕商人腰缠万贯,一掷千金的豪奢生活,因而对埋头古书,屡试不第又十分厌倦、疲惫。在进止两途之间彷徨徘徊,不肯俯首认账者,当然占有多数。在贾者业儒的同时,放弃举业转而从商者便也日益增多,尤其是那些对科第名额有限,入仕途径狭窄视为畏途的读书人,更是互相放下清高的架子,而纷纷进入商界从商,虽然这是无奈之举。

上述情形,明代中后期如此,清代也相沿袭如此。

据民国十三年(1924)由吴邦枢等纂修的《山阴州山吴氏族谱》中的"家训"所载:"士农工商,四民也。必专其一,毋得游手游食,以致败家。"从中可知,吴氏家族虽然重视耕读传家,但并不反对子孙从事商业经营。然而在族谱中十五世前,未见有从事商业经营的记载。第三十集"叙传记略"的目录中无《胡氏传》、《庆行府君传》,而后却于徐渭撰写的《环洲公驱麻阳戍卒叙》后插入了上述两传文,从时间看,明显是装订时摆放错了。似应放在《石潜公传》之前为妥。

一支大分十六世孙吴坦安(1741—1811),字静轩,号兰皋,由广东商籍庠生,中乾隆四十七年(1782)广东乡试第49名,五十二年(1787)大挑一等,简发山东授利津县知县,父丧服阙起补乐安

---

[1] 《明史》卷69《选举志》,中华书局1984年版。

县知县；五十四年以家经营盐行捐助台湾军饷，部议加同知衔，因现任改军功，随带加三级，五十五年（1790）承办东巡大差，钦赐贡缎荷包等物。著有《恭纪余事》诗集。

二支三分十六世孙吴浚明（1806—1861），改名思洛，字青屿。以襄办军务，遵筹饷例，捐纳光禄寺署正职衔加二级，游幕东瓯，适逢金钱会仓促攻城，吴浚明督兵固守，力竭受伤而死，经督宪上奏，奉恩恤云骑尉世职，并入温州昭忠寺。生子七：长子吴载坤（1834—1910），字维城，号星桥，遵例捐纳县丞，并加分缺先选授兼云骑尉世职。第五子吴载福（1847—1887），改名惟墉，字履堂。娶妻胡氏，生三子。吴载福不幸中年去世，家道遂中落，胡氏抚养儿女茹苦自甘，自幼为课读，长而为授室。三子克俭，蜚声商界；幼子吴开鳌（1853—1920），改名维良，字子钦，遵例捐纳县丞，并加分缺，尽先选授。

弟吴汉明（1812—1859），改名思淮，字苇亭。遵船工例捐纳从九品实职，选授安徽宁国府山溪巡检，接着以军功保升安徽婺源等县知县。吴汉明一子吴载岳（1821—1868），字仲山，遵例捐授盐大使，分发河南任用。

同支十八世孙吴宗仙（1850—1914），字子萃，遵例捐纳五品衔。三支二分十六世孙吴广遂（1826—1888），名庆裕，字庆行，又字时宜，号云庄。父明元，生三子：长广逵，次广达，广遂为第三子。少迟钝，不聪明，读书不能领悟其意，学口算不懂得乘除，到了20岁，读书只不过认识几个字，算术只能简单地加减罢了。但体格强壮有力气，手提盐卤好像提一只空瓶一样，镇海寺观音庙前的石香炉也能双手举起，村中年轻人皆称佩服。长兄、二兄皆出门经商，因为广遂年最轻，又不甚聪明，所以留在家，继承父亲运输盐卤之业，兼种田地。26岁那年突然智力大发，无论开方、比例皆能弄懂，情不自禁地说："不了解其中的窍门，虽然每日对着算盘拨弄，也是徒劳。一旦懂得窍门，进入高深的境界，只需一会儿时间。"此后，四书、纲鉴，手不释卷。咸丰十一年（1861），太平军进入绍兴，一时时势紧张，采贵如珠。吴广遂筹集资金，亲自到硖石运米，由北江南渡新湾，再由新湾转运绍兴，就地销售。此时虽然水路交通不便，但吴广遂精力充沛，胆略过人，奔走数百里，丝毫不感劳累，这样既解决了粮食的恐慌，又赚了钱。同治中兴，盐业和盐卤生意十分兴旺，广遂又大赚了钱。经商富裕起来后，于同治二年（1863）购买胡姓地，使之与己地相与毗连，于光绪二年（1876）起造昆塘朝南宅七间作为商业用房。除了扩大营业所需外，还大力从事公益事业，同治七年（1868）倡导同人崇文惜字会，光绪三年（1877）倡导咸济水龙会。凡里中公益需要捐助的无不乐于捐助。光绪五年议叙从九品。

第四节　从事财政、文艺、科技和手工技艺：上行流动的广阔之道

晚清七十年（1840—1911）至民国初年随着中英鸦片战争和中日甲午战争相继爆发，清朝统治者更加腐朽堕落，走上了与外国侵略者妥协的道路，为此历史赋予中国人民反帝反封建斗争的双重任务。

从封建士大夫阶层中分化出来的少数精英分子为追求富国强兵，举办洋务运动，广设各种新式学堂，翻译出版近代西方科技知识的书籍。一些维新派知识分了吸收西方进化论，民权说等观念，提出"鼓民力"、"开民智"、"新民德"的口号，倡导科学民主，不断扩大西学传播；随着西方列强在华侵略权益的日益扩大，外国传教士也纷纷进入中国，建立大量各种文化侵略设施，客观上扩大了西学传播的渠道，西学传播对中国的封建制度和崇尚"义理"讳言"功利"的传统思想，尤其是对科举制度及传统教育制度进行了有力的冲击。从1901年起清政府开始推行"新政"，实行中国式的"新教育"，建立一个统一的学制《钦定学堂章程》，实行有序的教育。这些"新教育"举措在客观上所起的积极作用是明显的。

清光绪三十一年（1905）清政府迫于新思潮的压力，下令废除科举制度，对传统儒学来说无异于釜底抽薪，使之失去了最后一块文化领地，从此结束了读书人以作八股文作为进身之阶的艰难途径。然而对于那些熟读"四书"、"五经"，习惯于"帖括之学"的读书人来说

犹如当头棒喝，一时间失去了就业生存和人生追求的方向目标，他们中的一些人失落了、沉沦了；另一些人，则从二十四年政府通令全国改书院为学堂，在省城的改设为大学堂，在府厅及直隶州的改设中学堂，在州、县的改设为小学堂的教育制度改革中，逐渐摸索、探讨，亲身学习新教育的知识技能，积蓄从事近现代的建设本领。

清光绪二十八年（1902）冬，山阴县在原戢山书院旧址的基础上改建为山阴县学堂，宣统元年（1909）与会稽县学堂合并，易名为绍兴府山会官立高等小学堂，民国元年（1912）更名绍兴县立高等小学校；六年称县立第一学校，二十九年一月，改称县立元培镇中心国民学校，学堂性质分官立、公立、私立三类，按程度分为初等、高等两等。初等学制五年，七岁入学，课程设修身、读经、讲经、中国文学、算术、历史、地理、体操、图画、手工等；高等学制四年，课程设置为修身、读讲经、中国文学、算术、中国历史、地理、格致、图画、体操、手工、农业、商业。民国九年教科书一律改为语体文，小学学制改为初小四年、高小两年，初高以下一律废止读经、讲经，初小设国语、算术、社会（公民、卫生、历史、地理）、自然（自然、园艺）、工用艺术、形象艺术、音乐、体育；高小设国语、算术、公民、历史、卫生、地理、自然、园艺、工用艺术、形象艺术、音乐、体育。

清光绪三十三年（1907）正月，于柯桥融光寺内兴建公立高迁两等小学堂，民国初年，称区立柯桥小学。民国六年，州山旅沪巨商吴善庆先生个人捐银元10万元，于州山村兴建善庆学校，致力开展农业教学实践，栽桑种稻，设育蚕场。

绍兴的中学教育，始于光绪二十三年（1897）春，乡绅徐树兰于绍兴城区古贡院创办绍郡中西学堂，课程设国文、外文（英文、法文任选一种）、算学3门。二十五年更名为绍兴府学堂，三十二年更名为绍兴府中学堂，宣统三年（1911），改省立第五中学堂，课程设修身、经学、国文、英文、数学、历史、地理、博物、物理、化学、法制、经济、图画、音乐、体操15门。民国元年更名浙江省立第五中学校。十二年八月，省立第五师范学校并入，学校设中学、师范、附小三部，十七年，县立女子师范学校并入，实行男女同校，二十二年秋，改名为浙江省绍兴初级中学。

为了适应小学堂师资培养，光绪二十九年（1903），绍兴府学堂附设师范学堂，三十一年建立大通师范学堂，设体操专修科。宣统元年（1909）创立山（阴）会（稽）初级师范学堂。三年，明道女子两等小学堂改办绍兴明道女子师范学堂。民国元年（1912）山会初级师范学堂更名为县立初级师范学校，二年更名浙江省立第五师范学校，先设简易科，学制两年，后改为完全科，学制五年。简易科设修身、教育、国文、历史、地理、格致、图画、音乐、体育，完全科设英文、化学、博物、生理学、伦理学、官话教育、经学共16门。

随着职业教育的兴起，清光绪三十一年（1905），山阴乡绅黄寿裘，鄞人卢洪昶等人在城区学士街创办了公立同仁农业学堂，设农艺、工艺两科，同年设绍兴手工学堂。三十二年秋，创建震旦蚕业女子学堂，竟成商业学堂，大端女子工艺学堂，官立初等农业学堂。宣统元年（1909），陶浚宣将其捐资创办的绍兴通艺中学堂改办为私立法政学堂，为绍兴府及所属各县、乡各级议会及宪政机关培养工作人员。

清末的教育改革虽然在教学上安排了一些适应中国近代工商业发展需要的课程，设立一些实业学校，清末的学制是附在封建主义阴魂上的新旧转换期的学制，清末的教育仍然是封建主义教育。但是清末教育改革的积极影响，是清朝的改革者始料不及的。正是这些在"新政"改革中产生的社会势力，以及随着清朝旧体制的瓦解后出现的游离分子，最终成为"新政"变革的反对者和清政府的主要掘墓人。

这一时期，由于《山阴州山吴氏族谱》修于民国十三年止，其后未修续志，有关此前十几年出生的子弟皆只有出生年月记载，且名字也未确定，其后出生的明确是山阴州山人的，却不知其支系世次，仅根据族谱记载的举例于此。

一部分由于家贫，当时未能进学，又不甘心在家务农，于是从事手工技艺学习。由于环境机遇和个人勤奋等原因，有的如：一支大分十七世孙吴金培（1867—1922），字石潜，后改名隐，兄弟四人，吴隐为季。年少家贫，十余岁即到杭州一碑板学习镌刻。由于他勤奋好学，业余还拜戴用柏为师，学习古文许书；将省下的钱购买金石拓本供自己临摹学习。年深日久，逐渐掌握了碑刻的门道，后来成为著名的金石家，西泠印社创始人之一。其妻孙锦与吴隐共同创制"潜泉印泥"，在上海西泠印社经销，对于印学贡献很大。其长子吴熊（1930—1971），原名熊生，字德潜，号持华，后学佛，又号右旋居士。能刻印、善镌碑。他曾为鲁迅先生刻过一方白文石章，印面有"鲁迅"两字。次子吴珑（1907—1979），原名锦生，字振平，号和庵。工画山水，能篆刻，喜鼓琴得虞山派指法。吴隐去世后，吴熊、吴珑兄弟分家。吴熊继承了上海西泠印社的书店部分，继续出版发行印谱，并把分店开到了南京，抗战时南京分店被日寇飞机炸毁。他本人也染上了不良嗜好，不久上海的书店就歇业了。吴珑与妻子丁卓英继承了"吴氏印泥"制作和销售，成为"吴氏印泥"第二代传人。母亲孙锦跟随吴珑夫妇生活。他们相濡以沫，共同研制成功了吴氏印泥的第二代产品。代表印泥有上品朱砂印泥、锦面朱砂印泥、箭镞朱砂印泥、宝蓝印泥、纯墨印泥、朱虹印泥、古色印泥等。印泥质量更好，销售更旺，确实做到了"不坠家声"。二支二分十八世孙吴如渭（1868—?）和弟吴如春（1884—?）皆住绍兴城新街口为铜作匠。

二支二分十九世孙吴善庆（1872—1922），字善卿，幼年家贫，无力就学，14岁离家去沪谋生，在上海成康公司和外人所办的礼和洋行为学徒。由于刻苦好学，深得中外老板的赏识和信任。清光绪三十年（1904）自办公和来公司，专门经营染料，以后又去日本学习染料配方、化验等技艺，回国后创办了振兴染织厂、棉纱厂、花边厂，逐渐成为民族资本家。州山吴氏后人受其影响，如今仍有不少人从事棉布、纺织、印染业。

吴鉴卿（1912—1956），世系不详，住在绍兴昌安三脚桥下，父为碗店职工。吴鉴卿15岁为锡箔庄学徒，20岁后与父以小本经营碗店。绍兴沦陷期间，曾去沪经营仁昌碗店，抗战胜利后回绍开设永安瓷土矿藏，遂从外地聘请技工师博，由商转工，办起了永安瓷厂。1956年永安瓷厂转为公私合营，改为绍兴瓷厂，吴鉴卿为副厂长。在此期间曾任绍兴市政协常委，工商联常委等职。后因病去世。

一部分已经取得了诸生或廪贡生和太学生的资历，或者在通过捐纳候补县丞、知县或州同或者游幕情况下，后来也都渐渐接受了新的专业，从事新的工作。如一支大分十八世孙吴沅浚（1860—?），字鹤生，由江西刑幕转任江西全省警务科员。吴秉均（1878—?），字镜秋，遵例捐纳州同后转任江西各县科员，后任豫道科长。吴瀛（1878—?），字仙州，游幕河南，适民国成立，观世局多变，退隐乡里，优游自适。十九世孙吴树勋（1874—?），字伟巨，号蔚明，由太学生升用县丞、广东巡检，历任罗定、西宁、连平、东安、新兴等县司缺。

一支三分十七世孙吴大復（1864—1920），字复生，号祖贤，由监生捐纳府经历，分发江西补用，并在湖北阳新、大冶、枝江、利川、远安、潜江等县办理刑钱事务，锺祥、限局文牍，江西余干及鄂属天门、建始、蕲春、通山、随县第一科科长兼承审员。

一支大分十九世孙吴文煌（1868—?），字星伯，江西补用县丞，历任差缺，民国成立，任江西进贤县警佐、江西水上警察厅技士员，获授二等警察奖章。其弟吴文炳（1869—?），字仲约，号甄人，江西刑幕，民国后曾任安徽商业厅书记官，获授一等金质奖章。吴文启（1884—?），字由斋，吴沅浚子，历任江西赣北镇守使，扬州西淮缉私统都书记官。一支大分二十一世孙吴文怀（1867—?），字文达，又字瑾侯，号芸柔，邑庠贡生，直隶北河候补县丞。光绪二十七年（1901）办理教案善后出力，保免补本班知县，仍留原省补用。民国三年（1914）任湖北鄂西观察使署内务科科长秘书，是年改名荆南道，仍留原职。并办理清乡有功，保七等，奖嘉禾勋章。开辟商务处事务所政牍，五年任山西河东道第一、第二科主任。

吴道镕（1852—1936），原名国镇，字玉臣，号用海，别号淡庵。祖籍会稽，寄籍广东番禺。世系不详。光绪六年（1880）进士，入翰林院，十二年授编修。后主动要求出任潮州韩山、惠州丰湖、广州应元和越秀书院山长，光绪三十年（1904）任两广高等学堂监督，著有《海阳县志》、《明史乐府》、《淡庵诗存文存》、《广东文征作者考》、《番禺县续志》等。

　　一部分有幸进入当时开办新学堂或学校学习有关专门知识的，后来都成为专门人才。一支大分十九世孙吴文全（1869—?），字晴川。江西九江同文书院毕业，担任江苏十二圩巡辑局编绎员。二十世孙吴国炳（1895—?），字德基。江西法政学校毕业，任直隶蒂城县管狱员，司法部记名，以新盐典狱长荐任用。其弟吴肇昌（1906—?），字元基，安徽高等学校毕业，族谱未记其工作。一支二分十九世孙吴元舆（1899—?），名铨，字御卿，父吴成廉，翰林院侍讲。浙江陆军模范队毕业，补授陆军中尉。二支二分十八世孙吴书镛（1884—?），字温，号蓉亭，浙江龙山法政专门学校毕业，历任绍兴、海宁、平湖等县管狱员，江苏高等审判厅主任，浙江永嘉、江苏吴县、上海地方厅书记官长，获授司法部一等银质獬豸奖章。一支四分十八世孙吴忠孝（1901—?），国民学校毕业；其弟吴忠善（1907—?），国民毕业；吴忠保（1902—?），字克家，国民毕业；弟吴忠本（1905—?），字行恕，国民毕业；吴忠孙（1906—?），字伯森，号茂宣，国民毕业；其弟吴忠泉（1908—?），字柏泉，号醒宣，国民毕业。

　　一支四分十八世孙吴寿全（1895—?），原名咏泉。历任湖北天门县科长。一支三分十八世孙吴存良（1901—?），字葆甫，号芙卿。父仁厚（1879—?），字德园，号少荣，邑庠生，修选同知加三级，授中议大夫，赏戴花翎，生七子，存良为长子，师范学校修业生；二弟吴存模（1905—?），字式甫，号蕢卿，敬敷学校高等毕业生；三弟吴存道（1911—?），字乐甫，号莼卿，鉴清学校初等毕业生。

　　四支二分十九世孙吴纪藩（1899—?），字孟镇，浙江省立第五师范学校毕业，北京国立法政专门学校修业。

　　吴似鸿（1907—1990）女，笔名湘秋、苏虹、吴峰、支系世次不明。9岁入私塾，11岁进本乡进修小学，后考进了绍兴女子师范学校，毕业后在母校附属小学任音乐教员，后成为著名的作家。

吴昌顺（1889—1968），世系不详。世居城内小保祐桥下，以锡箔为业，粗有文化。自幼爱好戏曲，经常去农村听看"宣卷"。32岁正式登台献艺，30年代进入同春舞台，由于其工绍剧老生，对"海底翻"传统唱法有所创新，而别具一格。因其唱做俱佳，不久即跃居绍剧"四大老生"之冠。其饰演《渔樵会》中徐达、《宝莲灯》中刘彦昌、《寿堂》中包拯等形象，一直为绍剧戏迷所倾倒。新中国成立后，致力于培养青年演员和传授绍剧传统剧目，著有《绍剧传统唱腔》一书传世。

绍剧著名演员吴昌顺像

二支二分二十世孙吴性栽（1904—1979），字鑫斋。原沪经营颜料生意。20世纪20年代初投资创办百合影片公司。1925年6月与大中华影片公司合并，任董事长，1930年在中华百合影片公司又与民新影片公司合并成立联华影片公司，仍任董事长，在左翼电影运动影响下，主持联华二厂，拍摄了《三个摩登女性》《都市的早晨》《母性之光》《渔光曲》《大陆》《新女性》《神女》等优秀影片。1936年后又组织银团华安公司投资拍摄《迷途的羔羊》《狼山喋血记》《联华交响曲》等进步影片。抗战爆发后，在上海租界相继开办合众、春明、大成影片公司。1946年成立文华影片公司，拍摄了《不了情》《假凤虚凰》《母与子》《夜店》《太太万岁》等多部影片。1948年，与金山合作，创办北平清华影片公司，同年在上海组建华艺影片公司并拍摄梅兰芳主演的戏曲片《生与死》，1948年年底迁居香港，1950年组建龙马影片公司，曾与上影厂合作拍片。著有《京剧见闻录》。

第五章　山阴（绍兴县）州山吴氏家族崛起后对绍兴地方的回馈

山阴州山吴氏家族自明洪武四年（1371）始祖吴均礼入籍山阴州山，至五世吴蒜、六世吴便、七世吴彦陆续考中进士出仕，至八世后，吴氏家族科举入仕渐趋兴盛，名人辈出，直到民国初年（修谱时间为民国十三年），历经二十一世，计六百余年，历久不衰，成为绍兴地区名门望族之一。山阴州山吴氏家族在其繁衍发展转型的过程中，创造了灿烂的家族文化，为绍兴地方文化史的发展作出了杰出的贡献。

第一节　秉持耕读传家的优秀传统，光大了绍兴地方的重学之风

山阴州山吴氏始祖吴均礼于洪武四年（1371）入籍州山，娶周桥周氏生子四，长子吴渊继承了乃父勤劳俭朴、孝友乐善的品德，带领三位弟弟及众子侄，以身作则，勤劳耕作，加上州山优渥的自然条件，经过二三十年的积累，家资渐趋丰硕。明正统五年（1440），朝廷"遣使下郡邑，建义仓，听民出余粟，以备荒歉，计其多寡，而褒赏有差"[①]。吴渊积极响应。一次捐粟一千石，例蒙赐玺书表为义民，免除本户三年杂泛差役。六年秋，吴渊至京城接受朝廷召见，"沐一玺书奖励"，极大地震动了绍兴郡县长官，更是震撼了吴氏兄弟子侄及山阴县民众。此后一支三世的吴钤、吴昉，二支三世的吴旻、吴昇都踊跃捐粮，被朝廷授予纳粟冠带。纳粟冠带之制，只荣其身，不任

---

① 《山阴州山吴氏族谱·质庵君应诏捐输序》，1924年木活字本。

以职。虽然如此，吴氏子弟仍积极纳粮，支援朝廷和灾荒地区，养成了爱做善事的好传统。

江庆柏在《明清苏南望族文化研究》①一书中指出，文化望族应该具备几个要素，即具有一定历史、一定的人口数量、集中的居住区域（聚族而居）、相对的稳定性、一定的优秀人才（包括功名和仕宦）、优良的道德品质。这个时期，山阴州山吴氏还没有具备文化望族的影响力，而只是作为一般好行善事的乡村富户被府县官府所关注。如果要想进入层次更高、社会影响力更大的文化望族队伍，吴氏还有一段较长的路要走。吴渊及其诸弟、子侄也意识到这个问题，并开始让其第三子吴暎读书，成为邑庠生，但屡试不售，至中年补国子生，刑部员外郎，新昌人吕升闻其名，荐其教授刑书，既而注选天曹，成化十三年（1477）授福建安溪知县，十八年因疾辞官。吴暎生三子，二子吴珑、三子吴理相继成为邑庠生，但也屡试不售，未能打开科举的大门。真正为吴氏在科举上赢得声誉，将吴氏推上文化望族和仕宦家族位置的是一支大分四世的吴琢和五世的吴源。

吴琢，少年博览全书，壮年得疾，遂不以功名为念，以全力教子成名，妻司马氏秉性端良，治家严肃，相夫教子，长子蒸，生而颖悟，好读书，凡诗书、古文词无不涉猎贯通，年十九，即中成化二十二年（1486）浙江乡试第73名举人。时父吴琢患疾经岁卧床，蒸不忍离开，不赴礼部试。又三年，在父严厉督促下，才赴礼部试，由于早晚寻药、煎药端汤，耽误了温习，结果未中。父亲命其读国子监，经过三年专心刻苦力学，终于弘治六年（1493）考中进士，选授翰林院庶吉士，吏科给事中之职。五世吴源自幼爱读书，喜与名人交游，曾感叹说："国之无良臣，家之无良子弟，由教之不早就也。聚诸子姓，延士之有经术行谊者使训迪之。"②经过几年的努力，弟蒸、子便、孙彦相继中进士。吴氏日显，人有称善教者，必曰吴源。吴源和其叔父吴琢重学的举动收到了显著效果。这种举措和经验，吴源于

---

① 江庆柏：《明清苏南望族文化研究》，南京师范大学出版社1999年版。
② 《山阴州山吴氏族谱·明故封承德郎南京刑部主事萧肃公墓志》。

弘治七年首创纂修吴氏族谱将其归结为重学之风，已经将其写入家训中，成为后世子孙遵循的传统。

根据《山阴州山吴氏族谱·学校志》有关名录，笔者对照世系谱一一落实了世系及郡县庠生、武生、太学生的类别，按世次作了统计，列表如下：

山阴州山吴氏家族各世进学情况统计表

世次	郡县庠生、武生数	太学生数
四	3	0
五	3	0
六	19	5
七	24	3
八	17	3
九	33	13
十	39	14
十一	37	12
十二	32	29
十三	11	32
十四	15	19
十五	10	33
十六	9	11
十七	2	10
十八	1	0

此表仅是各世进学情况，不包括已经中举、中进士出仕任职的吴氏子孙。

由此可见，随着山阴州山吴氏家族人口的繁衍，农业生产的发展，经济的宽裕和稳定，耕读传家的传统成为他们家族的一种必然选择。农耕是家族或家族生存繁衍的基础，读书仕进是家族兴旺发达的保障，是族人进身的阶梯，也是农家子弟从社会底层摆脱出来出仕做官的唯一途径。作为一种教育传统和价值思维文化定式，耕读传家宣扬的道德规范，强调以孝悌仁义维护家族的和谐，让族人子孙在尊重长辈，崇文慕学，勤劳上进的人文环境中耳濡目染，顺利完成文化的濡化过程，由此造就大量出自乡野而文化底蕴深厚的杰出人才。州山吴氏家族的崛起，正是继承了这种耕读传家的优良文化传统。州山吴氏家族一部分人由科举直接入仕做官，一部分成为庠生，国子监生。吴氏四世、五世只有邑庠生各3人；六世后县府庠生增至19人，且有太学生5人；九世至十五世府县庠生增至50人以上，且太学生人数显著增加，多时已达30余人。七世吴毅由郡庠生补国子生生，授鸿胪寺序班；八世吴悦，由郡庠补国子生，授广东高要县主簿，历潮阳丞，郑府奉祠正。庠生，太学生（或称国子监生）等生员可以通过举贡入仕做官。所谓举贡，就是各省学政同地方督抚按期将本省、府、州、县四学中的部分生员贡入国子监，再通过廷试或考职授予贡生资格。国子监是明清时代最高学府。贡生可分为岁贡、恩贡、拔贡、副贡、优贡，这五贡为正途资格出身。另有一种通过纳粟捐资取得的贡生称例贡，还有增贡、附贡、廪贡。岁贡是由地方的府、州、县学把秀才以此排队，按规定时间循序推荐到国子监，俗称推贡。绍兴府学年贡1名，大县学3年贡2名，小县学2年贡1名。恩贡是岁贡在特殊情况下的改称，清沿明制，凡国家有庆典或皇帝登基便颁布"恩诏"，以当年的岁贡充恩贡，次贡作为贡生。拔贡为常贡之外的选贡之法，时间没有一定，拔贡由各省学正从学行兼优、年富力强，累试优等者中考选，不计较资历。副贡是乡试副榜生，清制规定各省乡试每5名举中另录副榜1人。副榜不能参加会试，但可以由吏部考职，出任县丞、州佐或担任教职。优贡类同拔贡，每3年考选一次。岁贡是举贡的主要形式。走举贡之路，生员人数多，推荐人数很少，难度很大。但是山阴州山吴氏的秀才们有不少成了贡生。贡生的身份虽然还是学生，但是他们可以不参加科举考试，直接做官，但官职是比较低的，一般都是县丞、州官、学官之类。如果想要做中高级的官职，则必须参加科举考试。

山阴州山吴氏家族基本上是以读书业儒起家，以科举发家，本质上是一种文化型家族，因此，在其崛起后，他们往往会充分利用自己在文化上的实力，积极参与地方的文化建设，通过办义塾、讲学会友、著书立说等重学的手段教育子孙后代；通过重学，将"文行"落到实处，在文教资源上抢占优势，提振家声，延续家声。《吴氏家训》说得好："吾家三世祖木庵公（吴暎）早兴文教以来，奕叶不乏其人。今日生齿虽繁，而文风未能不振，良由鼓舞鲜术，志气颓废，堕先声而阻厥志，习流俗以甘自卑污，甚可慨也！今后子弟有能奋志读书，博一院道考者，宗长等将公贮银内给于若干两，以为赴考之资。其有赤贫愤励举业，而乏束修之贽者，宗长亦于公贮之中代馈所师。……家若贫，不可因贫而不教子读书；家若富，不可恃富而怠于训迪。朱文公有云：'学与不学之间，君子小人之分。'又曰'贫而勤学，名乃光荣。'学，其可忽乎哉？今人惟多营资以贻子孙，而不知勉强教之以学问，譬犹衣之以文锦而食之以糟粕，腹一毙而身无用矣。"

上引有三层意思：第一，肯定山阴吴氏家族以三世吴暎重学以来接连涌现了通过科举而入仕的大批子弟，同时又指出自十世以后虽然人丁兴旺，但学风不振，科举日衰的现象。第二，采取得力措施，以物质奖励为手段，鼓励发愤读书，积极参与院试、乡试等科举考试的子弟。第三，以朱熹"学与不学"的名言警告家人，勉励后人重视读书上进；以世俗将田产传给子孙，不如将知识道德传给子孙的浅近道理劝说宗人。

吴氏家族各支各世都非常重视兴办义塾，让子孙上学读书，远的不说，如二支三分八世孙吴禹道，为山东幕宾所入馆俸，除供自己俭朴生活外，几乎将积余全数捐给贫困族人和亲戚子弟读书。三支二分十六世孙吴广遂通过经商致富后，除了留下扩大再经营所需资金外，还大力从事公益事业，捐资兴办私塾，同治七年（1868）捐资倡导崇文惜字会，组织宗人与村民之文盲者读书识字。光绪三年（1875）倡导水龙会，让族人参与划龙船竞赛等公益活动，从中达到身心愉悦的目的。二支二分十九世孙吴善庆，于民国初年出资10万银元，在家乡州山建起了一座欧式建筑的善庆学校，专供族人子弟上学。

州山吴氏家族还通过设立"彰善簿"、"附过簿"的奖罚手段，重视将"文行"落到实处，对族人尤其是青年子弟进行传统的道德行为教育。《吴氏家训》记载："置《彰善簿》、《附过簿》各两扇，一付宗长，一存本祠。本祠凡有德行可称义，定入《彰扇簿》，详注其实，示可法也。凡有罪过可指议，定入《附过簿》，但过其略，存忠厚容悔改也。"凡是孝敬父母长辈，贫困而能坚持节操，富裕而能以礼待人，帮助贫苦，当官能够尽职奉公，忠贞报国的都要详细记录，根据情况予以奖赏表扬；凡是违背礼义，不尊重父母长辈，或是偷盗欺骗、酗酒赌博，行为不检点的，根据其造成后果的轻重程度给予批评惩罚。累教不改，危害严重的直接送到官府给予法律的制裁。其目的就是要让族人从小养成遵纪守法和父慈子孝，兄弟敬爱，夫妇和睦，交友以诚，志趣向上的品德行为，将"文行"落到实处。

绍兴为文化之邦，向来重学风气浓厚，一般望族世家皆设立义学，族塾，让子孙自幼学习"四书""五经"或诗词歌赋，自髫龀以上皆能诵习，举子应主司之试，居庠校中有白首不已者。正如明末清初有名文人吴伟业所说："世家大族，邦之桢干，里之仪型，其有嘉好燕乐，国人于此观礼焉，四方于此问俗焉。"① 江苏太仓大儒陆世仪说得更为明白："夫风俗之淳厚，非必尽由在上之人有以风厉之也，一邑之中有一、二世家大族，以礼义廉耻治其家，则相观而善磨砺，而兴起者多矣。"② 绍兴地区如会稽县陶堰陶氏家族，山阴县白洋朱氏家族，梅市祁氏家族，峡山何氏家族，还有水澄巷刘氏家族，壮元坊张氏家族，等等，这些文化望族之所以能够绵延不绝，而且人才层出不穷，应该说与文化望族自身的文化传统和社会示范效应是分不开的。他们之间并不是一个个孤立的家族，而是通过复杂的婚姻关系，师生同年关系与同乡地缘的网络，共同形成了绍兴地方文化世族群。他们作为社会上流阶层，或为朝廷权臣，或为地方大绅，或为文化领域的巨擘，甚至是地方上有着巨大影响力的绅士，始终与绍兴地方重学之风发生着密切的互动关系。

---

① 吴伟业：《梅村文集》卷7《顾母施帮恭人七十寿序》，宣统二年刻本。
② 陆世仪：《陆桴亭先生遗书》卷4《龙城郝氏宗谱序》，光绪元年刻本。

第二节 坚持走科举发家，倡立文武并举，扩大出仕的途径，拓展了绍兴名士的内涵

山阴州山吴氏家族从五世起由吴蕣首先敲开科举大门，于弘治六年（1493）高中进士，选授翰林院庶士，累官吏科给事中。其后六世吴便于弘治十五年（1502）考中进士，授南京刑部广东清吏司主事，历官云南知府，云南按察副使，临安兵备副使等职。七世吴彦中嘉靖二年（1523）进士，授行人，历官南京江西道御史，广东道兵备佥事等职。八世吴兊，中嘉靖三十八年（1559）进士，授兵部主事，历官武选司郎中、霸州兵备副使，左佥都御史巡抚宣府，兵部右侍郎总督宣、大、山西，兵部左侍郎，蓟、辽、昌、保总督，升兵部尚书加太子太保衔。自此后吴氏家族显赫，吴兊长兄吴悦由郡庠生补国子生，授广东高要县主簿，历潮阳丞、郑府奉祠正；吴兊之弟吴兖由国子生授光禄寺监事，历升署河东运判。吴兊叔父吴毅三子：长子忱由郡庠补国子生，次子沈由国子生授鸿胪寺序班，三子忱由国子生授四川雅州守御所吏目。吴兊的职务与功勋复荫至九世、十世，甚至是十一世。吴兊长子吴有豸，中万历十五年（1587）举人，袭锦衣卫正千户，升指挥佥事，官南镇抚司，都指挥分守蓟镇太平路参将，三十四年（1606）升山东副总兵。吴兊之弟吴兖二子：长子吴有闻，中万历三十一年（1603）京卫武举，授东宫侍卫，泰昌登极，覃恩授锦衣卫镇抚，本卫指挥佥事；二子吴有端，以伯父吴兊荫授锦衣卫镇抚。吴兊之兄吴悦长子吴有豸，承叔父荫恩生，授河间府住密云管饷通判，转顺天府通判。吴兊孙子五人：长孙吴孟明，由郡庠生中万历四十六年（1618）京卫武举，袭祖荫锦衣卫正千户，考选北镇抚，司理刑，升指挥佥事，崇祯改元补镇抚司掌印，升堂上佥书；次孙吴孟登，由官生授左都督都事，升前府经历，历任刑部广东司员外郎，云南永昌知府等职；三孙孟文，授锦衣卫百户；四孙吴孟仁，授锦衣卫总旗；五孙吴孟浩，中崇祯十三年（1640）进士，授锦衣卫副千

户。吴兑曾孙吴邦辅，由邑庠生袭祖荫锦衣卫正千户，考选北镇抚司理刑，类奏功升指挥同知，升本卫堂上金书，官北镇抚事；曾孙吴邦臣由郡庠生中崇祯十二年（1639）顺天乡试17名举人，十三年进士，特恩授山西道监察御史，巡视长芦盐课；曾孙吴邦定由廪监考授南京兵部武选司主事；曾孙吴邦奇，中崇祯十二年顺天乡试副榜，恩贡选授东宫侍卫领班官；曾孙吴邦玮，授锦衣卫镇抚；曾孙吴邦璇，金衢总兵前军都督府同知；曾孙吴国铺邑庠生中天启七年（1627）广东武解元，崇祯登基覃恩授锦衣卫镇抚，升正千户掌印左所千户印，改授指挥佥事，荐升南镇抚司金书，类奏功升都督同知，加太子太保左都督。

　　明朝嘉靖时期内忧外患，统治危机日益严重，大批倭寇在东南沿海地区肆虐横行，嘉靖中后期是倭寇危害最严重的时期；同时，北方地区蒙古鞑靼又频频南下，万历年间明朝频繁用兵，先是平定哱拜叛乱，播州杨令龙叛乱及援朝抗倭。东北地区的控制也出现了危机，建州女真首领努尔哈赤乘时而起，仅用30余年时间便统一了女真各部，万历四十三年（1615）建立了后金国，四十六年四月努尔哈赤率军偷袭抚顺，第二年又击退了明军13万人进攻，取得了萨尔浒大捷。天启元年（1621）攻占沈阳、辽阳及辽河以东70余城堡，接着将都城迁至辽阳，次年兵渡辽河，攻占西平，占领了广宁，进而威胁明王朝的安全。崇祯年间，李自成、张献忠的农民起义军，在山西、陕西、河北、湖北、四川一带以星火燎原之势迅速攻占了北方大半个明朝的区域，就在这种叛乱与反叛乱，进攻与反进攻，起义与镇压起义的战争动乱中，明王朝与后金政权都急需大量的军事人才。明世宗登基以后就开武科取士，以后又不断增加武举征召人数。嘉靖二十一年（1542）起，武举录取除官人数的分配上也作了调整，录取分边方腹里，并按"边三腹二"的比例录取。所谓边方，是指昌平、辽东、宣府等，而腹里则是指两京，京卫、浙江、江西、福建等地。如此调整，主要是增加边疆地区的录取名额和军官配备。万历以后，武举征召人数都一直保持在一个较高的趋势上。清初，江南和西北以及收复台湾等频繁的战事，都急需大量的武科人才。明清朝廷的需要和吴兑从事武职的荣耀促使了山阴州山吴氏一部分子弟从事武科。据道光二十年刊行的《山阴州山吴氏族谱》记载统计，仅吴氏第一支第二支中就出现了武进士29名，武举54名，将军（包括参将）近60名，义烈之士20余名，且这些武进士、将军、武举和大量的武学生皆出现于明朝嘉靖中后期以后及至清同治年间，其中明万历至清乾隆的近二百年间出现最多。

吴兑自少性格豁达，不是个只读"四书"、"五经"，谨小慎微的读书人，他还爱读兵家韬略之书，有勇有谋。还是诸生的时候，他就和徐渭一起教训了山阴县簖骄横无理的四个麻阳兵痞，后又带领州山青壮年反击倭寇的侵扰，曾经赢得了徐渭"生平知公操笔而摇髯，诚不知用胆略乃如是"的赞扬。考取进士以后，授兵部主事，历任兵部武选郎，山东按察副使，驻兵霸州，治理有方。隆庆三年（1569）恰逢恩师高拱以大学士兼掌吏部事召用。高拱具有经国之大才，针对当时北方边事紧张的形势，主张增置兵部侍郎，以储备总督之人才。高拱认为军事是一门专门之学，不是专门从事的人是不可能胜任此职的。培养军事人才应当从兵部开始，从下属中谨慎挑选有才干智谋，通晓行军打仗的人才，让其长久担任军职，轻易不要调动，以后边疆兵备督抚之职，就从这些人中挑选。吴兑曾任兵部主事，蓟州兵备副使，性晓兵事，有智谋胆略，正符合其要求，又是其门生，并互有深厚感情，为此，高拱于隆庆五年（1571）秋将其擢为右副都御使巡抚宣府，"释褐十三年得节钺"、"前此未有也"。其后张居正也对吴兑重用信任有加。

吴兑从事武职，屡建军功，不仅使其本人的职务不断得到提升，也使其家族恩荣不绝，不断得到封赠，子孙得以荫袭，极大地激励和启发了吴氏族人。许多青年子弟纷纷效法，调转科举方向，改习武科。

从武弃文还与投考文科艰难有关。明代中叶以后，全国生员数量急剧增加，既有廪膳生，又有增广生员，附设生员，而科举的中举比例仍然很低。进学易，出身难，由读书穷经中秀才考举人、考进士道路漫长而又狭窄，且很少有人能够跨越；依靠从军速成的军功可以不断提升，仰仗战功可使家族获得封赏和荫袭。吴氏家族中的一些家长和青年子弟再也不想坚持"白头辛苦服儒科"，一走到底，屡败屡战的做法，而是调转方向弃文从武。如吴兑之侄吴有闻，自幼改习武科，万历三十二年（1604）京闱武举，担任东宫侍卫，泰昌登基覃恩授锦衣卫镇抚，升本卫指挥佥事。堂侄吴有临，自幼习武，后中武举，授羽林左卫所镇抚，杭州大营中军事。族侄吴应龙，自幼习武，后中武举，授云南腾越州领兵千总，天启二年征蛮阵亡。堂孙吴灿，由京卫武学授京营把总；堂孙吴明臣，由京卫武学授运粮守备；堂孙吴崇俊，由京卫武学中武举授锦衣卫镇抚；堂孙吴崇果由武举任山东登州东江守备。同支三分八世吴泰征，中万历四十三年（1615）武魁，四十七年武进士，授锦衣卫所镇抚，升河南开封府参将。九世吴之章，京卫武学生，以武举升保定府新城守备。同支二分九世吴士昇，崇祯二年京闱武魁，授锦衣卫百户，掌旌节司印。二支二分八世吴咸宜，以武举授镇抚；同支九世吴恒爱中万历四十六年（1618）京闱武举，崇祯四年（1631）武进士，任广西都司，升游击将军。

　　第二支三分从军习武之风更盛。七世吴大斌，只参加了一次诸生考试未取，就果断地抛弃儒科，改学兵法，律例之学。父亲去世后，他留下二弟大益在家照顾母亲，自己带着比自己小九岁的弟弟大圭闯荡东北，在辽东定居，并得到辽东总兵宁远将军李成梁信任后，他召集州山族中子弟奔赴辽东从军。大益四子，即长子吴宗汉，次子吴成忠，三子吴存忠，四子吴廷忠，皆为辽东自在州庠生，担任武职。其弟大圭，为领兵千总随征关白，任清河卫守备，后与长子吴景忠先后战死，次子吴执忠受到后金政权的招抚和重用。在山阴州山吴氏家族的发展史上，二支三分的吴大斌与一支大分的吴兑一样，都是改变家族科举方向影响最大的人物，而且，吴大斌还是延续州山吴氏家族兴盛的关键人物，由于他的决策，才使得其弟大益、大圭和堂弟大邦、大武、大壮等房子弟在明末清初改朝换代的动荡中，使吴氏家族得以以武功继续保持兴盛的局面。

　　二支三分九世的吴兴祚与吴兑一样。如果说吴兑是明嘉靖后期至万历年间使吴氏家族的兴盛影响最大的人物，那么吴兴祚就是清康熙年间对吴氏家族继续兴旺影响最大的人物。吴兴祚在康熙十七年担任福建巡抚提督军务，其后又在担任两广总督期间，直接投靠其门下、参与收复海坛、金、厦二门战役立功和间接受其影响而擢升军职，得到封赏和荫袭的吴氏子弟甚众。

吴氏家族子弟始终秉守《吴氏家训》"子孙有出仕者，唯当随职奉公，竭忠报国，毋得徇私黩货，利己妨人，有玷名教，为祖宗之羞"，"凡我同宗，与人相处，务以诚信相献，毋习诈伪，始终如一"的祖训，直言敢谏，耿介清廉，忠义诚信是州山吴氏家风和仕风的重要内容。吴蒹为官刚直敢言，不畏权势，对朝中大臣及贵倖不法之事绝不姑息，最后竟毅然辞官，决不向腐败的官场黑暗势力投降。吴便忠于职守，听断公正，清廉自守。吴兑担任兵部武选郎期间，内监趁机为自己营求恩荫，主事曲为包庇，吴兑敢于公正执法，有力打击了宵小的气焰。吴孟明担任锦衣卫北镇抚司副理刑期间，为了保护东林党等一批正直官员，始而婉曲周旋魏党许显纯，继而愤怒斥责许显纯。崇祯元年，仗义为钱谦益辩冤；崇祯十年，大胆揭露内阁温体仁的阴谋为钱谦益雪冤；崇祯十四年，吴邦辅继任北镇抚司理刑期间，顶着压力，委婉周旋姜垛、熊开元一案，免除了两人的死刑。吴兴祚在两广总督期间兴利除弊，减免杂税，剿除海盗，发展生产，安置流民，实施了一系列惠民政策，得到了当地百姓的欢迎和康熙的赞赏。

山阴州山吴氏家族还出现了一大批为国献身的忠义之士，他们之中有万历二十一年为支援朝鲜、反击日军而捐躯的吴来臣；有为镇压贵州水西土目安邦彦部而阵亡的吴崇文；也有为固守松山遭到后金军队围困不屈而自刎的吴友义；也有为抵抗李自成军队围攻长安县城而投井自杀的吴从义等人。

山阴州山吴氏家族作为明清时期绍兴地区的文化望族之一，在政治、文化上都取得了巨大的成就，与其独特的家族传统家族风尚有着密切的关系。州山吴氏家族坚持科举发家，同时又高扬尚武精神，创立文科、武科并举，因而在明清两代，州山吴氏家族孕育了文进士15人，武进士29人，文武举人97人，贡生83人和非科举出身的官宦、师爷、企业家、学者多人。其中有明万历初年蓟、辽、昌、保总督兵部尚书的吴兑，清康熙二十一年两广总督兵部尚书吴兴祚，明崇祯朝翰林院编修吴之芳，北镇抚司掌印、堂上佥书吴孟明，北镇抚司理刑、堂上佥书吴邦辅，南镇佥书吴国辅，清乾隆年间翰林院学士、贵州学政吴寿昌，清嘉庆年间内阁学士，工部侍郎吴杰，近现代著名金石家吴隐，企业家吴善庆，等等。尤其是一大批武科进士、将军和为国捐躯的忠义之士的出现，这在绍兴地区其他望族中是少见的。无疑，这不仅为州山吴氏家族的出仕拓宽了路径，而且也拓展了绍兴名士的内涵。

陈寅恪先生在谈到士族门风与学业的关系时曾说："夫士族之特点即在其门风之优美，不同于凡庶，而优美之门风，实基于学业之因袭。"① 钱穆在论述魏晋南北朝学术文化与士族门第的关系时也指出："当时门第传统共同理想，所期望于门第中人，上自贤父兄，下至佳子弟，不外两大要目：一则希望其具孝友之内行，一则希望其能有经籍文史学业之修养。此两种希望并合成为当时共同之家教，其前一项之表现，则成为家风；后一种之表现，则成为家学。"② 州山吴氏家族中一大批从武将士由于战事倥偬，或本身不喜诗词歌赋，未见有诗文集留传下来，但不见得他们不擅诗文，他们仍然崇文，重视文化教育，文化素质较高。这种思想源于吴氏根深蒂固的儒家风范。如吴兑在总督府中，烽火频传，檄书纷至，将吏环集，据案批阅军书，答复所问，神清气爽，无不顺当。他曾与时任宣大总督的方逢时有诗歌酬和，与时任内阁首辅张居正有书信往返，可见，他是擅长诗文的。吴蕣辞官归家以后，曾建屋二间，命为"钟玉轩"，以栽植花草，诗酒自乐，可见他也是擅诗的，但不知什么原因，未见有作品流传。

重视著书立说，提振家族文化，从二支三分九世吴兴祚著有《留村诗钞》、《留村词钞》起始，以后历世都有诗文集流传，如曾参与吴兴祚幕府的一支十二世吴棠祯著有《吹香词》、《风车词》各一卷，

---

① 陈寅恪：《唐代政治史述论稿》，上海古籍出版社1997出版。
② 钱穆：《略论魏晋南北朝学术文化与当时门第之关系》，1963年香港《新亚学报》第5卷第2期，1963年。

吴秉钧著有《课鹦词》一卷，吴秉仁著有《慎庵词》一卷。清初江苏宜兴人蒋景祁编选的《瑶华集》是一部选录清初顺康年间词人词作的选本，其中就选录了吴兴祚词2首，吴棠桢词20首。收录于《续修四库全书》中的《名家词钞》则全收吴棠桢《风车词》、《吹香词》计128首，聂晋人评云："《吹香》善学唐词，故在一语之艳，令人魂绝；一字之工，令人色飞。《风车》能兼草窗，白石之长，不独以写丽揉香，争新競巧。见其皮毛，庶乎能读先生词也。"收录吴兴祚《留村词》19首，余怀评曰："留村先生雄才大略，上拟范韩而彩笔纵横，目空一世，当其据梧而吟，登高而赋，例倾三峡，响震千门，亦何减辛稼轩镇南徐，命侍儿歌千古江山时耶。"收录吴秉钧《课鹦词》计25首，余兰硕评曰：琰青逸才旷世，缥缈风流，吐凤雕龙，慧心巧手，发为词调，轶柳凌秦，昔黄山谷之序晏小山也。有曰："其合者高唐洛神之流，其下者不减桃叶团扇，试拈此语，移赠琰青，庶几无愧。"收录吴秉仁《摄闲词》计38首，丁澎评曰："慎庵词如芙蕖出水，秀色天然，晓黛横秋，苍翠欲滴。时而慷慨悲歌，穿云裂石；时而柔情纷绮，触絮粘香。偶携册于西湖夜月，倚声而歌，不觉驱温韦于腕内，掉周柳于毫端。文人之情生于才，有如是乎！"此外，有一支大分十二世吴振（1666—1725），字宁川，号八师，官直隶知县，著有《半野堂诗钞》一卷，现南京图书馆收藏；十二世吴燏文（1706—1769），字朴庭，著有《朴庭诗稿》6卷，北京大学图书馆收藏；十三世吴璟（1727—1773），字方甸，号鉴南，著有《黄琢山房集》10卷，国家图书馆、上海图书馆皆有收藏；十五世吴寿昌（1728—1820），字泰文，号蓉塘，著有《虚白斋存稿》12卷，国家图书馆收藏；吴尊盘，字渔汀，著有《三雁斋诗稿》2卷，首都图书馆、诸暨市图书馆收藏；吴凤楼（1775—1847），一名继邵，字景尧，号节庵，著有《小檀栾山馆诗草》4卷，绍兴市图书馆收藏；吴杰（1783—1836），字卓士，号梅梁，著有《淡静斋集》2卷，复旦大学图书馆、南开大学图书馆收藏；吴之清（1837—1963），号嵩少山人，著有《嵩少山房诗草》6卷，浙江图书馆、国家图书馆收藏；吴荣（1819—1854），字云留，号留园，著有《留园诗钞》2卷，绍兴市图书馆、北京大学图书馆收藏。二支三分十二世孙吴凤鬻（1716—1772），别号晓峰，著有《梓里记》一文。

此外一支大分九世孙吴有鼎（1562—1618），字公铉，号宇凡，著有《道园录》，未见著录，十四世孙吴安祖，字念庭，号砚亭，父吴璜，著有《且存稿诗集》，未见著录；吴大枚（1740—1812），字彦卜，号易亭，著有《易亭诗钞》、《北游杂咏诗稿》，未见著录。十五世孙吴文煦（1784—?），字春涵，号寄庵，吴大枚子，著有《鸿印诗文集》，未见著录。十六世孙吴坦安（1741—1811），字静安，号兰皋，著有《恭纪诗余》，未见著录。

在社会上流传最广、影响最大的还是数吴乘权（1655—1719），字子舆，号楚材，和其侄吴大职（1659—1701），字调侯，共同编写的《古文观止》，以及吴乘权与其好友周静专、周星若共同编写的《纲鉴易知录》，在传播古文和古代历史知识方面发挥了积极作用，印数之多，出版之频都是极少见的。还有现代女作家吴似鸿的作品，如长篇回忆录《浪迹文坛艺海间》、《我与蒋光慈》及散文、杂记和小说合集《苦藤集》等。这些既是州山吴氏家族先人坚守家学交出的答卷，也是留给吴氏后人的一笔丰厚的文化精神遗产，也还是他们为绍兴地方文化的发展作出的杰出贡献。

第三节　维护地方社会秩序，积极参与地方公益事业，共建望族和谐世风

山阴州山吴氏家族崛起后，始终不忘养育他们的家乡，这既是为了赢得地方的尊重，改善与地方的关系，巩固和延续在地方上影响的需要，也是他们长期接受儒家眷恋故土和敬宗睦族思想教育的结果。

一　与地方望族联姻，壮大在地方上权势

纵观山阴州山吴氏家族发展过程，其崛起后的婚姻关系往往在官宦家族、准官宦家族和潜在官宦家族三层内部进行。这种门当户对的婚姻自有其存在的必然性。因为无人可以否认这样的事实：官与官之

间的联姻，往往使各个大家族结合成更有权势的群体，望族之间的联姻始终是家族维持长久不衰的公开的秘诀之一。据《山阴州山吴氏族谱》记载：在其未崛起之前，他们的联姻对象往往是普通的民众之女。如一支大分五世孙吴源，娶阮社章氏，续娶本里俞氏，考中进士前的吴蒜娶霞头沈氏；六世孙吴便（1471—1553）于弘治十五年（1502）即三十三岁考中进士前，娶阮港茹氏、继娶上虞五夫里杜氏，其进入官宦后，所生之女嫁的是府桥徐运同冕之子州同徐来卿。其长子吴彦（1491—1568）于嘉靖二年（1523）考中进士前，娶偏门金氏，继娶长桥郑氏；次子吴意（1502—1536），娶前梅吏目周伟女；季子吴毅（1511—1560），娶萧山典膳来宏吉女。以上事实说明崛起之前的联姻，是普通的百姓；崛起之后尚未能在地方产生较大影响，也只能与准官宦家即低层官吏之家庭联姻。州山吴氏家族真正的崛起，且在地方产生重大影响是在第八世之后。如第一支大房八世孙吴悦，娶九眼知府高坛孙女，生女一，适水澄巷侍郎刘栋孙庠生刘型；妾林氏生女一，适萧山兵马司王篙之子。吴兑，娶陡门庠生骆居礼女，生子名有孚，娶会稽参政陶大年女为妻；女四：长适夏履桥徐、次适陶堰副使陶大有子主簿陶允惠、三适新建伯王承勋、四适峡山参政何继高子指挥何光述。妾王氏生子一有家，女三：长适大学士吕本之孙庠生吕允佳、次适大理寺少卿商为正之子中书商维源、三适参政何继高子何国辅。又妾生女一，适林头侍郎王元敬之子王守善。又如二支三分九世孙吴兴祚，其母是辽东东宁卫指挥使孟德春之女，贤惠有才干，不仅相夫教子，而且帮助其父处理政务，对吴兴祚的成长影响很大。吴兴祚自己娶的是辽东东宁卫指挥韩登云女，继娶典仪李天锡女，生女二：长适兵部郎中祝钟灵长子二等护卫钟兆麟、次适常州府通判王国栋次子王之曾。后又娶武冈知州孔斯和女，又娶太学生陈洪范女为妻。所生五子：长子吴秉钧，娶绍兴府城奉天府丞姜希辙女；次子吴秉信，娶通政司右通政会稽鲁超女；三子吴秉直，娶镇守广东将军内升都统王永誉女；四子吴秉正娶平西侯墨勒根子云南布政使司李世昌女，继娶辅国公宗室查喀纳子镇国将军马喀纳女；五子吴秉权，娶江苏布政使司布政使刘鼎女。

又如二支四分九世孙吴之芳，他自己娶的妻子是绍兴昌安门外经历叶万春女，生女一，嫁给本城工部尚书徐大化之子太学生徐唐英；后来继娶妾成氏生女一，嫁与本城吏部尚书商周祚之子商衍祖；又妾生女一，嫁给安徽休宁县锦衣卫指挥金星耀子庠生金缔祖。所生六子：长子吴与籽，娶郡城礼部尚书姜逢元女；次子与牧，娶郡城塔山广东雷州府知府朱敬循女；三子与植，娶郡城兵部侍郎徐人龙女；四子与埏，娶郡城礼部侍郎王思任孙女；其他两子婚娶无记。

又如一支大分十五世孙吴寿昌，他自己娶的妻子是山阴县前梅贡生高兆虬之女，生女六：长适在城典史刘锜；次适后马翰林院侍读学士周长发孙知县周云翩；三适山东太子少师衍圣公孔毓圻玄孙举人孔广栻；四适峡山知府何均；五适前梅高；六适在城兵备道李浚原子监生李尧植。妾王氏生女一，适在城总督兵部尚书陈大文之子通判陈德佺；一子吴椿龄，娶浙江粮道郑沄之女。

以上举的四个家庭，仅是吴氏家族在不同时期的代表，这种门当户对的联姻在吴氏家族中极为普遍，恕不一一提及。上述提及的吴兴祚家族，由于其已迁居当时的京城，联姻的对象自然是京城一带的官宦家族。其余三个家族皆是涉及绍兴府范围，有绍兴府城的水澄巷刘氏，封为新建伯的王守仁之后裔，时任工部尚书徐大化的徐氏，吏部尚书商周祚之商氏，礼部尚书姜逢元之姜氏，更有内阁大学士朱赓的朱氏，礼部侍郎徐人龙之徐氏，礼部侍郎王思任之王氏，兵备道李浚原之李氏，总督兵部尚书陈大文之陈氏，还有陶堰之陶氏，峡山何氏，等等。这些都是明清时期绍兴府的望族。儿女亲家皆是权官显宦，如其中的大理寺少卿商为正，字尚德，号燕阳，隆庆五年（1571）进士，初任都察院刑部贵州司主事，历官江西道监察御史，巡按山东、福建，曾协助福建巡庞尚推行"一条鞭法"，福建兴化一带民众为之立祠，并作歌谣赞颂："庞公父，商公母，增我田畴省门户，吏不下乡，民不见官府。"后提督北畿，逾二年迁为大理寺少卿。陶大年字长卿，号新岑，明嘉靖十九年（1540）举人，二十年进士。初授南京兵备武库司主事，历官江西吉安太守，山东海道副使，四川参议，江西参政等职。吴氏家族的女婿有的已经为官，虽然官职不大：有的虽是举人、庠生、太学生，尚属于潜在官宦，但由于有他们父祖的庇荫，吴氏家长的眼光自然将这些才质优良、极具中试潜力的少年纳入物色的范围，与之结亲，助之步入青云，皆是维持家族门第不衰的最好方法。吴氏家族与绍兴地方望族的联姻，无疑加强了他们之间的联系，互为声气，互为扶持，既加强了在朝廷官场上的势力，同时又扩大了他们在地方的势力与影响。这正如恩格斯所说的："结婚是一种政治行为，是一种借新的联姻扩大自己势力的机会，起决定作用的是家世的利益，而绝不是个人的意愿。"① 中国封建婚姻制度的实质即在于此。

二 通过修谱建祠祭祀，增强家族凝聚力

中华民族历来重视族谱的纂修和宗祠祭祀活动，将其视为记录家族历史、纯洁家族血统，尊祖敬宗睦族，团结、约束家族成员，教育后代，提高本家族在社会活动中的地位和声望。家谱中大量出现家族祖先的善举恩荣和各种家训家箴，对于传播封建伦理、稳定宗人秩序，激励后人，增强家族的凝聚力，都能起到很大的作用。

山阴州山吴氏家族族谱纂修，始于明弘治七年（1494）一支大分六世孙吴便。他在序中认为："宗法久不明，人罔知尊祖睦族之道……为人子若孙者，其可不知所自乎？"一个人不知道自己血缘关系的家族世系繁衍的历史，就谈不上尊祖、敬宗、睦族的道理，把纂修宗谱提到明祖、尊祖、敬宗、睦族的高度上来认识。其后，他又于嘉靖二十七年（1548）重修。此后七世孙吴毅（1511—1560），字士远，号致斋，与八世孙吴沈（1535—1582），字汝默，号石洲，于万历七年（1579）重修；九世孙吴有临（1557—1626），字位卿，号敬庵，又于万历三十年（1602）、天启六年（1626）两次重修；康熙四年（1665）二支三分八世孙吴执忠着手筹备，至二十六年（1687）其子吴兴祚纂修付梓，但不知何因，未能流传下来。道光十九年

---

① 恩格斯：《家庭、私有制和国家的起源》，《马克思恩格斯选集》第四卷，人民出版社1972年版，第74页。

(1839) 一支四分十三世孙吴国柱 (1785—1839), 官名衍庆, 字象中, 和堂弟吴国樑 (1790—1847), 字柏台, 号甫庭, 重修付梓。民国八年 (1919) 一支大分十七世孙吴隐与二支二分十九世孙吴善庆共同筹资纂修, 民国十三年 (1924) 十七世孙吴邦枢等又纂修付梓。

《山阴州山吴氏族谱》中的《吴公善庆传》

在近五百年时间里, 州山吴氏族谱经过前后九次纂修, 流传至今的只有四个刻本, 即天启刻本、道光刻本、民国八年木活字本、民国十三年木活字本, 为我们今人了解山阴州山吴氏家族发展、衍变、科举等提供了丰富而又翔实的资料, 也让我们从中窥见了当时他们认真细致编纂家谱的种种艰辛。

山阴州山家族还十分重视建祠、修祠和祭祀的活动。族谱的编纂一般需30—50年才编修一次, 所花人力、物力浩大繁重, 而建祠、修祠和祭祀活动相对来说所花时间较短, 所费钱物也较少, 且祭祀活动一年内都要进行几次, 除了祭祀活动外, 一般族中的大事也都在祠庙内集中商议。一支大分十一世孙吴时元, 捐田数十亩, 作为宗祠祭产; 二支三分吴禹道捐资修祠, 这些举措都能增强家族的凝聚力。

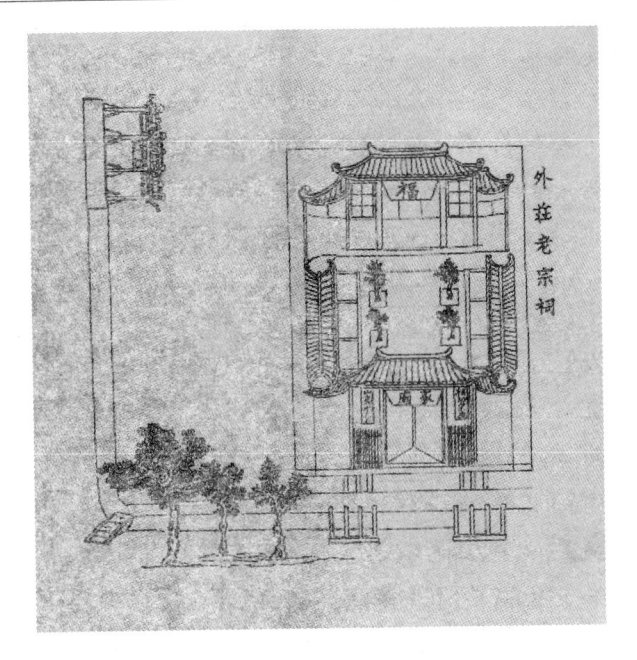

第五章　山阴（绍兴县）州山吴氏家族崛起后对绍兴地方的回馈　213

《山阴州山吴氏家谱》上的外庄老祠堂示意图

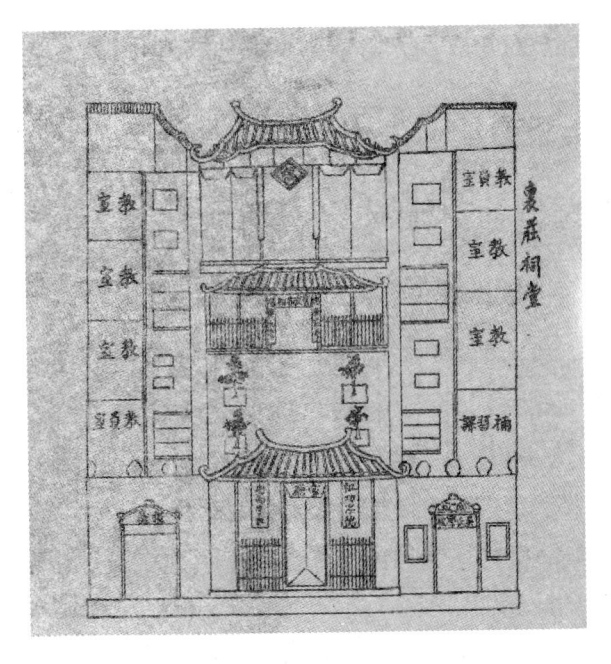

《山阴州山吴氏家谱》上的里庄祠堂示意图

三 周贫济穷，救灾恤患

《族谱·迪功郎芝芳公传》记载：一支大分十一世孙吴时元（1667—1758），字芝芳，号芝舫。年十五父亲去世，弃学谋生，长事力田。勤俭持家，终于富裕。富后他赎回公屋数间，修葺后，召集同宗无房户使居之；贫困者得病，施舍汤药医之。修、造桥亭寺庙，刊印经文善信诸书。一支三分十三世孙吴如川（1752—1825）从事关榷富裕后，为族人代营丧葬，建祠修社，救荒捐赈，一切皆倚君所为。族中有争讼者往往主动出面调停，晓之以理，动之以情，得其一言，纠纷立止。[①] 一支大分十三世孙吴一默，字聘三，号棘园，乾隆四十六年（1781）廪生，当年岁饥，流民大批涌入州山，横行村落，族人不安，他出面主持，设法赈济，将流民分给族中富户，分别予以救济，流民感激而退，族人始安。[②] 一支四分十三世孙吴国柱，首捐千金，于郡城兴建育婴堂，"仿甬东老堂各条款，共成义举"。又设放生处，修建九峰庵寺庙，又建义仓，"遇歉，酌多寡分润之"[③]。二支三分八世孙吴禹道（1595—1628），字雨金，为山东抚军幕宾多年，所入馆俸除开支自己俭朴生活外，大半捐给贫困子姓。吴执忠（1602—1674），字汝荩，号匪躬，其父大圭少年时随兄吴大斌迁居辽东。他生于辽东，长于辽东，发达后，晚年曾回归乡里探亲扫墓，族人贫困者俱欢颜把臂问候，慷慨资助。其堂兄吴成忠、吴存忠，早年战死，留下孤儿兴宗、兴祖、应昌三人，吴执忠待之超过己子；幼时教以读书，长而为之婚娶，使三人都有出息。其子吴兴祚虽然从未回过州山老家，但自幼在父亲教育下，始终不忘故乡亲人。平生历官俸入无所积蓄，出入皆由掌记经管。初为无锡知县时，族人至其家者一批连着一批，吴兴祚皆喜颜相待，必使称愿，十三年如一日；调官

---

① 《族谱·上舍卯甫先生传》，《山阴州山吴氏族谱》，1924 年木活字本。
② 《族谱·徵君吴棘园先生传》，《山阴州山吴氏族谱》，1924 年木活字本。
③ 《族谱·奉直大夫州同加二级象中公传》，《山阴州山吴氏族谱》，1924 年木活字本。

福建后，跟随求助者乃不减于无锡，吴兴祚待之如初；升任两广总督后，吴兴祚考虑从家乡至广东肇庆远之六千里，加之广东暑热，长途跋涉容易致病，为此从自己俸薪中拿出银子七千余两，按贫困程度分为三等，分别予以救济。吴兴祚推俸赡族，族人饥者得食，寒者得衣，少者得婚，老者得养，死者得葬，惠及百余家。①

二支二分十世孙吴乘权（1655—1719），字子舆，号楚材；其弟吴乘业（1669—1736），字子立。兄弟两人长期从事幕僚，所入馆俸大半周济宗戚。吴乘权"慷慨仗义，不惜倾橐，拯以困乏"；吴乘业，三十余岁奔走齐、燕、秦、晋、豫章等地，为幕府二十余年，所得薪金散给族人、亲戚，计三千余金。二支四分十世孙吴汝宏（1625—1716），字能之，号寄碧，"居官三载，俸金不吝推解周宗戚、赈乏困"。②堂兄吴汝德早年去世，留下儿子成龙贫困无依靠，吴汝宏养育他，为他娶妇生子；不料吴成龙也早卒，遗下三子，吴汝宏"恤其孤寡，三子成立始析居，更为嫁其女，宗党莫不高其义"③。

四 兴建文化设施——西泠印社

一支大分十七世孙吴隐创立西泠印社功绩巨大。西泠印社创建初期，资金短缺，吴隐全力以赴，出资最多。他在孤山丁氏的社址旁购置了一块土地，陆续建造了"遁庵"、"潜泉"、"印亭"、"岁青岩"等建筑，对扩大印社规模和环境的美化作出了重大的贡献。二支二分十九世孙吴善庆则在西湖孤山独资兴建了"观乐楼"、"还朴精庐"、"鉴亭"等建筑，并把这些建筑全数捐给印社。吴善庆还与吴隐请州山石工建造了汉三老石室，内藏迄今为止浙江省最古老的《汉三老讳字忌日碑》，以及自汉魏以来至明清历代的原始石碑、石鼓等20多件。

---

① 《族谱·赡族碑记》，见《山阴州山吴氏族谱》1924年木活字本。
② 《族谱·山阴平阳府霍州判寄碧公墓志铭》，见《山阴州山吴氏族谱》，1924年木活字本。
③ 同上。

西泠印社中的"岁青岩"系善庆为其先世吴从义表德

　　此外,吴隐、吴善庆祖孙还在孤山造有吴泰伯半身大像,吴延陵季子像,吴岁青像,吴石潜像,吴鉴亭像。吴隐之子吴熊还捐资于"遁庵"左侧兴建"阿弥陀经幢"一座,同时造有高一尺一寸的释迦牟尼石像一尊。这些建筑连在一起,丰富了印社社址的内涵,壮大了印社的规模。

　　山阴州山吴氏家族对宗族内部主要通过修谱、建祠、修祠、祭祠、资助贫寒子弟入塾读书、赴考、赈济贫困等手段增强家族的凝聚力;对外通过与有关望族联姻,参与兴修水利,赈灾和社会救济,协调与族外的纠纷矛盾等活动,对于维护绍兴地方社会秩序的稳定起到了积极作用,出色地充当了国家秩序的守望者。

附　录

一　山阴州山吴氏历代（文科武科）进士名录

州山吴氏历代（文科）进士名录

吴　荩	弘治六年（1493）毛澄榜	庶吉士、吏科给事中
吴　便	弘治十五年（1502）康海榜	南京刑部主事、云南府知府、临安兵备副使
吴　彦	嘉靖二年（1523）姚涞榜	江西道御史、广东岭东道兵备道佥事
吴　兑	嘉靖三十八年（1559）丁士美榜	兵部尚书，太子少保，蓟、辽、昌、保总督
吴从鲁	万历四十四年（1616）钱士升榜	四川布政使左参议、通政使
吴之芳	崇祯四年（1631）陈于泰榜	翰林院庶吉士、编修
吴从义	崇祯十三年（1640）魏藻德榜	陕西长安知县、赠太仆寺卿
吴邦臣	崇祯十三年（1640）魏藻德榜	江西道监御史
吴孝登	康熙五十二年（1713）王敬铭榜	翰林院庶吉士，詹事府左春坊、左赞善、侍读等职
吴　璜	乾隆二十五年（1760）毕沅榜	湖南澧州知州
吴寿昌	乾隆三十四年（1769）陈初哲榜	翰林院编修，侍读学士、贵州学政
吴尊盎	乾隆四十三年（1778）戴衢亭榜	知县、通判
吴　杰	嘉庆十九年（1814）龙汝言榜	翰林院庶吉士、编修，内阁学士、工部侍郎
吴成廉	同治十三年（1874）陆润庠榜	翰林院侍读，国子监司业，顺天乡试大总裁
吴道镕	光绪六年（1880）黄忠永榜	翰林院编修，两广高等学堂监督

州山吴氏历代（武科）进士名录

吴大武	嘉靖四十一年（1562）	明威将军榆木岭提调
吴显忠	隆庆二年（1568）	绍兴卫中所镇抚，金山参将、云南永腾参将，加俸一级，副总兵
吴大学	万历五年（1577）	明威将军、指挥佥事
吴扬忠	万历十七年（1589）	绍兴卫所镇抚
吴用宣	万历三十八年（1610）	锦衣卫镇抚、南赣座营都司
吴 震	万历四十一年（1613）	直隶南汇守备
吴从哲	万历四十四年（1616）	永生州参将、金山副总兵
吴襄琦	万历四十四年（1616）	福建六鳌守备
吴 珽	万历四十七年（1619）	锦衣卫镇抚、扬州游击将军
吴泰征	万历四十七年（1619）	锦衣卫镇抚、开封府参将
吴大试	万历四十七年（1619）	福建建宁道中军守备
吴有成	万历四十七年（1619）	河南南阳府守备、河南省领班都司佥书
吴从明	天启二年（1622）	武略将军、署广东指挥佥事
吴有熙	天启二年（1622）	浙江操捕都司佥书、天津横海营游击
吴 选	天启二年（1622）	绍兴卫中所镇抚、万全掌印都司加副将
吴之葵	天启二年（1622）	都司佥事，广东南诏守备
吴友仕	崇祯元年（1628）	河南领班都司
吴有宾	崇祯元年（1628）	绍兴卫前所镇抚、温处道中军守备
吴贞明	崇祯元年（1628）	温处道中军守备
吴恒爱	崇祯四年（1631）	云南沐府总兵、坐营参将
吴从周	崇祯四年（1631）	应州守备、湖广都事佥书、永生州参将
吴维宁	崇祯十三年（1640）	锦衣卫千户、指挥同知
吴孟浩	崇祯十三年（1640）	锦衣卫千户
吴维新	崇祯十六年（1643）	锦衣卫千户、指挥同知
吴三才	顺治十二年（1655）	山西平阳府平坦营都司佥书
吴三捷	顺治十五年（1658）	怀远将军、池州游击
吴良骏	顺治十八年（1661）	宣府副总兵
吴 洢	康熙五十年（1711）	宣武将军、东宫侍卫

二 县郡庠生、太学生名录

世系	姓名	学历
二支四分四世	吴 铨	山阴邑庠生
一支三分四世	吴 珙	山阴邑庠生
一支三分四世	吴 理	山阴邑庠生
二支四分五世	吴 汉	山阴邑庠生
二支四分五世	吴 湿	山阴邑庠生
四支二分五世	吴 陞	山阴邑庠生
二支二分六世	吴 讲	绍兴府学生
一支大分六世	吴 谧	太学生
一支大分六世	吴 麟	山阴邑庠生
一支大分六世	吴 扬	山阴邑庠生
二支三分六世	吴 闻	绍兴府学生
二支四分六世	吴伯藩	绍兴府廪生
二支四分六世	吴 芳	山阴邑庠生补太学
二支三分六世	吴 谘	山阴邑庠生
二支四分六世	吴 益	太学生
二支四分六世	吴 术	山阴邑庠生
一支三分六世	吴大中	山阴邑庠生
二支三分六世	吴 谙	绍兴府庠生补太学
四支二分六世	吴继高	绍兴府庠生
四支二分六世	吴继隆	山阴邑庠生
二支四分六世	吴应复	山阴邑庠生
二支二分六世	吴应观	绍兴府庠生
二支二分六世	吴应扬	绍兴府庠生
一支三分六世	吴 雷	山阴邑庠生
二支三分六世	吴 谦	山阴邑庠生
二支三分六世	吴 诏	绍兴府庠生
二支本分六世	吴 蒙	山阴邑庠生
二支四分六世	吴 万	太学生
一支三分六世	吴行中	绍兴府庠生
一支三分六世	吴完中	山阴邑庠生
二支四分七世	吴 篦	山阴邑庠生

续表

世系	姓名	学历
一支大分七世	吴 靖	绍兴府学增广生
一支大分七世	吴一贯	山阴邑庠生
二支三分七世	吴 岱	绍兴府庠生
二支三分七世	吴 征	绍兴府庠生
二支三分七世	吴惟远	绍兴府庠生
二支三分七世	吴大化	绍兴府庠生
一支大分七世	吴 章	太学生
二支四分七世	吴维化	山阴邑庠生
二支四分七世	吴 选	太学生
二支四分七世	吴邦翰	山阴邑庠生
二支四分七世	吴大定	北直隶昌黎县学廪生
二支二分七世	吴 翔	山阴邑庠生
二支四分七世	吴集善	山阴邑庠生
二支四分七世	吴集义	山阴邑庠生
二支四分七世	吴维宁	山阴邑庠生又入辽阳庠生
四支二分七世	吴一麒	山阴邑庠生
二支四分七世	吴集美	山阴邑庠生
二支四分七世	吴元裕	山阴邑庠生
二支四分七世	吴集道	山阴邑庠生
二支四分七世	吴集萃	山阴邑庠生
二支四分七世	吴 恒	山阴邑庠生
二支三分七世	吴 恂	绍兴府庠生
二支三分八世	吴显道	绍兴府庠生
一支大分七世	吴 忱	太学生
一支大分七世	吴 志	太学生
一支大分七世	吴 念	太学生
二支三分八世	吴履道	山阴县武学生
一支二分八世	吴尚诚	直隶新城后劲庠生
二支三分八世	吴希尧	辽东海州卫庠生
二支三分八世	吴时中	山阴邑庠生
二支三分八世	吴际明	山阴邑庠生
一支二分八世	吴三英	太学生

续表

世系	姓名	学历
二支二分八世	吴咸春	北直通州庠生
二支三分八世	吴宪中	山阴县学增广生
二支三分八世	吴咸和	山阴邑庠生
二支三分八世	吴光裕	绍兴府庠生
二支四分八世	吴周臣	山阴邑庠生
一支三分八世	吴凌云	山阴邑庠生
一支三分八世	吴道行	京卫武学生
二支三分八世	吴宗汉	辽东自在州庠生
二支三分八世	吴成忠	辽东自在州庠生
二支三分八世	吴廷忠	辽东清河卫庠生
二支四分八世	吴维翰	山阴邑庠生
一支大分九世	吴有成	绍兴府庠生
一支大分九世	吴有政	太学生
一支大分九世	吴有臣	山阴邑庠生
一支大分九世	吴有谦	绍兴府庠生补太学生
一支大分九世	吴有造	杭州府学武学生
一支大分九世	吴有珽	太学生
一支大分九世	吴有朗	太学生
二支大分九世	吴梦麟	山阴邑庠生
一支大分九世	吴有若	太学生
一支大分九世	吴有鼎	太学生
一支大分九世	吴国宰	山阴邑庠生
一支大分九世	吴有采	太学生
一支大分九世	吴有祉	山阴县学武学生
二支二分九世	吴朝英	绍兴府庠生补太学
二支四分九世	吴盛明	绍兴府庠生
二支三分九世	吴新德	绍兴府庠生
二支三分九世	吴梦鼎	山阴邑庠生
二支三分九世	吴耀	绍兴府庠生补太学
一支二分九世	吴士英	太学生
一支二分九世	吴士俊	太学生
一支二分九世	吴明震	山阴县学武生

续表

世系	姓名	学历
一支四分九世	吴 翼	太学生
一支四分九世	吴 戴	太学生
二支三分九世	吴 国	山阴邑庠生
二支二分九世	吴之蕙	绍兴府庠生
二支二分九世	吴秉夔	山阴邑庠生
二支二分九世	吴 瑜	绍兴府庠生
一支二分九世	吴士华	太学生
一支二分九世	吴士奎	太学生
三支三分九世	吴从光	丽水邑庠生
三支三分九世	吴象坤	山阴邑庠生
一支大分九世	吴必用	仁和县庠生
一支二分九世	吴士容	京卫武生
三支三分九世	吴从森	顺天府学武生
二支二分九世	吴秉恭	山阴邑庠生
二支三分九世	吴元遇	山阴邑庠生
二支四分九世	吴之范	山阴邑庠生
四支二分九世	吴从讷	山阴邑庠生
一支二分九世	吴士龙	太学生
二支四分九世	吴之基	绍兴府庠生
四支二分九世	吴梦麟	山阴邑庠生
一支三分九世	吴树猷	金吾石卫学武生
一支三分九世	吴文佐	会稽邑庠生
一支三分九世	吴树德	山阴县学武生
二支四分九世	吴师中	山阴县学武生
二支四分九世	吴之英	山阴邑庠生
一支大分十世	吴 焘	太学生
一支大分十世	吴崇高	绍兴府庠生
一支大分十世	吴孟皅	绍兴府庠生
一支大分十世	吴聚奎	太学生
一支大分十世	吴 燭	山阴邑庠生
一支大分十世	吴 灿	京卫武生
一支大分十世	吴国柱	山阴邑庠生

续表

世系	姓名	学历
一支大分十世	吴 炯	山阴邑庠生
一支大分十世	吴明新	山阴邑庠生
一支大分十世	吴 焜	绍兴府学生
一支大分十世	吴 烃	绍兴府学生
一支大分十世	吴 烜	绍兴府学生
一支三分十世	吴智诚	太学生
一支三分十世	吴成德	武学生
一支三分十世	吴成琦	太学生
一支三分十世	吴成国	武学生
二支三分十世	吴誉并	山阴邑庠生
一支四分十世	吴 植	太学生
二支四分十世	关凤翀	顺天府学廪生
二支四分十世	吴之藩	山阴邑庠生
二支二分十世	吴五德	太学生
二支三分十世	吴 晋	山阴县学武生
二支三分十世	吴元会	会稽邑庠生
二支三分十世	吴国相	山阴邑庠生
二支二分十世	吴伯昌	绍兴府庠生
一支大分十世	吴明臣	京卫武生
二支四分十世	吴禹相	太学生
二支三分十世	吴逢泰	绍兴府庠生
二支四分十世	吴锡祉	顺天府庠生
二支二分十世	吴元镛	山东兖州府庠生
二支三分十世	吴元迩	山阴邑庠生
二支三分十世	吴从谋	会稽邑庠生
二支四分十世	吴振先	会稽邑庠生
一支大分十世	吴崇曾	太学生
二支二分十世	吴克明	山阴邑庠生
二支二分十世	吴起元	山阴邑庠生
二支二分十世	吴宏仁	山阴邑庠生
二支二分十世	吴五典	山阴邑庠生
二支四分十世	吴与籽	山阴邑庠生

续表

世系	姓名	学历
二支四分十世	吴宏业	顺天府庠生
一支二分十世	吴亶鼎	绍兴府庠生
二支四分十世	吴邦衡	杭州府庠生
二支四分十世	吴三锡	山阴县学武生
二支四分十世	吴　灝	福建建安县学廪生
二支二分十世	吴　柟	绍兴府学庠生补太学
二支三分十世	吴尔翔	顺天府庠生
二支三分十世	吴三省	顺天府庠生
二支三分十世	吴宏佐	太学生
一支三分十世	吴朱梅	太学生
一支三分十世	吴亭表	太学生
二支三分十世	吴乘权	太学生
一支三分十世	吴祖留	太学生
一支大分十世	吴仕秀	北直隶密云所卫庠生
一支大分十一世	吴顺心	山阴邑庠生
一支大分十一世	吴明时	山阴邑庠生
一支大分十一世	吴邦宁	山阴邑庠生
一支大分十一世	吴慧时	山阴邑庠生
一支大分十一世	吴鼎明	会稽邑庠生
一支大分十一世	吴知璧	山阴邑庠生
一支大分十一世	吴遂清	山阴邑庠生
一支大分十一世	吴　衡	绍兴府庠生
一支大分十一世	吴遇清	绍兴府庠生
一支大分十一世	吴邦清	山阴邑庠生
一支大分十一世	吴邦绥	山阴邑庠生
二支四分十一世	吴继泰	会稽邑庠生
一支大分十一世	吴成璧	山阴邑庠生
一支大分十一世	吴邦履	绍兴府学增广生
一支大分十一世	吴汉章	山阴邑庠生
一支大分十一世	吴邦祚	山阴邑庠生
一支大分十一世	吴正铭	山阴邑庠生
一支大分十一世	吴邦亮	杭州府庠生

续表

世系	姓名	学历
一支大分十一世	吴日乾	绍兴府庠生
一支大分十一世	吴向化	北直通州廪生
一支三分十一世	吴围维	国学生
一支三分十一世	吴国纬	国学生
二支二分十一世	吴必扬	太学生
二支三分十一世	吴成元	山阴邑庠生
二支二分十一世	吴伟征	会稽邑庠生
二支三分十一世	吴邦彦	河间府交河县廪生
二支三分十一世	吴云鹏	山阴邑庠生
二支三分十一世	吴邦治	绍兴府庠生
二支三分十一世	吴奎耀	钱塘邑庠生
二支二分十一世	吴必捷	京卫武生
二支大分十一世	吴 溙	太学生
二支三分十一世	吴邦佐	河南中牟县学廪生
二支三分十一世	吴邦纯	北直河间府学武生
二支二分十一世	吴 俊	山阴县学武生
二支三分十一世	吴邦产	北直交河县增广生
二支三分十一世	吴子来	太学生
二支四分十一世	吴 璐	杭州府学武生
二支二分十一世	吴之奇	杭州府学生补太学
二支二分十一世	吴必泰	太学生
二支二分十一世	吴必椴	仁和县庠生
一支大分十一世	吴 楷	杭州府庠生
二支四分十一世	吴间珣	太学生
二支四分十一世	吴汝恒	太学生
二支三分十一世	吴崇先	太学生
二支二分十一世	吴必攀	太学生
二支二分十一世	吴汝嵩	太学生
二支二分十一世	吴楫之	太学生
二支三分十一世	吴一默	会稽邑庠生
二支三分十一世	吴端正	山阴邑庠生
一支大分十二世	吴大受	陕西兰州庠生

续表

世系	姓名	学历
一支大分十二世	吴大用	陕西兰州学武生
一支大分十二世	吴廷绎	太学生
一支大分十二世	吴 宣	山阴邑庠生
一支大分十二世	吴 绪	山阴邑庠生
一支大分十二世	吴受兹	绍兴府庠生
一支大分十二世	吴华祯	绍兴府庠生
一支大分十二世	吴棠祯	山阴邑庠生补太学
一支大分十二世	吴 锦	山阴邑庠生
一支大分十二世	吴怀祯	绍兴府庠生
一支大分十二世	吴理祯	绍兴府庠生
一支大分十二世	吴蕙祯	太学生
一支大分十二世	吴廷纶	太学生
一支大分十二世	吴夔祯	太学生
一支大分十二世	吴嘉琪	河南中牟县学增广生
一支大分十二世	吴非熊	太学生
一支大分十二世	吴应祯	绍兴府庠生
一支大分十二世	吴芝祯	绍兴府庠生
一支大分十二世	吴谷祯	太学生
二支四分十二世	吴 熤	太学生
二支四分十二世	吴镢年	太学生
二支三分十二世	吴廷枚	太学生
二支二分十二世	吴昌孙	太学生
二支二分十二世	吴廷炯	太学生
二支二分十二世	吴繁孙	武学生
二支二分十二世	吴森孙	太学生
二支二分十二世	吴谋孙	武学生
二支二分十二世	吴贻孙	山阴邑庠生
二支二分十二世	吴廷绎	太学生
二支四分十二世	吴 爄	太学生
二支四分十二世	吴志弘	太学生
二支四分十二世	吴廷相	太学生
二支二分十二世	吴 鹏	山阴邑庠生

续表

世系	姓名	学历
二支二分十二世	吴梦祖	太学生
一支大分十二世	吴焯文	山阴邑庠生
二支四分十二世	吴企健	太学生
二支四分十二世	吴兆甲	广东广州府庠生
二支二分十二世	吴瀚孙	太学生
一支大分十二世	吴焕文	太学生
一支大分十二世	吴永康	广东？邑庠生
一支大分十二世	吴永生	太学生
一支大分十二世	吴煇文	太学生
一支大分十二世	吴永熙	山阴邑庠生
一支大分十二世	吴煜文	太学生
二支三分十二世	吴廷桂	顺天府庠生
二支大分十二世	吴炯文	太学生
二支二分十二世	吴明志	会稽邑庠生
二支三分十二世	吴延琮	顺天府增广生
一支三分十二世	吴燸文	太学生
二支三分十二世	吴凤仪	太学生
一支三分十二世	吴烜文	太学生
一支三分十二世	吴元勋	山阴邑庠生
二支三分十二世	吴延禄	顺天府庠生
二支三分十二世	吴之涵	北直清宛县庠生
一支大分十二世	吴炜文	山阴邑庠生
一支大分十二世	吴炅文	太学生
一支三分十二世	吴元斌	绍兴府庠生
一支三分十二世	吴学礼	太学生
一支大分十二世	吴照文	钱塘县庠生
一支三分十二世	吴如金	太学生
一支大分十三世	吴汝洽	绍兴府庠生
一支大分十三世	吴汝洙	山阴邑庠生
一支大分十三世	吴元植	太学生
一支大分十三世	吴荣光	太学生
一支大分十三世	吴瀛	太学生

续表

世系	姓名	学历
一支大分十三世	吴允奇	太学生
一支大分十三世	吴允轼	太学生
一支大分十三世	吴迪锺	太学生
一支大分十三世	吴 聘	太学生
一支大分十三世	吴 洲	山阴邑庠生
一支大分十三世	吴 沛	太学生
二支三分十三世	吴耀祖	太学生
一支大分十三世	吴廷锺	太学生
一支大分十三世	吴继烈	太学生
一支大分十三世	吴延锺	太学生
一支大分十三世	吴建锺	太学生
一支大分十三世	吴兆昌	太学生
一支大分十三世	吴期灏	太学生
二支大分十三世	吴廷耀	太学生
二支二分十三世	吴懿第	山阴邑庠武生
二支三分十三世	吴其锡	山阴邑庠生
一支大分十三世	吴天机	太学生
二支四分十三世	吴有仁	太学生
二支二分十三世	吴懿麟	太学生
二支二分十三世	吴懿科	太学生
二支三分十三世	吴国雄	会稽邑武生
二支二分十三世	吴梦卜	绍兴府庠生
一支二分十三世	吴兆文	太学生
二支三分十三世	吴一凤	太学生
一支大分十三世	吴大仁	太学生
二支二分十三世	吴继鏊	太学生
一支大分十三世	吴 椙	太学生
二支三分十三世	吴兴棋	太学生
二支三分十三世	吴 坤	山阴邑庠生
一支大分十三世	吴 坎	山阴邑庠生
二支二分十三世	吴懿德	太学生
一支三分十三世	吴如川	太学生

续表

世系	姓名	学历
一支三分十三世	吴泾	太学生
一支三分十三世	吴湘	太学生
一支三分十三世	吴国祯	太学生
一支四分十三世	吴超	太学生
一支四分十三世	吴国梁	太学生
一支三分十四世	吴之琦	山阴邑庠生
一支四分十四世	吴泳裕	太学生
一支四分十四世	吴泳祄	太学生
二支大分十四世	吴槐	太学生
三支二分十四世	吴大伦	太学生
二支二分十四世	吴香	山阴邑阳生
一支大分十四世	吴大田	太学生
一支大分十四世	吴大昊	太学生
一支大分十四世	吴大振	太学生
一支大分十四世	吴弼元	太学生
一支大分十四世	吴大鹏	太学生
一支大分十四世	吴大绥	太学生
一支大分十四世	吴大俊	太学生
一支大分十四世	吴篁	太学生
一支大分十四世	吴大吕	山阴邑庠生
一支大分十四世	吴槐	太学生
一支大分十四世	吴廷韶	太学生
一支大分十四世	吴樆	山阴邑庠生
一支大分十四世	吴元龙	会稽邑庠生
一支大分十四世	吴绅	太学生
一支大分十四世	吴大椿	太学生
一支大分十四世	吴遥	山阴邑庠生
一支大分十四世	吴廷锦	山东聊城邑庠生
一支大分十四世	吴如珮	太学生
一支大分十四世	吴廷鉴	山东广东府廪生
一支三分十四世	吴本立	太学生
一支三分十四世	吴肯堂	山阴邑庠生

续表

世系	姓名	学历
一支三分十四世	吴维寰	太学生
二支大分十四世	吴大亨	钱塘邑庠生
二支大分十四世	吴 涵	山东东昌府庠生
一支大分十四世	吴有镛	山阴邑庠生
一支大分十四世	吴有铭	山阴邑庠生
一支大分十四世	吴学淇	山阴邑庠生
一支大分十四世	吴继邵	山阴邑庠生
一支三分十四世	吴 帆	山阴邑庠生
一支大分十五世	吴田土	太学生
一支大分十五世	吴 坤	太学生
一支大分十五世	吴寿祺	太学生
一支大分十五世	吴永庆	太学生
一支二分十五世	吴学煌	国学生
一支大分十五世	吴永誉	太学生
一支大分十五世	吴寿国	绍兴府庠生
一支大分十五世	吴永义	太学生
一支大分十五世	吴兆隆	太学生
一支三分十五世	吴云梓	绍兴府学生
一支四分十五世	吴之湛	太学生
一支四分十五世	吴之谆	太学生
一支四会十五世	吴广正	太学生
三支二分十五世	吴广本	太学生
二支二分十五世	吴尔公	太学生
二支大分十五世	吴壬祺	太学生
二支大分十五世	吴士昌	太学生
二支大分十五世	吴良弼	太学生
二支大分十五世	吴士禖	太学生
二支大分十五世	吴士骥	太学生
一支大分十五世	吴秉泰	太学生
一支大分十五世	吴继祖	太学生
一支大分十五世	吴 晋	太学生
一支大分十五世	吴 咸	太学生

续表

世系	姓名	学历
一支大分十五世	吴永焘	太学生
一支大分十五世	吴德璋	太学生
一支大分十五世	吴志贤	太学生
一支大分十五世	吴龙光	广东商籍庠生
一支大分十五世	吴 启	太学生
一支大分十五世	吴怀仁	太学生
二支四分十五世	吴必耀	太学生
二支二分十五世	吴锡光	太学生
二支二分十五世	吴法甲	太学生
一支大分十五世	吴文煦	天津府廪生
一支大分十五世	吴志曾	太学生
二支二分十五世	吴庆龄	太学生
一支大分十五世	吴文烈	天津府庠生
二支大分十五世	吴一林	钱塘邑庠生
二支大分十五世	吴绍甲	山阴邑庠生
一支三分十五世	吴 榜	山阴邑庠生
一支大分十五世	吴 楫	太学生
一支大分十六世	吴嘉礽	会稽庠生
一支大分十六世	吴 潮	天津郡庠生
一支大分十六世	吴士醇	太学生
一支二分十六世	吴 琳	太学生
一支二分十六世	吴玉坛	太学生
一支三分十六世	吴玉垚	太学生
二支大分十六世	吴文燕	山阴邑庠生
一支大分十六世	吴坦让	太学生
一支大分十六世	吴 雯	太学生
一支大分十六世	吴坦恩	太学生
一支大分十六世	吴坦和	太学生
一支大分十六世	吴 琳	太学生
一支大分十六世	吴 钧	太学生
一支大分十六世	吴振江	会稽邑庠生
一支大分十六世	吴 均	北直大兴邑庠生

续表

世系	姓名	学历
一支大分十六世	吴 埔	福建侯官邑庠生
一支大分十六世	吴书田	太学生
一支大分十六世	吴 域	天津府庠生
一支大分十六世	吴 鏓	北直宛平邑庠生
一支大分十六世	吴思礼	山阴邑庠生
一支大分十七世	吴朝选	太学生
一支大分十七世	吴 振	太学生
一支大分十七世	吴祖望	太学生
一支二分十七世	吴成美	国学生
一支二分十七世	吴成章	国学生
一支二分十七世	吴成贤	国学生
一支二分十七世	吴成宝	国学生
一支三分十七世	吴仁美	国学生
三支二分十七世	吴维祯	山阴邑庠生
三支二分十七世	吴维康	国学生
三支二分十七世	吴维椿	国学生
一支二分十八世	吴元圭	山阴邑庠生

三 恩荣名录

明正统五年（1440）八月，吴渊应诏出粟一千石助赈，上京城受到皇帝接见，并旌为义民。

弘治十二年（1499），吴琢以子荇赠征仕郎、吏科给事中，母司马氏以子荇封太孺人。

弘治十二年（1499）吴荇以吏科给事中进阶征士郎，妻沈氏以夫荇封为孺人。

弘治十六年（1503）吴源以子便封承德郎、刑部广东清吏司主司，生母章氏以子便赠安人，继母俞氏以子便封安人。

弘治十六年（1503）吴便以南京刑部广东清吏司主事进阶承德郎，妻茹氏赠为安人，继室杜氏封为安人。

正德十二年（1517）敕授鸿胪寺序班吴沛进阶登仕佐郎。

隆庆元年（1567）吴意以子吴兑赠奉政大夫兵部武选清吏司郎

中，母周氏以子兑赠为宜人。

隆庆元年（1567）吴兑以兵部武选清吏司郎中实授今职，进阶奉政大夫，妻骆氏以夫封为宜人。

隆庆二年（1568）吴伟以子吴相武功中卫经历赠为征士郎、武功中卫经历司经历，母钱氏以子相赠为孺人。

隆庆二年（1568）吴相以武功中卫经历司经历进阶征士郎，妻陶氏以夫封为孺人。

隆庆二年（1568）吴沔以子吴苇鸿胪寺序班赠为登仕郎，鸿胪寺序班。

万历元年（1573）吴意以子吴兑宣府巡抚、都察院右佥都御史加赠为中宪大夫、都察院右佥都御史，母周氏以子兑加赠为恭人。

万历元年（1573）吴兑以宣府巡抚、都察院右佥都御史进阶中宪大夫，妻骆氏以夫封为恭人。

万历五年（1577）原任云南按察司副使吴便以孙吴兑赠为通议大夫，兵部右侍郎兼都察院右佥都御史，祖母茹氏以孙兑赠为淑人。

万历五年（1577）累赠中宪大夫、都察院右佥都御史吴意以子吴兑巡抚宣府、兵部右侍郎兼都察院右佥都御史加赠为通议大夫、兵部右侍郎兼都察院右佥都御史，母周氏累赠恭人以子兑加赠为恭人。

万历五年（1577）吴兑以巡抚宣府、兵部右侍郎兼都察院右佥都御史进阶通议大夫，妻骆氏累封恭人赠为淑人。

万历七年（1579）吴兑以宣、大、山西总督、兵部右侍郎兼都察院右佥都御史升都察院右都御史乃管兵部左侍郎事，赏银五十两，纻丝四表里，荫一子入监。

万历九年（1581）吴兑以都察院右都御史兼兵部左侍郎升任总督蓟、辽、保定等处军务，兼理蓟、昌二镇，兼巡抚顺天、永平二府公事。

万历十年（1582）吴兑以总督蓟、辽、保定，兼官巡抚顺天、永平二府事务，升任兵部尚书兼都察院左副都御史，赏银五十两，大红纻丝、飞鱼衣一袭，荫一子锦衣卫世袭百户。

万历十一年（1583）吴兑以总督蓟、辽、保定兼巡抚顺天、永平二府事，兵部尚书、兼都察院左副都御史加太子少保，先荫锦衣男一升一级。

万历十一年（1583）原任云南按察司副使赠通议大夫，右侍郎兼都察院右佥都御史吴便以孙吴兑加赠为资政大夫，太子少保兵部尚书，祖母茹氏累赠淑人以孙吴兑加赠为夫人，继祖母林氏累赠淑人以孙吴兑加赠为夫人。

万历十一年（1583）累赠通议大夫，兵部右侍郎兼都察职守右佥部御史吴意以子吴兑加赠为资政大夫，太子少保兵部尚书，母周氏累赠淑人以子兑加赠为夫人。

万历十一年（1583）吴兑以太子少保兵部尚书进阶资政大夫，妻骆氏累封恭人，赠淑人，加赠为夫人。

万历二十年（1592）吴悦以子有豸赠承德郎、直隶河间府密云管饷通判，嫡母高氏以子有豸直隶河间府驻扎密云管饷通判赠安人生母林氏以子有豸封为安人，妻陈氏以夫有豸封为安人。

万历二十四年（1596）皇帝遣浙江承宣布政司左参政吴献台谕祭原任太子少保兵部尚书吴兑。

万历二十六年（1598）吴一治以子尚忠武功中卫经历司经历封为征士郎武功中卫经历司经历，母胡氏以子尚忠赠为孺人。

万历二十六年（1598）吴尚忠以武功中卫经历司经历进阶征士郎，妻金氏以夫封为孺人。

万历三十四年（1606）左军都督府经历司都事吴孟登以祖父吴兑覃恩进阶文林郎，妻朱氏以祖父吴兑封为孺人。

万历三十四年（1606）蓟镇太平路参将锦衣卫都指挥佥事吴有孚之妻陶氏以夫、以子吴孟登覃恩封为淑人。

泰昌元年（1620）原任山东兖州府照磨吴希贤以子吴从鲁河南南阳府南阳知县赠为文林郎、河南南阳府南阳知县，母潘氏以子吴从鲁封为太孺人。

泰昌元年（1620）吴希贤以河南南阳府南阳知县进阶文林郎、妻萧氏以夫赠为孺人。

天启二年（1622）吴应和以子吴琏实授忠显校尉所镇抚，赠为忠显校尉所镇抚，母戴氏以子吴琏封安人，妻单氏以夫赠安人，继妻章氏以夫封安人。

天启二年（1622）吴指南以景陵卫经历司经历进阶征士郎，妻金氏以夫封为孺人。

天启二年（1622）吴堂以子吴泰征封忠显校尉，锦衣卫左所镇抚，母金氏以子赠安人，妻毛氏以夫封安人。

天启三年（1623）吴仕忠以子吴有成赠忠显校尉、锦衣卫左所镇抚，母庞氏以子赠安人，妻张氏以夫封安人。

天启四年（1624）吴来臣以子吴从明赠武略将军，母章氏以子赠宜人，继母赵氏封宜人，妻王氏以夫赠宜人。

天启四年（1624）吴俊以子吴有熙赠忠显校尉、绍兴卫中卫镇抚，母来氏以子赠安人，妻张氏以夫赠安人。

崇祯九年（1636）吴墉以孙吴有熙授昭勇将军都指挥佥事，祖母来氏以孙赠淑人，父吴俊以子赠昭勇将军都指挥佥事，母来氏以子赠淑人，妻张氏以夫封淑人。

崇祯十年（1637）吴友儒以子之芳封文林郎、翰林院编修，母胡氏以子封为孺人。

崇祯十年（1637）吴之芳以翰林院编修进阶文林郎，妻叶氏以夫赠孺人，继妻张氏以夫封为孺人。

顺治十四年（1657）吴大圭以子吴执忠赠为朝议大夫、福建漳南道布政使司参议，母以子封为太孺人，继母王氏赠为恭人。

顺治十四年（1657）吴执忠以福建漳南道布政使司参议进阶朝议大夫，妻孟氏以夫封为恭人。

顺治十八年（1661）吴论以孙吴执忠赠为中大夫，湖广粮储道布政使司右参政，祖母秦氏以孙赠为淑人，继祖母傅氏以孙赠为淑人。

顺治十八年（1661）吴大圭以子吴执忠再赠为中大夫、湖广粮储道布政使司右参政，母以子再赠为恭人，继母王氏赠为淑人。

顺治十八年（1661）吴执忠以湖广粮储道布政使司右参政进阶中大夫，妻孟氏以夫封为恭人加淑人。

康熙六年（1667）吴康侯以子吴三捷封为宣武将军、福建海澄协标署守备管右营中军守备事，母朱氏以子封为恭人。

康熙二十年（1681）吴论以曾孙吴兴祚再赠为光禄大夫、两广总督兵部尚书、都察院右副都御史正一品，曾祖母秦氏以曾孙赠一品夫人，曾继祖母傅氏以曾孙赠为一品夫人。

康熙二十年（1681）吴大圭以孙吴兴祚赠为光禄大夫、两广总督兵部尚书、都察院右副都御史正一品，祖母王氏以孙赠为一品夫人。

康熙二十年（1681）吴执中以子吴兴祚赠为光禄大夫、两广总督兵部尚书、兼都察院右副都御史正一品，母孟氏以子赠为一品夫人。

康熙二十年（1681）吴兴祚以两广总督、兵部尚书兼都察院右副都御史正一品进阶光禄大夫，妻韩氏以夫赠为一品夫人，继妻李氏赠为一品夫人。

康熙五十二年（1713）吴必採以山东兖州府曹州曹县州同管安陵司巡检加一级进阶文林郎，妻金氏以夫封为安人。

康熙六十一年（1722）吴宾以子吴汉英赠为征士郎，母宋氏以子赠为孺人。

康熙六十一年（1722）吴汉英以河南府陕州州判加一级进阶征士郎，妻郑氏以夫赠为孺人。

雍正十三年（1735）原任两广总督吴兴祚之妻陈氏以子吴秉正赠为一品夫人。

雍正十三年（1735）吴秉正以广西柳州府知府进阶中宪大夫，妻李氏以夫赠为恭人，继妻宗室氏封为恭人。

乾隆八年（1743）吴嗣昌以县丞殉难赠为卫经历进阶征士郎。

乾隆十六年（1751）吴魁显以孙吴敬胜赠为征士郎，祖母李氏以孙赠为孺人。

乾隆十六年（1751）吴泰初以子吴敬胜赠为征士郎，母钱氏以子征为孺人。

乾隆二十六年（1761）吴孝曾以骑都尉兼一云骑尉加一级进阶通议大夫，妻以夫封为淑人。

乾隆三十六年（1771）吴瀛以孙吴寿昌赠为儒林郎、翰林院编修加一级，祖母叶氏以孙赠为安人。

乾隆三十六年（1771）吴大略以子吴寿昌赠为儒林郎、翰林院编修加一级，前母王氏以子赠为安人，生母凌氏以子赠为安人。

乾隆四十二年（1777）吴大略以子吴寿昌赠为承德郎、翰林院编修加二级，前母王氏以子赠为安人，生母凌氏以子赠为安人。

乾隆四十二年（1777）吴寿昌以翰林院编修加二级，授为承德郎，妻高氏以夫封为安人。

乾隆四十五年（1780）吴理祯以曾孙吴寿昌赠为奉直大夫、翰林院编修加三级，升詹事府右春坊右赞善，曾祖母周氏以曾孙赠为宜人。

乾隆四十五年（1780）吴大略以子吴寿昌赠为奉直大夫、詹事府右春坊右赞善，前母王氏以子赠为宜人，生母凌氏以子赠为宜人。

乾隆四十五年（1780）吴天枢以子吴统赠为登仕佐郎、保山县沙木和巡检，前母孙氏、丁氏以子吴统赠为九品孺人，生母任氏以子赠为九品孺人。

乾隆五十年（1785）吴瀛以孙吴寿昌赠为奉政大夫，翰林院侍读加一级，祖母叶氏以孙赠为宜人。

乾隆五十年（1785）吴大略以子吴寿昌赠为奉政大夫、翰林院侍读加一级，前母王氏以子赠为宜人，生母凌氏以子赠为宜人。

乾隆五十五年（1790）吴寿昌以翰林院侍讲加一级进阶奉政大夫，妻高氏以夫封为宜人。

乾隆五十五年（1790）吴天相以正红旗满洲五品典仪加一级进阶武德骑尉，妻柳氏以夫封为宜人。

乾隆六十年（1795）吴庆明以祖父吴嗣昌县丞于乾隆五年苗民兹事遇害，特旨承袭恩骑尉世袭。

嘉庆元年（1796）吴久成以孙吴天相赠为昭武都尉、正红旗满洲四品典仪加一级，祖母李氏以孙赠为恭人。

嘉庆元年（1796）吴嗣文以子吴天相正红旗满洲四品典仪加一级，赠为昭武都尉，母孙氏以子赠为恭人。

嘉庆元年（1796）吴嗣昌以孙吴庆明正红旗满洲恩骑尉加一级赠为武略佐骑尉，祖母王氏以孙赠为安人。

嘉庆元年（1796）吴天保以子吴庆明正红旗满洲恩骑尉加一级赠为武略左骑尉，母金氏以子封为安人。

嘉庆四年（1799）吴懿华以侄吴怀之涿州州判赠为宣德郎，婶张氏以侄封为安人。

嘉庆十四年（1809）吴懿科以子吴怀之直隶天津府三角淀通判赠为承德郎、直隶天津府三角淀通判，母周氏以子赠为安人。

嘉庆十四年（1809）吴维嘉以弟吴怀之封为承德郎、直隶天津府三角淀通判，嫂丁氏以夫弟赠为安人。

嘉庆十五年（1810）吴承基以孙吴衍庆州同加二级捐职赠为奉直大夫，祖母裘氏以孙赠为宜人。

嘉庆十九年（1814）吴青玉以子吴衍庆州同加二级捐职封为奉直大夫，州同加二级，母戴氏以子封为宜人。

道光三年（1823）吴大亨以侄吴一枝礼部仪制司七品京官加二级赠为承德郎，伯母杨氏以侄封为安人。

道光八年（1828）吴嘉桂以侄吴一枝礼部候补主司加一级封为奉直大夫，伯母陈氏以侄封为宜人。

道光八年（1828）吴一夔以孙吴荣之通判加一级捐职赠为奉直大夫，祖母毛氏以孙封为宜人。

道光八年（1828）吴国樑以子吴荣之通判加一级捐职封为奉直大夫，通判加一级，前母毛氏以子封为宜人，生母邹氏封为宜人。

道光十六年（1836）吴锡章以子吴榛之从九品捐职赠为登仕郎，母陆氏封为九品孺人。

四 《吴氏家训》

我家素承礼让，近来生齿日繁，贤智者固能自励，而愚不肖动不由礼者，非一人非一日矣。今后务宜安分守礼，毋使长以凌幼，毋使卑以抗尊，毋使富贵而骄，毋使贫贱而诌，毋徇私而妨大义，毋惰情以荒厥事，毋从奢侈以干天刑，毋用妇言以间和气；德业以相劝，过失则相规，有无则相通，患难则相救，疾病则相扶持，上不失祖宗一体之心，下以成礼让之俗，而大振家声，诚今日事也，期相与勉之。

置《彰善簿》、《附过簿》各两扇，一付宗长，一存本祠。本祠凡有德行可称义，定入《彰善簿》，详注其实，示可法也。凡有罪过可指议，定入《附过簿》，但书其略，存忠厚容悔改也。所谓德行者，孝子、顺孙、义夫、节妇；或安贫乐道者，行宜可师；或富而好礼，赈济贫乏；凡志趣向上，而有一善可录者是也。所谓罪过者，干犯礼义，乱伦伤化，或奸盗诈伪，或酗酒赌博，凡行检不饬，有违法禁者是也。善之最者，有奖赏以示劝；过之大者，有责罚以示惩。劝惩之不足，而呈官府以赏罚之，决不隐纵。

宗子主祀，固以嫡长，也需德行，无玷乃为无愧。如有过失而出于无心者，不得议罚。果有大过，与论不可者，黜，择次贤者代之。

人之大伦者五，朋友其一也。君令臣恭，父慈子孝，兄爱弟敬，夫唱妇随，世之贤者亦知自勉；唯朋友之义，独缺焉而不讲，凡我同宗，与人相处，务以诚信相献，毋习诈伪，始终如一，乃为善交，不可不勉。

士、农、工、商，必专其一，毋得游手游食以至败家。

子孙习学举业者，定限赴祠会考，平事不烦以执事，祭日则充宗礼。

凡子孙会考，父兄轮流送中饭，不必过丰。若无子孙会考，而肯送饭或点茶者，贤父兄也，听。

凡子孙学业有成，考试未利者，宜加优厚。若有乏薪水之类，以祠中公费之余量为资之。

子孙得罪祖、父，而祖、父容隐，姑息之爱也，酿成大祸，职此之由，戒之！戒之！若被人发觉得实，并罚祖、父。

卑幼果系得罪尊长，受尊长呵责，当俯首默受，毋得呈词分理。违者罚，甚者加责。

卑幼见尊长，坐必起立，行必随后，言必拱揖，必致敬。

尊长亦须接下以礼，即卑幼有过失，毋攘臂秽骂，自失尊长之礼。

子孙有出仕者，唯当随职奉公，竭忠报国，毋得徇私黩货，利己妨人，有玷名教，为祖宗之羞可也，戒之！戒之！

《传》云："货悖而入者，亦悖而出。"有等贪夫，不知取与大义，以至骨肉相残者有之，甚至杀身亡家者有之。今后当见得思义，慎毋贪昧，以自取祸。

凡买产业，各宜平估，价值随契交完，毋以财货逋负相准，或有原折价者，定数外稍增一、二以与之，是亦义之所在也。至于大小斗、秤，行使假银，此类尤宜戒之。谚语："远在儿孙，近在自身。"可不畏哉！

教子之法，须自幼之长，随事教之，乃为有益。今人多于幼时失教，纵之任意骄奢，比长而后，禁之亦无及矣。切记！切记！

族中有公事当行者，须于朔、望日赴祠，逐一商榷，可行可止，必有建明，不可任情偏执，有拂众心。

父兄有过，为弟子者，须愉色婉言以谏之，务使易于听从。若率意直言，激成其过，亦非孝子之道也。

子孙出外，道经先人墓前，无分晴雨，必当谒告而行。

长者出，少者送至门外，亭立拱手。俟长者登舟或乘马，方退。

父兄远归，子弟整肃衣冠，以次施礼，毕，命之退。乃退；诸妇亦然。

凡舆马出入，须在闾里之外，不得径入里门。违者罚。

专理中馈，敬事舅姑，无违夫子，以顺为正者，妇道也。已后诸妇不得干与外事。

凡女工以纺织为上，至于刺绣之工，皆末务也，为父母者宜知之。

诸妇或有改嫁者，不许往来，违者，罚其子及舅姑伯叔。

族中凡贫不能婚嫁殡葬者，以祠产余资量助。

立义学一所，延师之费出自祠中。凡有志教子而力不能者，众为禀明宗长，赴学读书。

立义冢一所，凡无地可葬者，众为禀明宗长，给照赴葬，然上下须依伦序。

族人贫困之甚，无田可耕可山可樵者，议处租银借之，量收其息。

鳏寡孤独，王政所先。族中有此四者，若果贫乏，议处银米布帛以优养之，务令得所。或有因财产而欺凌者，尤宜重罚。

完纳钱粮，成家首务，必须预为经划，依期完纳。如有恃顽拖欠者，许该里举鸣祠中，即行分别责罚，以示惩戒，决不轻纵，致累呈扰。

赌博之禁，律例甚严；近蒙官府痛加禁约，然犹有禁之不止者。盖无赖之徒专开骗局，富贵子弟无事浪荡，易入其中。其始也，利人之所有；其既也，并所有而丧之，渐致破家。夜聚晓散，遂成不良，往往盗贼由是而起。今后尊长宜严率子弟各务生理，毋得纵容赌博。如有犯者，不分亲疏长幼，即便具首，以凭责罚；知而不举，罪并及之。

不许携棋枰、双陆、骨牌等项器具入祠，违者罚。

族中有等奸险之人，不以祖宗一体为念，喜于多事，惟贪货赂，苟图哺啜，一不满欲，两边唆诓，致成大祸；甚至衣冠中人，间亦有之，诚可痛恨！如有犯者，重加责罚，仍不许入祠。

族中被人诬陷，果非其罪，须协力为之分解，不得坐视。若因淫、酗、欺、盗等事，自取之者，决不妄与主持；事毕归家，仍以家法重治。

淹死子妇，当禁苟严，情尤可恶。今后有犯者，重罚。

酒以合欢，然不可为酒所困。今后如有大醉至于丧德丧义者，罚及主家。

子孙有大过，责罪所不能尽者，永不许入祠。

卑幼非礼，干犯各支尊长，而其父兄代为辩饰者，罚。

妇人得罪尊长，理罚夫男；夫男庇护者，责若系主唆者，重罚，仍不许入祠；即尊辈亦不得施之卑幼。

宗族相会，有盛气凌人，高声赤面者，罚；施至尊长者，重罚。

族人讲口，有以暗昧事言者，重加责罚。

妇女相争，家门之丑也。夫男不能禁止而反助恶者，一并重加责罚。

梨园子弟倡自天宝水陆之戏，奚为美观？乃今人心日漓，习俗愈侈，凡疾痛祈祷，宾客宴会，支辄用之，欢呼冗杂，靡分昼夜。即不计所费，而奸盗火烛，皆起于此。今后非旧有神会与称庆高堂，不得擅用。然亦止许演至一更，不得纵情过庆，如违，重罚。

我家素惇礼让，颇知法守。但子孙众多，凡与人讲口，不问曲直，惟恃称强。今后须恪守家训，每事让人，共成善族，乃可。

斧斤以时入山林，王道之始也。近有盗柴脑以壅田者，三五成群，甚至结伙百数，每一上山，霎时席卷。间有阻之，轻被打伤，重或致死，势同猛寇，莫敢谁何？方春发生之始，柴脑一担，到秋可长柴十担；百人上山，则损柴千担矣。近禁虽未严，亦宜痛改。如外人来盗，须拼力阻夺。设或恃强，即便呈官究治。

愚夫愚妇生子或舍之寺观，此时俗大蔽。犯者，罚。

各支卑幼因事争辩者，本支之长即为处分。如有不明，词禀祠中，帖付宗使唤知。至朔、望，行香坐定，二人立阶下，各言其情，公议曲直，白于宗长，质之宗政。是非一定，不得再争。其曲者，量轻重以加责罚。如有不禀祠中，而径赴官府告扰者，不许入祠。

工仆下人与家主名分已定，若有犯冒家主同宗之人者，量责。若家主庇护及故纵者，并罚。

置《记事簿》二扇，一付宗长，一存本祠。凡有经祠中处分者，宜即日记簿，以免更改。

凡处事之时，礼生两人立于神堂之傍，高声云："祖宗在上，若有偏私，神必殛之！"庶以警众。

凡议礼议事，俱要平心易气，相与讲论，不得忿争求胜及越分多言，违者，罚。

通族四大支，本支子孙若与各支子孙因事讲口，宗长人等须与从公讲解。毋得偏护，有伤和气，坏惇睦之道。

所谓奖者，或以言，或以礼；所谓赏者，或祭品，或花红、笔札之类；所谓罚者，或拜，或跪，或银米之类；所谓责者，或以礼扑，或以法捶，或以碇锁之类，临时听宗长公同酌处。如应责罚而恃顽不服者，呈官究治，不许入祠。

所谓不许入祠，并非止不放祠也，即卑幼者亦不必以尊长待之矣。其人能改，三年之后，方许入祠。所谓永不许入祠，非止本身永不许入祠已也，族谱将名注定，即其子孙有大功德克盖前愆者，方许入祠。此非过刻，期于无犯也。慎之！慎之！

亲子育子，初非为养而有时乎为养，今有勿顾恋父母，惟欲宠子娱妻，分居异爨，纤息计较，不复念亲之甘旨痛痒。为父母者，有何用日夜抚鞠，育此不孝子哉？今后如有父母在堂而欲分居者，父母房长举告，初次责罚并加，再治以官，乃令同居共爨。如昆弟多而居室促迫，奉命乃令居者，勿论。

兄弟阋墙，大略不出二事，不以锱铢而酿怨，即因谗言而失欢乐，其至各自负气，不肯相下之故耳。设或有能先下其气，与之话言，与之周旋趋事，断无有情意不洽，而渐复如初者。即或处不堪之情事，惟当念一本之伦，常能发是念，则此气自消，欢情无有不浃者也。今之为兄弟者，皆当取法于此。

吾族子孙有不孝、悖逆，情迹显著者，父母不能自治，房长举告，宗长等榜示祠前，于朔、望日谒主（牌位）毕，鸣鼓大集，唤不孝子跪主前，以其罪白主，必重责。毋恕再犯，公呈送究，不许入祠。如房长徇隐不举，被人告发得实，议罚房长。

居家之法虽多，然综核其最要，而有裨于身心骨肉间者，无如以"忍"字。欲家庭而久于和，惟当曲忍而缓处。张公之九世，持此道也。陈兢之七世，持此道也。古人谓莫大之过，皆起于斯须之不忍，则又不独居家为然矣。

涉世而欲亲贤远害，处事得宜，无如一"谦"字。盖人不能谦即傲，傲则不肯屈下于人。以之为学，必无进益之功；以之交游，必来鄙俚之徒；以之事君事亲，必多悖逆之患。若能反傲为谦，去君子不远矣。

吾家三世祖木庵公早兴文教以来，奕叶不乏其人。今日生齿虽繁，而文风未能丕振，良由鼓舞鲜术，志气颓靡，堕先声而阴厥志，习流俗以甘自卑污，甚可慨也！今后子弟有能奋志读书，博一院道考者，宗长等将公贮银内给予若干两，以为赴考之资。其有赤贫愤励举业，而乏束修之赀者，宗长亦于公贮之中代馈所师。如乍勤遽怠，方锐而旋衰，虚邀诵读之声，实无辛苦之志，其勿与为父兄者。家若贫，不可因贫而不教子读书；家若富，不可恃富而怠于训迪。朱文公有云："学与不学之间，君子小人之分。"又曰："贫而勤学，名乃光荣。"学，其可忽乎哉？今人惟多营资以贻子孙，而不知勉强教之以学问，譬犹衣之以文锦而食之以糟粕，腹一毙而身无用矣。

风水可遇而不可求，厥理明甚。人情孰不愿就吉以避凶？然基福之地，前人无心得之，后世起强求之风，至停柩以觅佳域，屡迁而惊骸骨，反致子孙沦替，迷而不悟，良可慨也！要知上吉之地，非人力所可能必也，循天理而地理，始至宅心地，而阴地方来。若使山川之灵可以力取，造物之秘以术收，则古今富贵只在一家，黎庶之子不得为公卿矣。

五 《明史》《清史稿》及《绍兴府志》《山阴县志》有关名人小传

《明史·吴兑传》

吴兑，字君泽，绍兴山阴人。嘉靖三十八年进士。授兵部主事，隆庆三年由郎中迁湖广参议。调河南，迁蓟州兵备副使。五年秋，擢右佥都御史，巡抚宣府。兑举乡试出高拱门。拱之初罢相也，兑独送至潞河。及拱再起兼礼部，遂超擢之。释褐十三年得节钺，前此未有也。

时俺答初封贡，而昆都力、辛爱阴持两端，助其主土蛮为患。兑有智计，操纵驯伏之。尝侦俺答离营猎，从五骑直趋其营。守者愕，控弦。从骑呵之曰："太师来犒军耳。"皆拜跪迎导，且献酪。兑遍阅庐帐，抵暮还。市者或潜盗所鬻马，兑使人榜击之，曰："后复盗，既闭关停市。"诸部追所夺马，并执其人以谢。辛爱复扰边，俺答曰："宣大，我市场也。"戒勿动。然辛爱犹桀骛，俺答常以己马代入贡。既得赏赐，抵地不肯受，又遭兵掠车夷。车夷者，不知其所出，自嘉靖中徙至，与史夷杂居，皆宣镇保塞属也。辛爱掠之，以其长革固去，其二比妓来驻龙门教场。兑以史、车唇齿，车被掠，史益孤，奏筑堡居之。使使诘责辛爱，令还革固而勒其比妓远边。辛爱诱比妓五兰且沁、威兀慎，岁盗葛峪堡器甲、牛羊。兑皆付三娘子罚治。三娘子有盛宠于俺答，辛爱嫉妒，数诅詈之。三娘子入贡，宿兑军中，愬其事。兑赠以八宝冠，百凤云衣，红骨朵云裙，三娘子以此为兑尽力。辛爱、扯力克相继袭王，皆妻三娘子，三娘子主贡市者三世。昆都力尝求封王，会病死。其子青把都拥兵至塞，多所要挟。兑谕以祸福，而耀武震之。青把都惧，贡如初。其女东桂嫁朵颜都督长昂，尝随父入贡，诉其贫。兑谕其昆弟，每一马分一缯畀之。后东桂报土蛮别骑掠三岔河东，兑为得备，有功。

万历二年春，推款贡功，加兑右副御史。贡市毕，加兵部右侍郎兼右佥都御史。五年夏，代方逢时总督宣、大、山西军务。俺答西掠瓦剌，声言迎佛，寄帑于兑，留旗箭为信。尚书王崇古奏上方略，使兑谕俺答绕贺兰山后行，勿道甘肃；又阴泄其谋于瓦剌。俺答兵遂挫，留青海未归。而青把都复附土蛮，其部下时入寇。大学士张居正令兑趣俺答东还约束之，青把都亦罚治其下，款贡乃益坚。七年秋，以左侍郎召还部，寻加右都御史，仍佐部事。

九年夏，复以本官总督蓟、辽、保定军务兼巡抚顺天。泰宁速把亥与青把都交通，阴入市宣府，而岁犯辽东以要款。朝廷拒不许，兑修义州城备之。明年春，速把亥来寇，总兵官李成梁击斩之。其弟炒花，臣老撒卜儿悉遁去。诏进兑兵部尚书仍兼右都御史。寻进太子少保，召拜兵部尚书。御史魏允贞劾兑历附高拱、张居正，且馈冯保金千两，封识具存。给事王继光亦言兑受将吏馈遗，御史林休征助之攻。帝乃允兑去，后数年卒。

孙孟明，袭锦衣千户，佐许显纯理北司刑。天启初，谳中书汪文言，颇为之左右。显纯怒，诬孟明藏匿亡命。下本司拷讯，削籍归。崇祯初，起故官，累迁都督同知，掌卫事。孟明居官贪，以附东林颇得时誉。

子邦辅袭职，亦理北司刑。崇祯末，给事中姜埰、行人司副熊开元以言事同日系诏狱，帝欲置之死，邦辅故缓其狱。帝怒稍解，令严讯主使者。邦辅乃略讯即具狱上，诏予杖百，二人由此获免。

《清史稿·吴兴祚传》

吴兴祚，字伯成，汉军正红旗人，原籍浙江山阴。父执忠，客礼亲王代善幕，授头等护卫。兴祚自贡生授江西萍乡知县。金声桓叛，郡县多被寇，萍乡以有备独完。坐事罢。旋以守御功复官，授山西大宁知县，迁山东沂洲知州。白莲教啸聚为患，兴祚开谕散遣之。复坐事降补江南无锡知县。县吏亏库帑，更数政未得偿，官罢不能去。兴祚至，为清豁除，其当偿者出私财代输。清丈通县田，编号绘图，因田征赋。飞诡隐匿，皆不得行。县徭役未均，最烦苦者为图六。兴祚以入官田征租雇役，民害乃除。岁饥，为粥食饿者。八旗兵驻防苏州，兴祚请于领兵固山，单骑弹压。兵或取民鸡，立笞之，皆奉约束。塘溢，兵不得渡，立竹于塘旁，悬灯以为识，骑行如坦途。

康熙十三年，迁行人，仍留知县事。用漕运总督帅颜保荐，超擢福建按察使。有朱统锠者，号明裔，耽精忠私署敉远将军，及精忠降，自称宜春王，据贵溪为乱，与福建错壤。兴祚轻骑至光泽，抚其将陈龙等，遣降将阳自归为内应，令龙导师入，其将冯珩等缚统锠，率兵三千以降。

十七年，擢巡抚。时郑锦踞台湾，遣其骁将刘国轩等陷漳，泉属县，复围泉州。兴祚率标兵自兴化赴援，至仙游，锦将黄球等率二千人结土寇万余屯白鸽岭。兴祚分兵三道，自当中路，与战，自辰至酉，相持不即退。兴祚遣兵自间道夺白鸽岭关口，斩级六百，堕岸溺水死者甚众，寇乃溃走，追败之于岭头湾，复永春、德化二县。国轩自泉州走入海，以巨舰数百出没赤屿、黄崎诸处。兴祚遣总兵林贤等统水师出海，分三路夹攻，焚敌舰六十余，俘斩六千有奇。疏报捷，并言："海逆逼犯漳、泉，大军由陆路进发，跋涉疲难。臣前捐募水兵，一战破贼，但兵力稍薄，未易轻取厦门。若得水师二万，再添造战船，可直捣巢穴，扫荡鲸波。"诏允行。

十八年，国轩率兵二千至郭塘、欧溪头，欲断江东桥以犯长泰，兴祚与都统吉勒塔布、总督姚启圣会师击走之。兴祚遣驿传道王国泰等招降锦将蔡冲珮、林忠等三百八十五人，兵万二千五百，拔难民千二百，得舟六十七。叙前后功，进秩正一品。

十九年，疏言："郑锦盘踞厦门，沿海生灵受其荼毒。臣去冬新造战船，水师提督万正色分配将士，自闽安出大洋操练。俟旧存船艘修葺完整，江南炮手齐集，即相机进取厦门。"二月，正色师进海坛，兴祚自泉州会宁海将军拉哈达、总兵王英等赴同安，攻克汭州、浔尾诸隘。渡海，拉哈达出中路，英右、兴祚左，奋战，敌大溃，遂克厦门。时正色已取海坛，降锦将朱天贵等，复遣兵取金门，余众悉窜台湾。捷闻，诏嘉奖，下部优叙。兴祚因请留澳民防守，蠲荒田租粮，减关课，正色亦请于海澄，厦门分兵驻守。上命侍郎温岱赴福建会议。温岱至，启圣与言正色复海坛，与天贵先有约乃进兵，无杀贼攻克事。温岱还京师，兵部据其言，议兴祚冒功，上命仍议叙，予世职拜他喇布勒哈番兼拖沙喇哈番。

二十年，擢两广总督。兴祚上官，疏言尚之信在广东横征苛敛，民受其害数十年。因举盐埠、渡税、税总店、渔课诸害，悉奏罢之。自迁界令下，广东沿海居民多失业，兴祚疏请展界，恣民捕采耕种。上遣尚书杜臻、内阁学士石柱会兴祚巡历规划，兵民皆得所。又言潮州海汛辽阔，商民往来贸易，恐宵下潜踪，应令澄海协达濠营水汛官兵船只改归南澳水师镇统辖，与碣石镇互相联络，巡防外海岛屿，诏并允行。二十四年，疏请于广东、广西二省设炉鼓铸，给事中钱晋锡、御史王君诏疏劾兴祚鼓铸浮冒，下吏议，当镌秩，命以副都统用。

三十一年，授归化城右翼汉军副都统，复坐事镌秩。三十五年，上征噶尔丹，命自呼坦和硕至宁夏安十三塘，兴祚愿效力坐沙克舒尔塘，未几，复原秩。三十六年，卒。

兴祚为政持大体，除烦苛，卒后远近戴之。历官之地，并吁祀名宦。

《清史稿·忠义·吴璜传》

吴璜，字鉴南，浙江会稽人。原任湖南澧州知州。父燨文，举博学鸿词科，璜为商盘甥，早以诗名。

《绍兴府志》、《山阴县志》、《绍兴县志资料》第一辑

吴源，字文英，著述颇富，尝作《东山赋》或以为不下孙兴公，李东阳见所为骆宾王庙碑，叹赏不止，又作《绍兴先达传》，凡志乘传记率有体裁。（《万历府志》、《两浙名贤录》、乾隆《绍兴府志》卷十四）。

吴蕣，字子华，弘治中进士，选庶吉士，拜吏科给事中。弹刺大臣及诸贵倖，无所顾避，尝以事劾吏部尚书某，竟被中伤，免官归。蕣尝过午不炊，有饷者，谢曰："饿死事小，安敢以身为沟壑"，卒不受。祀乡贤。（府志并两浙名贤录，乾隆《绍兴府志》卷十四。）

吴教，字省私，万历丙子武举，授镇鲁营千总，丁酉三月随经略杨镐援朝鲜。镐败，教力战阵亡，时匿报，无恤恩。（府志忠节）（乾隆《绍兴府志》卷十四）。

吴来臣，字进公，万历十九年由武生考选将材，随总兵李如松援朝鲜，二十年正月进克平壤，在阵斩倭首三。五月碧蹄馆力战阵亡，荫子从明百户。（府志并据家传，府志忠烈）（乾隆《绍兴府志》卷十四）。

吴景桂，字心宇，万历丁酉中辽东武举，援镇抚管抚院中军。乙卯闰八月随征延绥套部，军溃阵亡，赠都指挥佥事，荫子永新百户。（府志忠节）（乾隆《绍兴府志》卷十四）。

吴用宜，字南滇，万历武举推把总，隶总兵刘良佐麾下。崇祯十四年六月流贼革里眼佐金王陷宿松、英山二城，良佐赴援，用宜战殁，赠都指挥佥事，荫子百户。（据家传、府志、府志忠节）（乾隆《绍兴府志》卷十四）。

吴从鲁，字金堂，随父希贤任山东兖州府照磨，因寄籍滋阳，万历丙辰进士，由南阳县知县历任川南道，癸未移疾归。乙酉，江东起义捐躯首事则被抑，丙戌二月用侍郎王思任请补通政司左参议。六月朔，浙东不守，乃野服避居故里，而设棺于庭曰："有踪迹我者，即盖棺。"辛卯年已八十余，大兵下州山，从鲁栉沐衣冠卧棺内，命家人盖之，谥襄敏。（家传并越殉义传、府志忠节）（乾隆《绍兴府志》卷十四）。

吴大斌，字叔和，少孤，天资高迈，肆力于经史及兵法律例诸书，悉穷其奥。事母至孝，家贫薄游辽东左，遂寓居焉。万历丙辰辽左失守，大斌浮海至登州，孔有德陷登州欲劫大斌以去。大斌曰："吾家世清白，岂可就辱？"因集其子侄告之曰："今日之事义惟有死而已，汝等盍各为计。"遂绝食十一日死。（据家传、府志、府志忠

节）

吴泰征，字与文，万历己未武进士，授锦衣卫扇手司镇抚，历升河南开封府参将，崇祯壬午九月李自成决河灌城，泰征阵亡，阖门死，在籍妾戎氏守节。（据家传、府志、府志忠节）

吴崇文，字允敬，天启初授云南领兵千总，壬戌二月随征安邦彦阵亡。（据家传、府志）

吴琦，以武科授兖西道守备，天启壬戌授剿景州妖贼于宏志战死。（越殉义传、府志忠节、府志案：州山吴氏族谱称琦于崇祯己巳以京营都司授遵化力战死，陈句山作《四节传》据之与此异。）

吴友任，字西屏，天启丁卯顺天武解元，崇祯戊辰进士，以都司守昌平州，甲申三月流贼陷城阵亡。（据家传、府志、府志忠节）

吴从义，字裕强（弘治府志字岁清）儿时梦一人拊其背曰："岁寒，松柏其在斯乎"以诸生劾魏忠贤，遂有声。崇祯十三年成进士，任长安知县，居官耿介。闯贼压境，从义佩刀擐甲，昼夜巡守。适内亲送继室胡氏至，誓不成婚，志在以死殉国。及叛兵开门纳降，从义曰："嗟呼，岂非天哉，吾唯昔梦是践矣！"乃从容释戎服袭冠裳，望阙叩头，引刀自刺不殊，遂投于井。贼引出之，辄大骂，贼怒推石击死，赠按察司佥事。（明史、大清一统志、越殉义录、府志）（祀乡贤，据府志祠祀卷补）。

吴希文，字五岳，崇祯间授鲁府工正；子从鹏，字象先，武举，授兖州营守备，孙元镛，武生；次元亨。壬午十一月，大兵下兖州府城，从鹏、元镛俱阵亡。希元、元亨及元镛妻张氏等阖门殉节。（据家传、府志、府志忠节）

吴友羲，字际宇，崇祯末流寓松山，壬午二月，大兵至城陷，自缢死。（据家传、府志、府志忠节）

吴懋忠，字君谅，崇祯末授都司。子朝楫，从孙一元俱授守备。同守卢沟桥。甲申三月，流贼破桥，懋忠、朝楫、一元俱阵亡。（据家传、府志、府志忠节）

吴邦璇，字睿玉，父孟登，永昌知府。邦璇少自负，学兵法。崇祯乙亥出塞数千里，纵观九边阨塞，闻母讣奔归。福王立，朱少师大典荐授参将，又荐之鲁王，授都督同知，守金衢。鲁王航海，大典约偕之闽，邦璇曰："守命若此，存亡与俱，他何知焉！"谓其妻傅氏曰："若奈何？"傅曰："君能死，予独不能耶？"乃益修战具，登陴捍御，以身先之，相持二十日，势孤食尽，因至城隍火药局，南向拜，举火发炮，与大典及陶、刘二将同死之；傅闻，出厅事，再拜，投缳死。后一年，子懿祯于灰烬中得一履，滴血负骨归葬。（府志忠节，案朱少师本传与此颇有异同，详见越殉义传注）

吴拱宸性孝友，遇人患难，必力救之，年近百龄。子应龙年七十余，孝谨不衰。

吴执忠（府志选举卷及大清一统志并作执中），字匡公。少从父某游辽东，受知亲王，特简总理参与政务。其时亲旧散失者，多方收恤之，仰食者几百家。迨扈从入关，值开科取士，执忠欲辞职就试，亲王慰留之，遂与出身。初知丰润县，报最，拜御史备兵漳泉，轻舸入险，宣布恩威，招海澄黄梧归顺，再备兵怀隆，三迁湖广粮储参政。值李孽介乱三省，会师征剿，执忠跋履行间，多方措置，朝廷嘉其绩，封父如其官，后谢病乞休，抚三孤侄，俱成立，优游林下者数十载。（据府志祠祀卷补，子兴祚自有传）

吴云翔，字飞旆，兄弟四人既析箸，贫乏几难自存。云翔复以己产与之，无难色。子锡祉，字子枑，诸生，十岁能文，父母疾，衣不解带。授柳城县古甾镇盐务巡检，值马承荫复叛，锡祉携印潜逃，步行七百里遇病卒，妻金氏数载亦卒。（旧志，云翔孝友，锡祉义行）

吴乘权，字楚材，年十六，病痿，日阅古今书，数年疾愈，而学以此富，辑纲目九十二卷、明史十二卷、小学初笙二卷，周秦以来迄前明文十二卷。慷慨仗义，病垂殁顾谓弟乘业曰："吾宗党贫乏者若而人，母党若而人，朋友若而人，他日能自拔，必分润若辈，毋忘吾志。"乘业，字志立，年三十余，奔走数千里，所得馆谷，半以周宗戚，尝曰："待我有余而给之，则转沟壑者十八九矣。"六十余以疾归，既殁启其箧，见一纸，书某某名，皆乘权垂殁时属者也。（府志义行）

吴起凤，字丹山，精易及宋儒理学诸书，有诗文若干卷，杂著若

干卷。(府志兼采家传、府志文苑)

吴凤鬐,字青于,乾隆己卯举人,文多恢奇,于诸经皆博涉,尤好三礼,谓《戴记》详于丧而略于祭,《议礼》少牢、特牲两篇于大夫、士略具,而天下诸侯阙然,因即祭礼之散见于他经并汉晋、唐儒之说,可据依者,皆手录之,得十余万言,凡两巨册,与所为古文皆藏于家。(府志并采家传、府志文苑)

吴璜,字芳甸,幼即能诗,为舅氏商盘所器,举乾隆庚辰进士,授户部主事,出知澧州道,丁父忧服阕,赴补,王师征金川,拣往军前,署重庆府通判,解饷赴美诺,旋调赴登春,随总督退保美诺,遇贼,于崇德山梁被害,赠分巡道祭葬如例。子安祖荫授福清知县。璜胸次浩落,喜谈诗文,同辈交推之。从祀昭忠祠。(府志并引昭忠祠列传,府志忠节。案府志选举卷:璜会稽人,今据本传)

吴爌文,字朴存,世居州山,藏书十余万卷,建一楼储之,著有《朴存诗集》,子璜进士。

吴寿昌,字泰交,州山人,乾隆己卯举,乙酉应南巡召试,钦取第二,授中书,己丑成进士,选庶常授职编修,升侍讲,侍直尚书房,预修玉牒方略,屡分校乡会试闱,癸卯典试广东,丙午督学黔中,俱以廉明称,差竣假归,年七十五卒。著述甚富,有《虚白斋稿》行世。(《嘉庆山阴县志》)

吴尊盘,山阴人,乾隆戊戌进士,选福建建宁县知县,嘉庆六年补邵武府同知,七年任晋江通判。礼贤下士,甫下车,集士观风,亲加披阅,选择制义为士林宗。居官儒雅谆谨,不事奔竞。八年七月出铅差,卸事,即回调别任,卒。眷属羁晋江久乃还。(《晋江县志》)

吴嗣昌,字衍庆,山阴州山人,拔贡,咸丰间官广西奉议州掌印州判,粤乱时赍银抚苗,为太平军所执,不屈死。(采访)(《绍兴县志资料》第一辑)

吴善庆,字善卿,州山人,世业染,年十四往沪习贾,勤俭诚笃,为人所称,经营欠之,浸成饶益。赴日本考查染织之法,举凡拣选、化验、配合、施用诸端靡不博访周谘,储为心得。于是创立振新染织厂于沪南,其后又与同志在郑州等处设立纺织公司、棉纱厂、油漆厂、花边厂等无虑十余所，资财日厚，声誉日隆。尝感幼年无力就学，乃于州山村斥资创办善庆小学，自族姓及里闬子弟之来学者，悉免纳费。又尝虑赴南山樵采者，道远病涉，因鸠工度地为桥，桥成以父名名之曰鉴亭。他若建祠修谱，赈灾平粜，施医舍药，掩骼埋胔，先后所费下不巨万。其推己及人，诚心济物，大率类是。晚年谋为浙省发展商务，建议开辟三门湾，赴湾考察，身心交瘁，遂于民国十一年二月殁于上海，年五十有二，葬于余杭之留下村。（采访）（《绍兴县志资料》第一辑）

参考文献

（清）吴国梁等纂修：《山阴县州山吴氏族谱》三十一集，清道光二十年（1840）木活字本。

吴邦枢等纂修：《绍兴山阴州山吴氏族谱》三十一集，1924年木活字本。

《绍兴丛书》编委会编：乾隆《绍兴府志》、嘉庆《山阴县志》、《绍兴县志资料第一辑》，中华书局2006年版。

（清）张廷玉等：《明史》，中华书局1984年版。

赵尔巽等：《清史稿》，中华书局1986年版。

《广东通志》，《四库全书》，史部第562—564册。

《福建通志》，《四库全书》，史部第527—530册。

《山西通志》，《四库全书》，史部第542—555册。

（清）吴兴祚：《留村诗钞》，国家图书馆藏本。

（清）吴爔文：《朴庭诗稿》十卷，《四库存目丛书》第277册，齐鲁书社2007年版。

（清）钱谦益：《钱谦益全集》，《续修四库全书》第1389—1391册，上海古籍出版社1997年版。

《吴梅村诗集笺注》，上海古籍出版社1983年版。

（清）毛奇龄：《西河集》，《四库全书》第1320—1321册，上海古籍出版社1984年版。

（清）吴绮：《林蕙堂全集》，《四库全书》第1314册。

（清）陈维崧：《陈检讨四六》，《四库全书》第1322册。

（清）龚鼎孳：《定山堂诗集》，《续修四库全书》第1403册。

（清）秦松龄：《苍岘山人集》，《四库未收书辑刊》第5辑28册，北京出版社2000年版。

（清）程晋芳：《勉行堂诗集》，《续修四库全书》第1437册。

（清）徐乾学：《憺园文集》，《续修四库全书》第1412册。

（明）陶望龄：《歇庵集》，《续修四库全书》第1365册。

（清）梁佩兰：《六莹堂集》，《四库存目丛书》第255册，齐鲁书社2007年版。

（清）陈恭尹：《独漉堂诗集》，《续修四库全书》第1413册。

《百名家词》《续修四库全书》，第1270册。

（清）徐釚：《南州草堂集》，《续修四库全书》第1415册。

（明）高拱：《高文襄公集》，《四库存目丛书》第173册。

（清）鲁煜：《秋塍文钞》，《四库存目丛书》第270册。

（清）陈维崧：《湖海楼诗集》，陈振鹏校点，上海古籍出版社2010年版。

（清）蒋士铨：《忠雅堂集校笺》，陈梦麟校笺，上海古籍出版社1993年版。

（清）王士禛，袁世硕主编：《王士禛全集》，齐鲁书社2007年版。

（明）张居正，张舜徽主编：《张居正集》，湖北人民出版社1994年版。

（明）徐文长：《徐谓集》，中华书局1984年版。

（清）屈大均，欧初、王贵忱主编：《屈大均全集》，人民文学出版社1996年版。

冯其庸、叶君远：《吴梅村年谱》，文艺术出版社2007年版。

（明）方逢时：《大隐楼集》，李勤璞校点，辽宁人民出版社2009年版。

谢景芳、赵洪刚：《明清兴替史事论考》，吉林人民出版社2008年版。

《顾诚先生纪念暨明清史研究文集》，中州古籍出版社2002年版。

史革新：《晚清学术文化新论》，北京师范大学出版社2009年版。

宗韵：《明清家族上行流动研究》，华东师范大学出版社2009年版。

《中国军事史》编写组：《中国历代战争年表》，解放军出版社2003年版。

孙文良、李治亭：《明清战争史略》，江苏教育出版社 2005 年版。

王德昭：《清代科举制度研究》，中华书局 1984 年版。

朱丽霞：《明清之交文人游幕与文学生态——以徐渭、方文、朱彝尊为个案》，上海古籍出版社 2008 年版。

郭建：《绍兴师爷》，上海古籍出版社 1995 年版。

徐茂明等：《明清以来苏州文化世族与社会变迁》，中国社会科学出版社 2011 年版。

张剑：《清代杨沂孙家族研究》，中国社会科学出版社 2010 年版。